Al Ries · Jack Trout

Positioning. Die neue Werbestrategie

Al Ries
Jack Trout

Positioning

Die neue Werbestrategie

McGraw-Hill Book Company GmbH
Hamburg · New York · St. Louis · San Francisco · Auckland
Bogotá · Guatemala · Johannesburg · Lissabon · London
Madrid · Mailand · Mexiko · Montreal · New Delhi · Panama
Paris · San Juan · São Paulo · Singapur · Sydney · Tokio
Toronto

Titel der Originalausgabe:
Positioning: The Battle for Your Mind

Aus dem Amerikanischen übersetzt von
Klaus-Dieter Praglowski-Leary

Umschlag: Grafik Design Studio, Hamburg
Gesamtherstellung: Druckerei Clausen & Bosse, Leck

Printed in Germany
ISBN 3-89028-056-0

Gewidmet
der zweitbesten Werbeagentur
der Welt

Wo immer
sie sein mag

Inhalt

Einführung

„Das Problem ist die Verständigung untereinander."

Wie oft hört man diesen Gemeinplatz! „Verständigungsprobleme" sind die häufigste und verbreitetste Einzelerklärung für Schwierigkeiten.

Schwierigkeiten mit dem Geschäft, in der Regierung, mit den Gewerkschaften, in der Ehe.

Nach allgemeiner Ansicht würden viele der Probleme in der Welt irgendwie von selbst verschwinden, wenn die Leute sich nur die Zeit nähmen, ihre Gefühle mitzuteilen, ihre Beweggründe zu erklären. Man glaubt offenbar, daß jedes Problem gelöst werden kann, wenn die Parteien sich nur hinsetzen und miteinander reden.

Unwahrscheinlich.

Heute ist die Kommunikation selbst das Problem. Wir sind die erste kommunikationsüberflutete Gesellschaft der Erde. Jahr für Jahr wird mehr gesendet und weniger kommt an.

Ein neuer Kommunikationsansatz

Dieses Buch behandelt einen neuen Kommunikationsansatz: *Positioning*. Die meisten Beispiele stammen aus der schwierigsten aller Kommunikationsformen, der Werbung. Werbung ist eine Kommunikationsform, die aus der Sicht der Empfänger geringgeschätzt wird. Werbung ist größtenteils unerwünscht und unbeliebt. Ja, nicht selten wird Werbung regelrecht verabscheut.

Viele Intellektuelle setzen Werbung gleich mit der Verschreibung ihrer Seelen an den Kapitalismus – ein Thema, das keiner ernsthaften Betrachtung würdig ist.

Trotz ihres schlechten Rufs, oder vielleicht gerade deswegen, bietet die Werbebranche ein exzellentes Erprobungsfeld für Kommunikationstheorien. Bewährt sich eine Theorie in der Werbebranche, darf man dies auch in der Politik, der Religion oder irgendeinem anderen Gebiet der Massenkommunikation erwarten.

Die Beispiele in diesem Buch hätte man genausogut aus der Politik, der Geschäftswelt, der Kriegführung oder sogar aus der Wissenschaft der Partnersuche entnehmen können. Oder aus irgendeiner anderen Form zwischenmenschlichen Kontakts, bei dem es darauf ankommt, andere zu beeinflussen. Egal, ob Sie für einen Kaffee, ein Cola, einen Computer, einen Kandidaten oder die eigene Karriere werben wollen.

Positioning ist ein Konzept, das die Vorstellung von Werbung verändert hat, ein so einfaches Konzept, daß viele Leute nur schwer erkennen, wie mächtig es ist.

Jeder erfolgreiche Politiker praktiziert Positioning. Und ebenso Procter & Gamble und Johnson & Johnson.

Positioning – Was man darunter versteht

Positioning beginnt mit einem Produkt. Einem Stück Ware, einer Dienstleistung, einer Firma, einer Institution oder sogar einer Person. Vielleicht mit Ihnen selbst.

Positioning ist aber nicht das, was man mit einem Produkt tut. Positioning ist vielmehr das, was man in den Köpfen der Adressaten anstellt. Das heißt, man plaziert, positioniert ein Produkt in den Köpfen der potentiellen Kunden.

Daher wäre es falsch, das Konzept „Produkt-Positioning" zu nennen. Mit dem Produkt selbst unternimmt man eigentlich nichts.

Das heißt allerdings nicht, daß Positioning keine Änderungen mit sich bringt. Im Gegenteil, das geschieht häufig. Ein neuer Name, ein anderer Preis, ein Wechsel der Verpackung ändern aber nichts am Produkt selbst. Im Grunde genommen sind das kosmetische Verschönerungen mit dem Ziel, eine gute Position in der Vorstellung der Kunden zu sichern.

Positioning ist das erste Konzept, das mit dem schwierigen Problem fertig wird, sich in unserer kommunikationsüberfluteten Gesellschaft Gehör zu verschaffen.

Positioning – Wie es begann

Wenn ein Wort die Werbebranche des letzten Jahrzehnts kennzeichnet, so ist dies „Positioning".

Positioning wurde zum Schlagwort unter Werbe-, Verkaufs- und Marketing-Strategen. Nicht nur in Amerika, sondern überall in der Welt. Lehrer, Politiker und Redakteure reden davon.

Bei den meisten gilt 1972 als das Geburtsjahr des Positioning. Damals schrieben wir eine Artikelserie für die Fachzeitschrift *Advertising Age* mit dem Titel „Die Ära des Positioning".

Seitdem hielten wir über 1000 Vorträge zum Thema Positioning für Werbegruppen in 21 verschiedenen Ländern der Welt. Wir haben auch mehr als 150000 Exemplare unserer „kleinen orangen Broschüre" mit den Artikeln aus *Advertising Age* verschenkt.

Positioning hat die Art, wie man heute Werbung betreibt, verändert.

„Wir haben den drittgrößten Absatz an Kaffee in Amerika", lautet die Rundfunkwerbung von Sanka.

Den drittgrößten? Was ist aus den guten alten Werbeslogans wie „erster" und „bester" und „feinster" geworden?

Die guten alten Zeiten mit ihren Slogans sind passé. Heute wird relativiert, nicht übertrumpft.

„Avis ist bei Mietwagen nur auf Platz zwei, warum also mit uns fahren? Wir geben uns mehr Mühe."

„Seven-up: Das Uncola."

In der Madison Avenue nennt man dies Positioning-Slogans. Die Werbeleute, die sie schreiben, wenden ihre Zeit und ihr Forschungsgeld dafür auf, Positionen oder Lücken im Markt zu finden.

Positioning hat aber weit über Madison Avenue hinaus Interesse geweckt. Aus gutem Grund.

Jeder kann die Positioning-Strategie verwenden, um im Leben vorwärtszukommen. Und betrachten Sie es einmal so: Verstehen und verwenden Sie die Positioning-Prinzipien nicht, die Konkurrenz wird es sicherlich tun.

Was ist Positioning?

Was macht ein aggressives Verkaufskonzept wie Positioning so beliebt in einer Branche, die sich besonders durch ihre Kreativität auszeichnet?

In der Tat könnte man das letzte Jahrzehnt unter das Motto stellen „Zurück zur Realität". Weiße Riesen und durchgelaufene Schuhsohlen räumten das Feld für Positioning-Konzepte wie „Lite Beer von Miller. Alles, was Sie schon immer von einem Bier wünschten. Und weniger."

Poetisch? Ja. Künstlerisch? Ja. Aber auch eine direkte, deutlich umrissene Erklärung des Grundgedankens hinter Positioning.

Wer heute Erfolg haben will, muß den Kontakt zur Wirklichkeit herstellen. Und die einzige Wirklichkeit, die zählt, ist die in den Köpfen der Adressaten.

Kreativ zu sein, irgend etwas zu erschaffen, das noch nicht erdacht worden ist, wird zunehmend schwieriger. Um nicht zu sagen unmöglich.

Die Positioning-Methode legt es nicht darauf an, etwas Neues oder Einmaliges zu schaffen, sondern nutzt schon vorhandene Gedankenverbindungen, gestaltet sie um und verknüpft sie zu neuen Assoziationen.

Auf die Strategien, die in der Vergangenheit wirksam waren, spricht der Markt heute nicht mehr an. Es gibt einfach zu viele Produkte, zu viele Firmen und zuviel Werberummel.

Am häufigsten stellen Skeptiker der Positioning-Methode die Frage „Warum?“. Warum brauchen wir eine neue Werbe- und Marketing-Strategie?

Die kommunikationsüberflutete Gesellschaft

Die Antwort lautet: Wir leben heute in einer kommunikationsüberfluteten Gesellschaft. Der Werbekonsum pro Kopf beträgt in Amerika derzeit 376,62 Dollar pro Jahr. (Demgegenüber stehen 16,87 Dollar pro Kopf in der übrigen Welt.)

Wenn Sie (in den USA) in einem Jahr eine Million Dollar für Werbung ausgeben, entfallen auf den Durchschnittsverbraucher, auf 365 Tage verteilt, weniger ein als halber Cent Werbung. Und das angesichts der Tatsache, daß dieser Verbraucher bereits anderer Werbung für 376,615 Dollar ausgesetzt ist.

In unserer kommunikationsüberfluteten Gesellschaft von der „Schlagkraft“ einer einzelnen Werbemaßnahme zu reden heißt, die potentielle Wirksamkeit der Botschaft aufs gröbste zu übertreiben. Werbung ist kein Vorschlaghammer. Sie gleicht eher einem leichten, ganz dünnen Nebel, der den Adressaten umhüllt.

In diesem Kommunikationsdschungel können Sie nur dann auf große Beute hoffen, wenn Sie selektiv sind, sich auf begrenzte Ziele konzentrieren, sich auf ein Segment beschränken. Mit einem Wort: „Positioning“.

Das Gehirn schützt sich gegen ausufernde Kommunikation, schirmt sich ab und weist einen Großteil der ihm angebotenen Information einfach zurück. Im allgemeinen nimmt das Gehirn nur das auf, was sich in frühere Kenntnisse und Erfahrungen einpassen läßt.

Millionen von Dollar wurden verschwendet bei dem Versuch, Meinungen durch Werbung zu ändern. Hat sich jemand eine Meinung gebildet, ist es fast unmöglich, ihn dazu zu bringen, sie wieder aufzugeben. Und schon gar nicht mit einem schwachen Mittel wie Werbung. „Bring mich mit deinen Fakten nicht durcheinander, ich weiß schon, was ich denke." So sieht die Einstellung der meisten Leute aus.

Der Durchschnittsbürger bleibt ruhig sitzen, wenn man ihm etwas über Dinge erzählt, von denen er noch nichts weiß. („Nachrichten" sind daher eine wirkungsvolle Werbestrategie.) Der Durchschnittsbürger kann es jedoch nicht leiden, wenn man ihm sagt, er denke falsch. Der Versuch einer Bewußtseinsänderung führt in der Werbung zu einer Katastrophe.

Die Übervereinfachung im Kopf

Übervereinfachung ist heute der einzige Schutz gegen die Kommunikationsüberflutung in unserer Gesellschaft.

Man muß schon die Naturgesetze aufheben, die uns nur 24 Stunden pro Tag Zeit geben, um noch mehr in den Kopf hineinzustopfen.

Das Gehirn des Durchschnittsbürgers gleicht schon einem tropfenden Schwamm, der neue Information nur noch auf Kosten von alter aufsaugen kann. Nichtsdestoweniger fahren wir fort, mehr Information auf diesen völlig durchtränkten Schwamm zu gießen, und sind enttäuscht, wenn unsere Botschaften nicht durchkommen.

Die Werbung bildet natürlich nur die Spitze des Kommunikationsbergs. Wir kommunizieren miteinander auf die vielfältigste und verwirrendste Weise. Und das in geometrisch wachsendem Umfang.

Das Medium ist zwar nicht die Botschaft, doch es beeinflußt

sie ganz erheblich. Das Medium wirkt wie ein Filter, nicht wie ein Übertragungssystem. Nur ein kleiner Bruchteil der ursprünglichen Botschaft erreicht das Gehirn des Empfängers.

Außerdem beeinflußt das Wesen unserer kommunikationsüberfluteten Gesellschaft, was wir empfangen. „Wohltönendes Wortgeklingel" gehört in unserer kommunikationsüberfluteten Gesellschaft zum Lebensstil. Wir übervereinfachen, weil uns nichts anderes übrigbleibt.

Rein technisch könnten wir die Kommunikation mindestens verzehnfachen. Man experimentiert schon mit der direkten Fernsehübertragung über Satellit. Jeder Haushalt wird dann an die 100 Kanäle zur Auswahl haben.

North American Philips stellte gerade eine 3 1/2-Zoll-Kompaktdisk vor, die 600 Megabyte Daten aufnehmen kann; mehr als genug, um die ganze *Encyclopaedia Britannica* zu speichern.

Phantastisch. Wer aber arbeitet an einer Kompaktdisk für das menschliche Gehirn? Wer hilft dem Adressaten, sich mit einer Komplexität zurechtzufinden, die so überwältigend ist, daß die meisten auf die heutige Informationsfülle durch Abschalten reagieren? Weniger und weniger annehmen von dem, was so reichlich zu haben ist. Das Kommunikationsproblem ist die Kommunikation selbst.

Die übervereinfachte Botschaft

Das beste Mittel in unserer kommunikationsüberfluteten Gesellschaft ist die übervereinfachte Botschaft.

In der Kommunikation wie in der Architektur bedeutet weniger mehr. Ihre Botschaft muß scharf geschliffen sein, um in das Gehirn einzuschneiden. Werfen Sie Zweideutigkeiten über Bord, vereinfachen Sie die Botschaft, und vereinfachen Sie sie dann noch einmal. Nur so werden Sie einen dauerhaften Eindruck hinterlassen.

Leute, die mit der Kommunikation ihr Brot verdienen, wissen um die Notwendigkeit, überstark zu vereinfachen.

Nehmen wir an, Sie treffen sich mit einem Politiker, dem Sie im Wahlkampf helfen wollen. In den ersten fünf Minuten erfahren Sie mehr über Ihr politisches Produkt, als die meisten Wähler in den nächsten fünf Jahren über die Person wissen werden.

Weil nur so wenig über den Kandidaten je ins Bewußtsein des Wählers vordringt, haben Sie hier keine Kommunikationsaufgabe im üblichen Sinne des Wortes vor sich.

Es handelt sich vielmehr um eine Aufgabe der Selektion. Sie müssen das Material auswählen, das die besten Chancen hat durchzudringen.

Der Feind, der den durchschlagenden Erfolg Ihrer Botschaften vereitelt, ist der Umfang an Kommunikation. Nur wenn Sie das Wesen des Problems erfassen, können Sie dessen Lösung verstehen.

Wenn Sie die Vorzüge eines politischen Kandidaten oder Produkts oder auch Ihrer eigenen Person vermitteln wollen, müssen Sie die Dinge auf den Kopf stellen.

Sie dürfen die Lösung des Problems nicht im Produkt und auch nicht in Ihrem eigenen Kopf suchen.

Die Lösung des Problems finden Sie im Kopf des Adressaten.

Mit anderen Worten, weil so wenig von der Botschaft je durchkommt, müssen Sie die Senderseite ignorieren und sich ganz auf den Empfänger konzentrieren. Sie konzentrieren sich auf die Wahrnehmungen des Adressaten. Nicht auf die Realität des Produkts.

„In der Politik“, sagte John Lindsay, „ist die Wahrnehmung die Realität.“ Das gilt für die Werbung, für das Geschäft und für das Leben.

Wo aber bleibt die Wahrheit? Der reale Sachverhalt?

Was ist Wahrheit? Was ist objektive Realität? Jeder Mensch scheint intuitiv zu glauben, daß er allein den Schlüssel zur universellen Wahrheit in Händen hält. Wenn von Wahrheit die Rede ist, welche Wahrheit ist damit gemeint? Die innere oder die äußere Wahrheit?

Das ist nicht dasselbe. Oder mit den Worten einer anderen Zeit: „Der Kunde hat immer recht." Woraus logischerweise folgt, der Verkäufer oder Absender ist immer im Irrtum.

Es mag zynisch sein, die Prämisse zu akzeptieren, der Absender befinde sich im Irrtum und der Empfänger habe recht. Ihnen bleibt aber eigentlich keine andere Wahl. Nicht, wenn Ihre Botschaft von einem anderen akzeptiert werden soll.

Abgesehen davon, wer sagt denn, daß man eine Sache richtiger sieht, wenn man sie von innen nach außen anstatt von außen nach innen betrachtet?

Wenn Sie den Vorgang umdrehen und sich auf den Adressaten anstatt auf das Produkt konzentrieren, vereinfachen Sie den Selektionsprozeß. Auch stoßen Sie dabei auf Prinzipien und Konzepte, die die Effektivität Ihrer Kommunikation außerordentlich verbessern können.

Der Angriff auf das Gehirn

Unsere Gesellschaft hat sich in das Konzept „Kommunikation“ verliebt. (In manchen Grundschulen nennt man Übungen zur freien Rede jetzt „Kommunikation“.) Es ist uns nicht immer bewußt, wieviel Schaden die Kommunikationsflut in unserer Gesellschaft anrichtet.

In der Kommunikation ist weniger mehr. Unser verschwenderischer Umgang mit Kommunikation zur Lösung der verschiedensten wirtschaftlichen und sozialen Probleme hat zur völligen Verstopfung der Kommunikationskanäle geführt, so daß nur ein Bruchteil der gesendeten Botschaften durchkommt. Und dies sind nicht einmal unbedingt die wichtigsten.

Der Nachrichtenverkehrsstau

Nehmen wir die Werbung als Beispiel. Bei nur sechs Prozent der Weltbevölkerung beträgt der Anteil Amerikas am Werbekonsum 57 Prozent. (Und man hält den Energieverbrauch gemeinhin für verschwenderisch. Tatsächlich verbrauchen die Amerikaner nur 33 Prozent der Weltenergie.)

Freilich ist Werbung nur ein kleiner Nebenfluß des Kommunikationsstroms.

Nehmen wir Buchpublikationen. Jedes Jahr werden in Amerika an die 30000 Bücher veröffentlicht. Und jedes Jahr weitere 30000. Das klingt nicht so übermäßig viel, bis einem klar wird, daß man siebzehn Jahre lang rund um die Uhr lesen müßte, um nur den Output eines Jahres zu bewältigen.

Wer kann da mithalten?

Nehmen wir Zeitungen. Jedes Jahr verarbeitet man für die amerikanischen Zeitungen mehr als 10 Millionen Tonnen Zeitungspapier. Das bedeutet, daß im Durchschnitt pro Kopf und Jahr 43 Kilogramm Zeitungspapier verbraucht werden.

Es ist durchaus fraglich, ob der Durchschnittsbürger diese ganze Information verdauen kann. Die Sonntagsausgabe einer großen Tageszeitung wie „The New York Times" wiegt zwei Kilogramm und enthält etwa 500000 Wörter. Bei einer durchschnittlichen Lesegeschwindigkeit von 300 Wörtern pro Minute wären fast 28 Stunden nötig, um die ganze Zeitung zu lesen. Nicht nur der Sonntag wäre dahin, sondern obendrein ein guter Teil der übrigen Woche.

Wieviel davon dringt überhaupt durch?

Nehmen wir Fernsehen. Ein Medium, das kaum 35 Jahre alt ist. Obwohl ein mächtiges und allgegenwärtiges Medium, ersetzte das Fernsehen keineswegs den Rundfunk, Zeitungen oder Zeitschriften. Jedes der drei älteren Medien ist größer und stärker als je zuvor.

Das Fernsehen ist ein zusätzliches Medium. Und das Ausmaß, in dem das Fernsehen die Kommunikation vermehrt hat, ist überwältigend.

Achtundneunzig Prozent der amerikanischen Haushalte haben mindestens ein Fernsehgerät (ein Drittel zwei oder mehr).

Sechsundneunzig Prozent der Fernsehhaushalte empfangen vier oder mehr Programme. (Ein Drittel kann zehn oder mehr empfangen.)

Die durchschnittliche amerikanische Familie sieht mehr als sieben Stunden pro Tag fern (mehr als 51 Stunden pro Woche).

Wie der Leinwandfilm besteht das Fernsehbild eigentlich aus einem Standfoto, das 25mal pro Sekunde wechselt. Das bedeutet, daß die durchschnittliche amerikanische Familie täglich etwa 750000 Fernsehbildern ausgesetzt ist.

Wir drohen nicht nur in Bildern, sondern auch unter Papiermassen zu ersticken. Nehmen wir den Kopierer im Büro. Amerikanische Firmen verarbeiten 1,4 Billionen Stück Papier pro Jahr. Das sind 5,6 Milliarden pro Arbeitstag.

Die Kopierer im Pentagon spucken täglich 350000 Blatt Papier aus, bestimmt zur Verteilung im ganzen Verteidigungsministerium. Das entspricht 1000 längeren Romanen.

„Der Zweite Weltkrieg wird dann zu Ende sein", sagte Feldmarschall Montgomery, „wenn den Kriegsnationen das Papier ausgeht."

Nehmen wir Verpackung. Auf einer Acht-Unzen-Packung (knapp 250 Gramm) von Total Getreideflocken stehen 1268 Wörter Werbetext. Plus das Angebot für eine kostenlose Ernährungsbroschüre (die weitere 3200 Wörter enthält).

Der Angriff auf den Verstand geschieht auf vielerlei Weise. Der amerikanische Kongreß verabschiedet jährlich an die 500 Gesetze (schlimm genug), aber die ausführenden Instanzen erlassen im gleichen Zeitraum etwa 10000 neue Vorschriften und Regelungen.

Und sie geizen dabei nicht mit Wörtern. Man sehe: Das Vaterunser (auf englisch) umfaßt 56 Wörter; die Ansprache Lincolns bei Gettysburg 266; die Zehn Gebote 297; die Unabhängigkeitserklärung der Vereinigten Staaten 300; und eine erst vor kurzem in Kraft getretene Verordnung der US-Regierung zur Bestimmung des Weißkohlpreises 26911 Wörter.

Auf bundesstaatlicher Ebene werden jährlich 250000 Gesetzentwürfe eingereicht. Fünfundzwanzigtausend davon werden von der Legislative verabschiedet, um im Labyrinth der bestehenden Gesetze zu verschwinden.

Unkenntnis schützt vor Strafe nicht. Unkenntnis der Gesetzgeber anscheinend doch. Unsere Legislatoren hören nicht auf, Tausende von Gesetzen zu verabschieden, über die man sich unmöglich auf dem laufenden halten kann. Auch wenn es möglich wäre, könnte man sich niemals entsinnen, wie ein Gesetz von einem Bundesstaat zum anderen differiert.

Wer liest, sieht und hört sich diesen ganzen Kommunikationserguß an?

Es gibt einen Verkehrsstau auf unserer geistigen Fahrbahn. Die Motoren laufen heiß. Der Unmut wächst.

George Bush, Ted Kennedy und Chevrolet

Wieviel weiß der Durchschnittsamerikaner über George Bush? Die meisten Leute wissen lediglich drei Dinge: 1) Er sieht gut aus. 2) Er kommt aus Texas. 3) Er ist der Vizepräsident der Vereinigten Staaten.

Nicht gerade viel für jemanden, der einen großen Teil seines Erwachsenendaseins dem öffentlichen Dienst gewidmet hat. Es könnte aber vielleicht gerade noch reichen, um Mr. Bush 1988 zum Präsidenten der Vereinigten Staaten zu machen.

Tatsächlich gibt es viele Leute, die Mr. Bush nicht so gut kennen, wie man das vielleicht erwartet. Eine in Supermärkten durchgeführte Befragung der Zeitschrift *People* ergab, daß 44 Prozent der Kunden George Bush nicht kannten, obwohl er seit vier Jahren Vizepräsident war.

Anderseits erkannten 93 Prozent der Kunden Mister Clean (Meister Proper), die Figur auf dem Reinigungsmittel gleichen Namens von Procter & Gamble. Sie erkannten Mister Clean, obwohl er seit zehn Jahren nicht mehr im Fernsehen zu sehen war. Das zeigt, wie mächtig Werbung sein kann, um eine einfache Botschaft einprägsam zu vermitteln.

Wieviel weiß der Durchschnittsamerikaner über Ted Kennedy? Wahrscheinlich wesentlich mehr als über George Bush. Und aller Wahrscheinlichkeit nach genug, um zu verhindern, daß er der nächste Präsident der Vereinigten Staaten wird.

In einer kommunikationsüberfluteten Gesellschaft ist Kommunikation bestenfalls schwierig. Doch ist es oftmals besser, wenn gar keine Kommunikation stattfindet. Zumindest bis Sie bereit sind, sich eine langfristige Position zu verschaffen. Sie erhalten niemals eine zweite Chance, den ersten Eindruck zu machen.

Was bedeuten folgende Namen: Camaro, Cavalier, Celebrity, Chevette, Citation, Corvette und Monte Carlo?

Markennamen von Autos, nicht wahr? Überrascht es Sie zu erfahren, daß es ausschließlich Chevrolet-Modelle sind?

Chevrolet gehört zu den weltweit am stärksten beworbenen Produkten. In einem der vergangenen Jahre gab General Motors in den USA mehr als 178 Millionen Dollar für Chevrolet-Werbung aus. Das sind 487000 Dollar pro Tag, 20000 Dollar pro Stunde.

Was weiß man über Chevrolet? Über die Motoren, Getriebe und Reifen von Chevrolet? Über die Sitze, die Polsterung, die Steuerung?

Seien wir ehrlich. Wie viele Chevrolet-Modelle sind Ihnen persönlich bekannt? Was sind die Unterschiede zwischen den verschiedenen Modellen? Verwirrend, nicht wahr?

Die einzige Antwort auf das Problem der Kommunikationsüberflutung in unserer Gesellschaft: Positioning. Nur mit den Methoden der Madison Avenue können Sie sich einen Weg durch den Verkehrsstau in den Köpfen der Adressaten bahnen.

Fast die Hälfte aller Arbeitsplätze in den Vereinigten Staaten kann man als Informationsberufe bezeichnen. Immer mehr Leute sind damit beschäftigt, die Probleme der Kommunikationsüberflutung zu meistern.

Ganz gleich, ob Sie selbst einen Informationsberuf ausüben oder nicht, in jedem Fall können Sie von den Lektionen der Madison Avenue profitieren. Privat und im Beruf.

Die Medienexplosion

Ein weiterer Grund, warum unsere Mitteilungen ständig verlorengehen, ist die Anzahl der Medien, die wir entwickelt haben, um unseren Kommunikationsbedarf zu decken.

Da gibt es Fernsehen. Werbefernsehen, Kabelfernsehen und öffentliches Fernsehen.

Da gibt es Rundfunk. Auf UKW und auf Mittelwelle.

Da gibt es die Straße mit ihren Plakaten und Reklametafeln.

Da gibt es Zeitungen. Vormittagsausgaben, Abendzeitungen, Tageszeitungen, Wochenzeitungen und Sonntagsausgaben.

Da gibt es Zeitschriften. Illustrierte, Periodika, Liebhabermagazine, Wirtschaftsjournale, Fachzeitschriften.

Und natürlich Omnibusse, Lastwagen, Straßenbahnen, U-Bahnen und Taxis. Alles, was sich bewegt, dient heute im allgemeinen als Werbefläche.

Sogar der menschliche Körper läßt sich in eine lebendige Reklametafel für Adidas, Gucci, Benetton und Gloria Vanderbilt verwandeln.

Nehmen wir wieder die Werbung. Gleich nach dem Zweiten Weltkrieg betrug der Werbekonsum in den Vereinigten Staaten ungefähr 25 Dollar pro Kopf und Jahr. Heute sind es fünfzehnmal soviel. Einen Teil davon kann man auf das Konto Inflation buchen, aber der Umsatz hat sich auch bedeutend vergrößert.

Weiß man deshalb auch fünfzehnmal soviel über die Produkte, die man kauft? Man mag viel mehr Werbung ausgesetzt sein, aber das menschliche Gehirn kann nicht mehr in sich aufnehmen als früher. Die menschliche Aufnahmefähigkeit hat ihre Grenzen, und die Werbung, schon mit 25 Dollar pro Jahr, lag jenseits dieses Limits. Dieser Ein-Liter-Behälter oben auf Ihrem Hals kann eben nicht mehr aufnehmen.

Mit 376 Dollar pro Person ist der amerikanische Durchschnittsverbraucher jährlich doppelt soviel Werbung ausgesetzt wie der durchschnittliche Kanadier. Viermal soviel wie der durchschnittliche Engländer. Und fünfmal soviel wie der durchschnittliche Franzose.

Kein Zweifel, das Finanzpotential für noch mehr Werbung ist vorhanden. Doch darf man sich mit Fug und Recht fragen, ob die Aufnahmefähigkeit des Verbrauchers dabei mithalten kann.

Jeden Tag konkurrieren Tausende von Werbebotschaften um einen Anteil an der Aufmerksamkeit des Verbrauchers. Und machen Sie sich nichts vor, das Schlachtfeld ist der Kopf des Adressaten. Der Reklamekrieg findet zwischen fünfzehn Zentimetern grauer Materie statt. Und der Kampf ist hart, schonungslos und ohne Pardon.

Werbung ist ein hartes Geschäft, wo Fehler kostspielig sein können. Doch aus den Werbekriegen wurden Prinzipien entwikkelt, die uns helfen, mit der Kommunikationsüberflutung unserer Gesellschaft fertig zu werden.

Die Produktexplosion

Ein weiterer Grund, warum unsere Botschaften dauernd verlorengehen, ist die Anzahl der Produkte, die wir entwickelt haben, um unser körperliches und seelisches Wohlergehen zu sichern.

Nehmen wir zum Beispiel Lebensmittel. Der durchschnittliche Supermarkt in den Vereinigten Staaten bietet etwa 12000 verschiedene Produkte oder Marken an. Eine Entlastung für den Verbraucher ist nicht in Sicht. Im Gegenteil, die Produktexplosion könnte noch schlimmer werden. In Europa ist man dabei, Super-Supermärkte (sogenannte Hypermärkte) zu bauen, die Platz für mehr als doppelt so viele Produkte bieten. Der erste Hypermarkt in Amerika, Biggs in Cincinnati, führt über 60000 Artikel.

Die Verpackungs-Industrie rechnet offensichtlich mit einer weiteren Steigerung. Die schwarzen Streifen auf der Seite der meisten Packungen, der Universal Product Code, repräsentieren zehn Ziffern. (Die amerikanischen Rentenversicherungsausweise tragen nur neun. Und dabei wurde das System für mehr als 200 Millionen Menschen konzipiert.)

Dieselbe Situation findet man auf dem industriellen Sektor. Das Thomas-Register zum Beispiel enthält 80000 Firmen. Es gibt 292 Hersteller von Zentrifugalpumpen und 326 Unternehmen für den Bau elektronischer Steuerungen, um nur zwei Kategorien willkürlich herauszugreifen.

Das US-Patentbüro registriert 500000 aktive Handelsnamen. Und jedes Jahr kommen 25000 neue Namen hinzu. (Hunderttausende von Produkten werden auch ohne Handelsnamen verkauft.)

In einem typischen Jahr führen die 1 500 an der New Yorker Börse registrierten Unternehmen mehr als 5000 „bedeutsame" neue Produkte ein. Und vermutlich gibt es noch viel mehr, die ohne größere Bedeutung sind. Ganz zu schweigen von den Millionen Produkten und Dienstleistungen, die die fünf Millionen anderen amerikanischen Firmen anbieten.

Nehmen wir Medikamente. Es gibt etwa 100000 verschreibungspflichtige Medikamente auf dem amerikanischen Markt. Während viele dieser Medikamente ein eng begrenztes Einsatzfeld haben und fast ausschließlich von Spezialisten verordnet werden, bleibt dem praktischen Arzt immer noch die herkulische Aufgabe, sich über die Fülle der übrigen Medikamente auf dem laufenden zu halten.

Herkulisch? Nein, unmöglich! Selbst Herkules wäre nicht mit mehr als einem Bruchteil dieser Medikamente fertig geworden. Mehr zu erwarten heißt die Augen verschließen vor der Tatsache, daß sogar der brillanteste Kopf nur eine begrenzte Aufnahmefähigkeit besitzt.

Und wie kommt der Durchschnittsbürger mit der Produkt- und Medienexplosion zurecht? Nicht besonders gut. Bei Untersuchungen über die Empfänglichkeit des menschlichen Gehirns stieß man auf das Phänomen der „Reizüberflutung". Wissenschaftler stellten fest, daß der Mensch nur eine begrenzte Aufnahmefähigkeit besitzt. Wird eine bestimmte Grenze überschritten, schaltet das Gehirn ab und kann nicht mehr normal funktionieren. (Zahnärzte haben mit diesen Entdeckungen experimentiert. Man setzt dem Patienten Kopfhörer auf und steigert die Lautstärke so weit, bis er keinen Schmerz mehr empfindet.)

Die Werbeexplosion

Ironischerweise steigt der Werbeaufwand mit sinkender Effizienz an. Nicht nur umsatzmäßig, sondern auch nach der Zahl der Anwender.

Ärzte, Rechtsanwälte, Zahnärzte, Steuerberater wagen sich zunehmend auf das Gebiet der Werbung vor. Sogar Institutionen wie Kirchen, Krankenhäuser und die Regierung haben begonnen, für ihre Sache Reklame zu machen. (In einem der vergangenen Jahre gab die US-Regierung 228 857 200 Dollar für Werbung aus.)

Früher hielten Akademiker Werbung für nicht standesgemäß. Doch angesichts zunehmender Konkurrenz haben Rechtsanwälte, Zahnärzte, Optiker, Steuerberater und Architekten begonnen, für ihre Dienste zu werben.

Hyatt Legal Services, eine Rechtsanwaltskanzlei in Cleveland, gibt jährlich 4,5 Millionen Dollar für Fernsehwerbung aus. Und auch Jacoby & Meyers betreiben in großem Stil Werbung für ihre juristischen Dienste.

Auch bei den Medizinern dürfte die Werbung alsbald Einzug halten, aus einem einfachen Grund: Unsere Gesellschaft steht nicht nur im Begriff, von einer Kommunikationslawine überrollt zu werden, sondern es droht auch eine Ärzteschwemme. Eine vom Gesundheitsministerium der USA durchgeführte Untersuchung prognostiziert bis zum Jahr 1990 einen Überschuß von etwa 70000 Ärzten.

Wie sollen diese überschüssigen Ärzte Patienten finden? Durch Werbung natürlich.

Doch die akademischen Gegner der Werbung behaupten, sie schädige das Ansehen des Berufsstands. Und das stimmt. Wer heute effektiv werben will, muß von seinem hohen Roß heruntersteigen und die Ohren offenhalten, muß umschalten auf die Wellenlänge des Kunden.

3 Eindringen ins Gehirn

Das Paradoxon unserer kommunikationsüberfluteten Gesellschaft ist, daß uns nichts so wichtig ist wie die Kommunikation. Mit Kommunikation im Rücken ist alles möglich. Ohne Kommunikation geht nichts. Egal, wie talentiert oder ehrgeizig man ist.

Was man gewöhnlich als Glück bezeichnet, ist in der Regel das Resultat erfolgreicher Kommunikation. Die richtigen Dinge der richtigen Person zum richtigen Zeitpunkt mitzuteilen. Herauszufinden, was die NASA-Leute in Houston ein Fenster im Weltraum nennen.

Positioning ist ein organisiertes System, ein Fenster im Gehirn zu finden. Es beruht auf dem Gedanken, daß Kommunikation nur zum richtigen Zeitpunkt und unter den richtigen Bedingungen stattfinden kann.

Der einfache Weg ins Gehirn

Der einfache Weg ins Gehirn einer Person ist, der erste zu sein. Sie können die Gültigkeit dieses Prinzips nachprüfen, wenn Sie sich ein paar einfache Fragen stellen.

Wer überquerte als erster den Atlantik im Alleinflug? Charles Lindbergh, richtig.

Jetzt, wer überquerte als zweiter den Atlantik im Alleinflug?

Gar nicht so leicht zu beantworten, nicht wahr?

Wer setzte als erster seinen Fuß auf den Mond? Neil Armstrong natürlich.

Wie heißt die zweite Person?

Wie heißt der höchste Berg der Welt? Mount Everest im Himalaja, richtig.

Wie heißt der zweithöchste Berg der Welt?

Wie heißt die Person, mit der Sie zum ersten Mal ins Bett gingen?

Und der Name der zweiten Person?

Die erste Person, der erste Berg, die erste Firma, die die Position im Gehirn einnimmt, ist nur äußerst schwer zu verdrängen.

Kodak in der Fotografie, Kleenex bei Taschentüchern, Xerox bei Kopierern, Hertz bei Mietwagen, Coca bei Cola, General in der Elektrik.

Das erste, was Sie brauchen, um „eine Botschaft unauslöschlich im Gehirn zu verankern", ist nicht die Botschaft. Das erste ist ein Gehirn. Ein unvoreingenommenes Gehirn. Ein Gehirn, das noch nicht mit dem Markennamen eines Konkurrenten in Berührung gekommen ist.

Was für die Wirtschaft gilt, gilt auch in der Natur.

„Imprinting", Prägen, ist der Ausdruck der Tierbiologen für die erste Begegnung zwischen dem neugeborenen Tier und seiner leiblichen Mutter. Es dauert nur ein paar Sekunden, bis sich das Jungtier die Identität des Elternteils unauslöschlich in sein Gedächtnis eingeprägt hat.

Man könnte meinen, alle Enten sehen gleich aus, aber sogar ein eintägiges Entenküken erkennt stets seine Mutter, ganz gleich, wie sehr man die Schar durcheinanderbringt.

Eigentlich stimmt das nicht ganz. Unterbricht man den Imprintingprozeß und setzt man einen Hund oder eine Katze oder sogar einen Menschen an die Stelle der Mutter, betrachtet das Entlein den Ersatz als seine leibliche Mutter. Egal, wie andersartig das Lebewesen aussieht.

Sichverlieben ist ein ähnliches Phänomen. Während Menschen selektiver vorgehen als Enten, sind sie bei weitem nicht so wählerisch, wie man gemeinhin annimmt.

Worauf es vor allem ankommt, ist die Bereitschaft. Zwei Leute müssen sich in einer Situation begegnen, in der beide für die Idee offen sind. Beide müssen offene Fenster haben. Das heißt, keiner von beiden hat sich bereits in jemand anderen sehr verliebt.

Die Ehe als menschliche Institution beruht auf dem Prinzip, der erste zu sein, zählt mehr, als der beste zu sein. Gleiches gilt für Beruf und Geschäft.

Will man Erfolg in der Liebe oder im Beruf haben, muß man sich bewußt sein, wie wichtig es ist, sich als erster ins Gehirn des anderen einzuprägen.

Markentreue im Supermarkt wird auf die gleiche Weise aufgebaut wie Partnertreue in der Ehe. Man ist als erster da und achtet dann darauf, keinen Anlaß zumWechseln zu geben.

Der harte Weg ins Gehirn

Und wenn man nicht Charles oder Neil oder Kleenex oder Hertz heißt? Was ist, wenn jemand anderes sich schon als erster im Gehirn Ihres Adressaten etabliert hat?

Der harte Weg ins Gehirn ist der als zweiter. An zweiter Stelle ist nirgendwo. Was ist das meistverkaufte Buch aller Zeiten? (Auch das erste mit beweglichen Lettern gedruckte Buch?) Die Bibel natürlich.

Und das zweitmeistverkaufte Buch aller Zeiten? Wer weiß es?

New York ist der größte Frachtguthafen in den Vereinigten Staaten. Aber welcher steht an zweiter Stelle? Wie wäre es mit Hampton Roads, Virginia? Es stimmt.

Wer machte als zweiter einen Alleinflug über den Nordatlantik? (Amelia Earhart war nicht die zweite Person, die einen Alleinflug über den Nordatlantik machte. Gleichwohl war sie doch die erste Frau. Und wer war dann die zweite Frau?)

Hat man sich nicht als erster ins Gehirn des Adressaten (persönlich, politisch oder geschäftlich) eingeprägt, hat man ein Positioning- Problem.

In einem Wettkampf ist das schnellste Pferd, die stärkste Mannschaft, der beste Spieler der Favorit. „Der Schnellste gewinnt nicht immer das Rennen noch der Stärkste den Kampf", sagt Damon Runyan, „aber so wettet man eben."

Bei einem geistigen Wettkampf sieht die Sache anders aus. In einem geistigen Kampf stehen die Chancen zugunsten der ersten Person, des ersten Produkts, des ersten Politikers, der sich im Gehirn des Adressaten etabliert.

In der Werbung hat das erste Produkt, das eine Position etablieren kann, einen enormen Vorteil. Xerox, Polaroid, Bubble Yum, um noch ein paar Beispiele zu nennen.

In der Werbung ist es am besten, wenn man das beste Produkt seiner Branche führt. Aber noch besser ist es, wenn man erster ist.

Die zweite Liebe mag wunderbar sein, aber es interessiert niemanden, wer als zweiter einen Alleinflug über den Nordatlantik machte. Auch wenn diese Person der bessere Pilot war.

Es gibt Positioning-Strategien für das Problem, Nr. 2 oder Nr. 3 oder gar Nr. 203 zu sein. (Siehe Kapitel 8 „Repositioning der Konkurrenz".)

Doch vergewissern Sie sich zuvor, daß es nichts gibt, wo Sie erster sein können. Besser ein großer Fisch in einem kleinen Teich (um dann den Teich zu vergrößern) als ein kleiner Fisch in einem großen Teich.

Die Werbebranche nimmt Nachhilfeunterricht

Die Werbeindustrie ist dabei, die Lehre Lindberghs mühevoll zu lernen.

Mit der Zauberkraft von Geld und genügend aufgeweckten Leuten sollte jedes Marketingprogramm Erfolg haben, so meinen viele Firmen – und erleiden Schiffbruch.

Die Trümmer werden immer noch angespült. Corfam von DuPont, Gablinger Bier, die Convair 880, Vote Zahnpaste, Handy Andy Spülmittel.

Die Welt wird nie wieder dieselbe sein, und die Werbebranche auch nicht.

Zahllose Firmen haben es versucht. Die Regale jeder Drogerie und jedes Supermarkts sind voll mit „halb erfolgreichen" Marken. Die Hersteller dieser Ich-auch-Produkte klammern sich an die Hoffnung, eine brillante Werbekampagne entwickeln zu können, die ihren Sprößling doch noch zu einem Volltreffer macht.

In der Zwischenzeit wursteln sie sich noch mit Coupons, Sonderangeboten und Verkaufsveranstaltungen durch. Gewinne aber lassen sich kaum erzielen, und jene „brillante" Werbekampagne, falls sie je zustande kommt, scheint nie die ersehnte Wende zu bringen. Kein Wunder, daß Manager skeptisch reagieren, wenn von Werbung die Rede ist.

Fast möchte man als Werbefachmann alles liegen- und stehenlassen und sich in eine Würstchenbude zurückziehen.

Das Chaos auf dem Markt spiegelt die Tatsache wider, daß Werbung einfach nicht mehr so funktioniert wie einst. Aber althergebrachte Methoden lassen sich nicht so leicht aus der Welt schaffen. „Es ist nicht einzusehen, warum wir es mit Werbung nicht schaffen sollten", sagen die Verfechter des Status quo, „wenn nur das Produkt gut, der Plan fundiert und die Werbung kreativ ist."

Aber sie übersehen dabei einen ganz großen, lauten Grund. Den Markt selbst. Der Geräuschpegel ist heute viel zu hoch.

Botschaften, die auf herkömmliche Weise gesendet werden, haben keine Erfolgschancen in der kommunikationsüberfluteten Gesellschaft von heute.

Um zu verstehen, wie wir dahin kamen, wo wir heute stehen, sollten wir einen kurzen Blick auf die jüngste Geschichte der Kommunikation werfen.

Die Produktära

Damals in den fünziger Jahren befand sich die Werbung in der Produktära. Vielfach waren dies die guten alten Zeiten, als man nur die „bessere Mausefalle“ und etwas Geld für die zugehörige Werbung haben mußte.

Es war eine Zeit, in der die Werbefachleute ihre Aufmerksamkeit auf die Produktmerkmale und den Kundendienst richteten. Sie hielten Ausschau nach, wie Rosser Reeves es nannte, „der einzigartigen Verkaufsproposition“.

Aber in den späten fünfziger Jahren kam die Technologie allmählich zum Durchbruch. Es wurde immer schwieriger, diese „Einzigartigkeit“ zu etablieren.

Das Ende der Produktära kam mit einer Lawine von Ich-auch-Produkten, die den Markt überrollte. Auf die „bessere Mausefalle“ folgten weitere zwei, die genau gleich waren. Beide behaupteten, besser als die erste zu sein.

Die Konkurrenz war hart und nicht immer ehrlich. Es wurde so schlimm, daß man einen Produktmanager sagen hörte: „Es mußte so kommen. Letztes Jahr hatten wir nichts zu sagen, also versahen wir die Packung mit ‚neu und verbessert‘. In diesem Jahr entwickelten unsere Forscherteams eine tatsächliche Verbesserung, und jetzt stehen wir da.“

Die Image-Ära

Die nächste Phase war die Image-Ära. Erfolgreiche Firmen entdeckten, daß der Ruf oder das Image wichtiger war für den Verkauf eines Produkts als irgendeine konkrete Produkteigenschaft.

Der Architekt des Image-Zeitalters war David Ogilvy. Wie er in seiner berühmten Rede zum Thema sagte: „Jede Werbung ist eine langfristige Investition in das Image einer Marke." Und er stellte die Gültigkeit seiner These unter Beweis mit Programmen für Hathaway Hemden, Rolls-Royce, Schweppes und andere Firmen.

Aber genau wie die Ich-auch-Produkte den Untergang des Produkt-Zeitalters herbeiführten, richteten die Ich-auch-Firmen das Image-Zeitalter zugrunde. Als jede Firma versuchte, sich einen Namen zu machen, schwoll die Lautstärke so sehr an, daß nur relativ wenige sich Gehör verschaffen konnten.

Und diejenigen, die es doch schafften, haben dies in erster Linie mit spektakulären technischen Neuerungen und nicht mit spektakulärer Werbung bewirkt. Xerox und Polaroid, um zwei Unternehmen zu nennen.

Die Positioning-Ära

Heute wird zunehmend augenfällig, daß die Werbung an der Schwelle einer neuen Ära steht – einer Ära, in der Kreativität nicht länger der Schlüssel zum Erfolg ist.

Die Heiterkeit der sechziger und siebziger Jahre wurde von der harten Realität der achtziger Jahre abgelöst.

In unserer kommunikationsüberfluteten Gesellschaft hat nur die Firma Erfolg, die eine Position im Bewußtsein des Adressaten etablieren kann, eine Position, die nicht nur die eigenen

Stärken und Schwächen, sondern auch die der Konkurrenten berücksichtigt.

Die Werbung tritt in ein Zeitalter ein, in dem Strategie Trumpf ist. Im Zeitalter des Positioning reicht eine neue Entdeckung oder Erfindung nicht aus, ist sogar eventuell überhaupt nicht nötig. Doch muß man unbedingt als erster im Kopf des Adressaten präsent sein.

IBM war nicht der Erfinder des Computers. Sperry-Rand war es. Aber IBM war die erste Firma, die sich eine Computer-Position im Gehirn der Kunden geschaffen hat.

Was Amerigo entdeckte

Die Sperry-Rand des fünfzehnten Jahrhunderts war Christoph Columbus.

Wie jedes Schulkind weiß, wurde der Entdecker Amerikas für seine Bemühungen schlecht belohnt. Christoph Columbus machte zwei Fehler: Er suchte nach Gold, und er hielt den Mund.

Amerigo Vespucci verhielt sich anders. Amerigo, die IBM des fünfzehnten Jahrhunderts, kam fünf Jahre nach Columbus. Aber er machte zwei Dinge richtig.

Erstens stellte er die Neue Welt richtig als einen separaten Kontinent dar, der nichts mit Asien zu tun hatte. Dies verursachte eine Revolution in der damaligen Geographie.

Zweitens schrieb er ausführlich über seine Entdeckungen und Theorien. Besonders bedeutsam sind die fünf Briefe seiner dritten Amerikareise. Einer davon (Mundus Novus) wurde über einen Zeitraum von 25 Jahren in vierzig verschiedene Sprachen übersetzt.

Vor seinem Tod verlieh ihm Spanien die kastilische Bürgerschaft und einen wichtigen Regierungsposten.

Folglich schrieben die Europäer Amerigo Vespucci die Entdeckung Amerikas zu und benannten das Land nach ihm.

Christoph Columbus starb im Gefängnis.

Was Michelob entdeckte

Die großen Werbetexter von gestern, die schon das Zeitliche gesegnet haben, würden sich im Grab umdrehen, wenn sie manche der derzeit laufenden Werbekampagnen sehen könnten.

Nehmen wir die Bierwerbung als Beispiel. In der Vergangenheit sah sich der Werbetexter für Bier das Produkt genauestens an, um eine Textgrundlage zu finden. Und er entdeckte Produktmerkmale wie Piels – „echtes Faßbier" und „kaltgebrautes" Ballantine.

Und noch weiter zurück in der Vergangenheit suchte ein Werbetexter nach genau den richtigen Worten, um ein Bild der Qualität, des Geschmacks und der Appetitlichkeit zu malen.

„Nur ein Hauch von Hopfen."

„Aus dem Land der himmelblauen Wasser."

Heute aber ist Poesie in der Werbung so tot wie Poesie in der Poesie.

Einer der größten Werbeerfolge der letzten Zeit ist die Kampagne für Michelob. Die Marke wurde mit einer Kampagne eingeführt, die so poetisch ist wie eine Verkehrsampel. Und genauso wirkungsvoll.

„First Class ist Michelob" plazierte die Marke als ein in Amerika hergestelltes Bier der höheren Preisklasse. Innerhalb von ein paar Jahren wurde Michelob zu einem der meistverkauften Biere Amerikas. Auch zu einem höheren Preis.

War Michelob das erste einheimische Bier der höheren Preisklasse? Nein, natürlich nicht. Aber Michelob war die erste Brauerei, die diese Position im Kopf des Biertrinkers etablierte.

Was Miller entdeckte

Beachten Sie, wie die Poesie im Slogan für Old Schlitz Bier das Positioning verbirgt.

„Echter Genuß mit einem großartigen, leichten Bier."

Glaubte irgend jemand in der Eckkneipe, daß Schlitz leichter als Budweiser oder Pabst war? Nein, der Schlitz-Slogan ergab für den passionierten Biertrinker genausoviel Sinn wie die Lyrik einer italienischen Oper.

Bei der Brauerei Miller jedoch stellte man sich offensichtlich die Frage: „Was wird geschehen, wenn wir ein Bier tatsächlich als ein leichtes Bier plazieren?"

So brachte Miller „Lite"-Bier auf den Markt. Und der Rest ist Geschichte. Ein durchschlagender Erfolg, der eine Reihe von Ich-auch-Marken nach sich zog. Unter anderem, wie das Leben so spielt, Schlitz Light. (Vermutlich unter dem Motto: „Echter Genuß mit einem großartigen leichten, leichten Bier".)

Für viele Leute und Produkte kann sich heute der Weg zum Erfolg öffnen, wenn sie sich ansehen, was die Konkurrenten tun, und dann die Poesie oder Kreativität eliminieren, die verhindert, daß die Botschaft ins Gehirn eindringt. Mit einer reinen und vereinfachten Botschaft können Sie dann in den Kopf des Adressaten vorstoßen.

Es gibt zum Beispiel ein Importbier, dessen Positioning-Strategie sich so kristallklar präsentiert, daß jene alte Garde von Bier-Werbetextern sie wahrscheinlich gar nicht als Werbung akzeptieren würde.

„Das beliebteste deutsche Bier in Amerika kennen Sie. Probieren Sie jetzt einmal das in Deutschland beliebteste deutsche Bier." So positionierte sich Beck's Bier erfolgreich gegenüber Löwenbräu.

Diese Art der Werbung machte Beck's Bier auch in Amerika

populär. Der Absatz stieg Jahr für Jahr. Löwenbräu andererseits gab den Kampf auf und wurde eine einheimische Marke.

Ein seltsamer Wandel vollzog sich in der amerikanischen Werbung. Sie wird weniger poetisch, dafür aber um so wirksamer.

Die kleinen Leitersprossen im Kopf

Um besser zu verstehen, womit wir es bei unseren Botschaften zu tun haben, wollen wir das endgültige Ziel aller Kommunikation genauer unter die Lupe nehmen: das menschliche Gehirn.

Ähnlich der Datenbank eines Computers hat das Gehirn eine Schublade oder Position für jedes Stück Information, das es aufbewahren will. In seiner Funktionsweise ähnelt das Gehirn dem Computer sehr.

Es gibt aber einen sehr wichtigen Unterschied. Der Computer muß akzeptieren, was man ihm eingibt. Das Gehirn muß das nicht. Im Gegenteil.

Das Gehirn weist neue Informationen zurück, die sich nicht „verarbeiten“ lassen. Es nimmt nur die neue Information an, die mit seinem gegenwärtigen Bewußtseinszustand in Einklang steht. Alles andere wird herausgefiltert.

Man sieht, was man erwartet

Nehmen Sie zwei abstrakte Zeichnungen. Auf die eine schreiben Sie den Namen Schwartz, auf die andere den Namen Picasso. Dann fragen Sie jemanden, was er von den Zeichnungen hält. Man sieht das, was man erwartet.

Bitten Sie zwei Leute gegensätzlicher Überzeugungen, sagen wir, einen Sozialdemokraten und einen Christdemokraten, einen Artikel über ein kontroverses Thema zu lesen. Fragen Sie dann jeden, ob der Artikel seine Meinung verändert hat.

Es wird sich herausstellen, daß der Sozialdemokrat aus dem Artikel die Fakten entnimmt, die den eigenen Standpunkt stützen. Der Christdemokrat wird aus dem gleichen Artikel Fakten entnehmen können, die den gegenteiligen Standpunkt untermauern. Kaum eine Meinungsänderung findet statt. Man sieht, was man erwartet.

Füllen Sie eine Flasche billigen Tafelwein in eine leere, fünfzig Jahre alte Flasche französischen Burgunders. Dekantieren Sie dann vor einem Freund etwas davon vorsichtig in ein Glas, und fragen Sie nach seinem Urteil.

Man schmeckt, was man erwartet.

Bei Blindverkostungen von Champagner wurden billige kalifornische Marken häufig höher eingestuft als französische. Bei sichtbaren Etiketten wäre das wohl kaum passiert.

Wäre dies nicht so, spielte Werbung überhaupt keine Rolle. Wäre der Durchschnittsverbraucher rational anstatt emotional, gäbe es gar keine Werbung. Zumindest nicht in der Form, wie wir sie heute kennen.

Ein Hauptanliegen aller Werbung ist, die Erwartungen zu erhöhen. Die Illusion zu schaffen, daß das Produkt oder die Dienstleistung das erwartete Wunder vollbringen wird. Und Hokuspokus, genau das macht die Werbung.

Ruft man aber die gegenteilige Erwartung hervor, gerät das Produkt in Schwierigkeiten. Die einführende Werbung für Gablingers Bier erweckte den Eindruck, daß es als Diätbier nicht gut schmecken würde.

Und, klarer Fall, die Werbung tat ihre Wirkung! Die Leute probierten es und waren schnell überzeugt, daß es tatsächlich nicht gut schmeckte. Man schmeckt, was man erwartet.

Ein unzulänglicher Behälter

Das menschliche Gehirn lehnt nicht nur Information ab, die es in keinen Zusammenhang mit seinen früheren Kenntnissen oder Erfahrungen bringen kann, sondern es hat darüber hinaus relativ wenig Kenntnisse oder Erfahrungen, die es nutzen kann.

In unserer kommunikationsüberfluteten Gesellschaft ist das menschliche Gehirn ein völlig unzulänglicher Behälter.

Nach Ansicht des Harvard-Psychologen Dr. George A. Miller kann das durchschnittliche menschliche Gehirn nicht mehr als sieben Einheiten auf einmal verarbeiten. Weswegen sieben eine beliebte Anzahl für Posten ist, die man sich zu merken hat. Siebenstellige Telefonnummern, die Sieben Weltwunder, Seven-card Stud-Poker, Schneewittchen und die sieben Zwerge.

Bitten Sie jemanden, alle Markennamen aufzuzählen, die ihm zu einer bestimmten Produktkategorie einfallen. Selten wird jemand mehr als sieben nennen. Und das in einer Kategorie höchsten Interesses. Bei Produkten von geringem Interesse kann der Durchschnittsverbraucher meist nur ein oder zwei Marken angeben.

Versuchen Sie, alle Zehn Gebote aufzuschreiben. Wenn das zu schwierig ist, wie wäre es mit den sieben Warnzeichen für Krebs? Oder den Vier Apokalyptischen Reitern?

Laut einer Zeitungsumfrage konnten 80 von 100 Amerikanern kein einziges Kabinettsmitglied nennen.

Wenn unsere geistige Speicherkapazität zu klein ist, um mit solchen Fragen zurechtzukommen, wie in aller Welt sollen wir bei den ganzen Markennamen, die sich über die Jahre wie die Kaninchen vermehrt haben, auf dem laufenden bleiben? Vor dreißig Jahren wurden dem amerikanischen Raucher siebzehn verschiedene Marken von den sechs führenden Zigarettenherstellern angeboten. Heute verkaufen sie mehr als 175. (Ein Zigarettenautomat für alle diese Marken wäre zehn Meter lang.)

Die „Modellitis“ hat jede Industrie befallen, von Autos über Bier bis hin zu Zoomobjektiven. Detroit bietet gegenwärtig 290 verschiedene Modelle in einer verwirrenden Vielfalt von Typen und Größen an. Caravelle, Capri, Cimarron, Camaro, Calais, Cutlass. Mal sehen, ist es ein Chevrolet Caravelle oder ein Plymouth Caravelle? Die Leute sind verwirrt.

Um mit der Komplexität fertig zu werden, haben die Menschen gelernt, alles zu vereinfachen.

Nach der geistigen Entwicklung des Sprößlings gefragt, zitiert man in der Regel nicht Statistiken des Wortschatzes oder referiert über Leseverständnis und mathematische Kenntnisse usw. Die typische Antwort ist: „Er geht jetzt in die siebte Klasse.“

Dieses Klassifizieren von Menschen, Gegenständen und Marken ist nicht nur eine bequeme Methode, Dinge zu organisieren, sondern unerläßlich, um nicht von den Komplexitäten des Lebens überwältigt zu werden.

Die Produktleiter

Um mit der Produktexplosion zurechtzukommen, haben die Verbraucher gelernt, Produkte und Marken geistig einzuordnen. Davon kann man sich vielleicht am besten ein Bild machen, wenn man sich eine Reihe von Leitern im Kopf vorstellt. Auf jeder Sprosse steht ein Markenname. Und jede einzelne Leiter stellt eine bestimmte Produktkategorie dar.

Manche Leitern haben viele Sprossen (sieben sind viele). Andere haben wenige, wenn überhaupt welche.

Ein Konkurrent, der seinen Marktanteil erhöhen will, muß entweder die über ihm stehende Marke verdrängen (in der Regel unmöglich) oder aber seine Marke irgendwie in Beziehung zur Position der anderen Firma bringen.

Doch zu viele Unternehmen starten Marketing- und Werbeprogramme, als ob die Position ihres Konkurrenten gar nicht existierte. Sie werben um ihre Produkte in einem Vakuum und sind enttäuscht, wenn ihre Botschaften nicht durchkommen.

Die Leiter im Kopf emporzuklimmen kann extrem schwierig sein, wenn die oben liegenden Marken einen festen Halt haben und kein Hebel angesetzt oder Positioning-Strategie angewandt wird.

Wer durch Werbung eine neue Produktkategorie einführen will, muß eine neue Leiter einführen. Das ist ebenfalls schwierig, besonders, wenn die neue Kategorie nicht gegen die alte positioniert wird. Das Gehirn hat keinen Platz für etwas Neues oder anderes, wenn es das Neue nicht zum Alten in Beziehung bringen kann.

Bei einem wirklich neuen Produkt ist es daher oftmals besser, dem Adressaten zu sagen, was das Produkt nicht ist, anstatt direkt darüber zu informieren.

Das erste Automobil zum Beispiel nannte man „eine Kutsche ohne Pferde“, eine Bezeichnung, die es dem Publikum erlaubte, das neue Konzept gegenüber dem herkömmlichen Pferdegespann zu positionieren.

Wörter wie „Nebensaison“, „bleifreies“ Benzin und Limonade „ohne Zucker“ sind alles Beispiele dafür, wie man neue Konzepte gegenüber alten am besten positioniert.

Die Gegensatz-Position

Auf dem heutigen Markt ist die Position der Konkurrenz genauso wichtig wie die eigene. Manchmal sogar wichtiger. Einer der ersten Erfolge des Positioning-Zeitalters war die berühmte Avis-Kampagne.

Die Avis-Kampagne machte Marketinggeschichte als klassisches Beispiel für das Etablieren einer „Gegensatz“-Position. Im Fall Avis war es eine Position gegenüber dem Marktführer.

„Avis steht nur auf Platz 2 unter den Mietwagen. Warum also mit uns fahren? Wir geben uns mehr Mühe.“

Dreizehn Jahre hintereinander machte Avis Verluste. Dann gaben sie zu, daß sie auf Rang 2 standen, und begannen Gewinne einzufahren.

Das erste Jahr brachte Avis Gewinne in Höhe von 1,2 Millionen Dollar. Das zweite Jahr 2,6 Millionen. Das dritte Jahr 5 Millionen. Dann wurde die Firma an ITT verkauft.

Avis konnte beträchtliche Gewinne erzielen, weil man die Position von Hertz anerkannte und nicht versuchte, sie direkt anzugreifen.

Den Erfolg des Avis-Programms versteht man besser, wenn man einen Blick in die Köpfe der potentiellen Kunden wirft und sich dort eine Produktleiter mit dem Etikett „Mietwagen“ vorstellt.

Auf jeder Sprosse der Produktleiter steht ein Markenname. Ganz oben der Name Hertz. Avis besetzt den zweiten Rang. National den dritten.

Viele Marketingstrategen mißdeuteten die Avis-Geschichte. Sie nahmen an, die Firma wäre deswegen erfolgreich, weil sie sich mehr Mühe gab.

Keineswegs. Avis war erfolgreich, weil sie sich gegenüber Hertz positionierte. (Wenn ein Mehr an Mühe der Schlüssel zum Erfolg wäre, dann wäre Harold Stassen schon vielfach Präsident geworden.)

Die ersten Reaktionen auf die Avis-Kampagne beleuchten die Einstellung in der Reklameindustrie gegenüber vergleichender Werbung. Ursprünglich lehnte dieWochenzeitschrift *Time* die Zeile „Wir geben uns mehr Mühe“ als zu wettbewerbsbetont gegenüber Hertz ab. Andere Zeitschriften folgten *Time* in ihrer Meinung.

Der Werbemanager geriet in Panik und erklärte sich bereit, die Zeile in „Wir geben uns verdammt viel Mühe“ zu ändern. (Anscheinend gilt ein Fluch als weniger anstößig als ein Vergleich.)

Erst als man den Anzeigenauftrag zurückzog, rückte man bei *Time* vom ursprünglichen Standpunkt ab und war bereit, den Originaltext zu akzeptieren. (Der Werbemanager wurde gefeuert.)

Das Etablieren einer „Gegensatz“-Position ist ein klassisches Positioning-Manöver. Kann eine Firma nicht die erste sein, dann muß sie als erste die Position der Nr. 2 einnehmen. Das ist keineswegs leicht.

Aber es ist zu schaffen. Was Avis bei Mietwagen gelang, tut Burger King in der Fastfood-Industrie und Pepsi in der Cola-Branche.

Die Uncola-Position

Eine weitere klassische Positioning-Strategie besteht darin, sich auf einer schon besetzten Leiter hinaufzuschleichen. Wie 7-UP es tat. Die Brillanz dieses Einfalls kann man nur dann richtig schätzen, wenn man begreift, welchen enormen Bekanntheitsgrad Cola und Pepsi genießen. Fast zwei von drei mit Kohlensäure versetzten Getränken, die in den Vereinigten Staaten konsumiert werden, sind Cola-Getränke.

Durch die Verbindung des Produkts mit dem, was den Kunden schon gut bekannt war, konnte 7-UP die „Uncola“-Position als eine Alternative zu Cola-Getränken etablieren. (Die drei Sprossen der Cola-Leiter kann man sich etwa so vorstellen: Eins, Cola. Zwei, Pepsi. Und drei, 7-UP.)

Als Beweis für die Allgemeingültigkeit des Positioning-Konzepts übernahm McCormick Communications die WLKW, einen

Rundfunksender für schöne Musik – unter „ferner liefen" in Providence (Rhode Island) –, und machte ihn zur Nr. 1. Das Motto: WLKW, die Unrock-Welle.

Um eine einzigartige Position zu finden, müssen Sie die konventionelle Logik beiseite lassen. Die konventionelle Logik schreibt vor, daß man ein Konzept entweder in einem selbst oder in dem Produkt selbst finden muß.

Das stimmt nicht. Sie müssen in den Köpfen der Adressaten suchen.

In einer Dose 7-UP werden Sie kein „Uncola" entdecken; wohl aber in den Köpfen der Colatrinker.

Die V.W.S.E.M.-Falle

Erfolgreiches Positioning verlangt vor allem Konsequenz. Jahr für Jahr.

Doch nachdem ein Unternehmen einen brillanten Positioning-Coup gelandet hat, geht man allzuoft in die, wie wir es nennen, V.W.S.E.M.-Falle: „Vergessen, was sie erfolgreich machte".

Kurz nach dem Verkauf an ITT beschloß man bei Avis, sich nicht länger mit der Position der Nr. 2 zufriedenzugeben. Also startete man eine Kampagne mit folgendem Werbeslogan: „Avis wird die Nr. 1".

So etwas heißt, Reklame machen für die eigenen Ziele. Falsch vom psychologischen Standpunkt her. Und falsch vom strategischen Standpunkt her.

Avis war nicht dazu bestimmt, die Nr. 1 zu sein, solange bei Hertz keine Schwäche zu finden war, die man ausbeuten konnte.

Zudem brachte die alte Kampagne die Nr. 2 Avis nicht nur mit der Nr. 1 Hertz auf der Produktleiter in den Vorstellungen der Kunden in Beziehung, sondern sie schlug auch Kapital aus dem

Gefühl der Anteilnahme, das die Leute für den Schwächeren naturgemäß hegen.

Die neue Kampagne dagegen war nur Wald-und-Wiesen-Reklameprahlerei.

Seien wir ehrlich. Über die letzten zwanzig Jahre führte Avis viele verschiedene Werbekampagnen durch: „Der Zauber von Avis“, „Man muß nicht durch den Flughafen hetzen“.

Aber was fällt einem sofort ein, wenn Avis erwähnt wird?

Natürlich „Avis ist nur auf Rang 2 usw.“. Und dennoch ignoriert man bei Avis in den letzten Jahren konsequent das einzige Konzept, das man in der Vorstellung der Kunden je besaß. Eines Tages, wenn National Rent-A-Car Avis umsatzmäßig überholt, wird Avis den Wert seines verlorenen Nr. 2-Konzepts zu schätzen wissen.

Wer heute erfolgreich sein will, darf die Position der Konkurrenz nicht außer acht lassen. Und auch nicht der eigenen den Rücken kehren. Oder mit den unvergänglichen Worten von Joan Didion: „Spiele die Karten, die du hast.“

Von hier führt kein Weg dorthin

Es gibt eine alte Geschichte von einem Reisenden, der einen Bauern nach dem Weg zu einer nahe gelegenen Stadt fragte.

Der Bauer antwortete: „Mal sehen, gehen Sie die Straße hier entlang, und nach einem Kilometer biegen Sie links bei der Kreuzung ab. Halt, nein, das geht nicht."

„Kehren Sie um, und fahren Sie, bis Sie nach einem halben Kilometer ein Stoppschild erreichen. Dann biegen Sie rechts ein", fuhr der Bauer fort. „Nein, das geht auch nicht." Nach einer längeren Pause schaute der Bauer den verwirrten Reisenden an und sagte: „Wissen Sie was, junger Mann, von hier führt kein Weg dorthin."

Genau das ist heute das Schicksal vieler Leute, Politiker und Produkte. Sie sind zufällig in einer Position, von der aus kein Weg zu ihrem Ziel führt.

Avis wird Rang 1 nicht erklimmen. Der Wunsch allein wird daran nichts ändern. Und massive Werbekampagnen auch nicht.

Der unsterbliche Geist des Machbaren

In vieler Hinsicht war Amerikas Erfahrung im Vietnamkrieg ein typisches Beispiel für den „Geist des Machbaren". Alles ist möglich, wenn man sich nur genügend ins Zeug legt. Doch ganz gleich, wie sehr man sich auch bemüht hätte, wie viele Soldaten und Geld man aufgewendet hätte, das Problem konnte nicht durch eine äußere Macht gelöst werden.

Es führte kein Weg dorthin.

Trotz Hunderter gegenteiliger Vietnam-Beispiele leben wir in einer Welt des Machbaren. Doch ist vieles unmöglich, egal, wie sehr man sich auch anstrengt.

Nehmen wir als Beispiel den 55jährigen Vizepräsidenten einer Firma, der niemals die Position ganz an der Spitze erlangen wird. Wenn der Präsident sich in ein paar Jahren mit 65 zur Ruhe setzt, wird der Aufsichtsrat einen 48jährigen Nachfolger bestimmen.

Für den Präsidentenstuhl ist der 55jährige aus dem Rennen. Eine Chance auf Beförderung hätte er nur, wenn er mindestens zehn Jahre jünger wäre als der derzeitige Inhaber des Postens.

Im Kampf um das Gehirn ergeht es einem Produkt, das „aus dem Rennen" ist, oft ebenso.

Ein Unternehmen kann heute ein großartiges Produkt, einen erstklassigen Verkaufsstab und eine phantastische Werbekampagne haben und dennoch kläglich versagen, wenn es sich in einer Position des „Es-führt-kein-Weg-dorthin" befindet. Egal, wie viele Millionen man auch aufwendet.

Das beste Beispiel dafür ist das Schicksal von RCA im Computergeschäft.

Die Schrift an der Wand

Im Jahr 1969 schrieben wir einen Artikel für die Zeitschrift *Industrial Marketing* mit RCA als einem der Hauptbeispiele. Der Artikel mit dem Titel „Positioning Is a Game People Play in Today's Me-Too Marketplace" (Positioning, ein Spiel auf dem heutigen Ich-auch-Markt) nahm kein Blatt vor den Mund. Er nannte Namen und machte Voraussagen, sämtlich auf der Basis der Regeln eines Spiels namens Positioning. (Hier wurde zum ersten Mal das Wort „Positioning" gebraucht, um den Vorgang zu beschreiben, wie man mit der geistigen Position eines größeren, besser etablierten Konkurrenten fertig wird.)

Besonders eine Vorhersage erwies sich als bemerkenswert zutreffend.

Was die Computerindustrie betraf, schrieben wir, „hat kein Unternehmen eine Chance, frontal gegen die Position von IBM etwas zu erreichen".

Das entscheidende Wort dabei war natürlich „frontal". Während es durchaus möglich ist, erfolgreich mit einem Marktführer zu konkurrieren (der Artikel enthielt mehrere Vorschläge hierzu), besagen die Regeln des Positioning, daß dies nicht „frontal" geschehen kann.

Damals, im Jahre 1969, erregte dies einige Verwunderung. Wer sagt denn, daß ein mächtiger, milliardenschwerer Konzern wie RCA im Computergeschäft keinen Erfolg haben sollte, wenn er unbedingt wollte?

Mit dem Jahr 1970 gab RCA Vollgas.

Die unglaubliche Geschichte war in der Wirtschaftspresse nachzulesen.

„RCA feuert eine Breitseite gegen die Nr. 1", lautete die Schlagzeile eines Artikels in der Ausgabe der *Business Week* vom 19. September 1970.

„RCA greift IBM frontal an“, war die Schlagzeile einer Nachricht in *Fortune*, Oktoberausgabe 1970.

„RCA Computervorstoß ist ein frontaler Schlag gegen IBM“, las man in der Ausgabe des *Advertising Age* vom 26. Oktober 1970.

Und um die Absichten des Konzerns unmißverständlich klarzulegen, wagte Vorsitzender und Präsident Robert W. Sarnoff die Voraussage, daß RCA bis Ende 1970 eine feste Position als Nr. 2 der Computerindustrie innehaben werde. Dabei hob er hervor, daß seine Firma bereits „weit mehr in die Entwicklung einer starken Position in der Computerindustrie investiert habe als je zuvor in ein anderes Projekt“, einschließlich Farbfernsehen. Herr Sarnoff betonte, das Ziel sei die Schaffung einer soliden Gewinnposition für den Anfang der siebziger Jahre.

Der Geist des Machbaren vergeht

Weniger als ein Jahr später stürzte das Dach ein. „RCA's 250-Millionen-Dollar-Katastrophe“ war die Schlagzeile eines Artikels in der Ausgabe der *Business Week* vom 25. Oktober 1971.

Ein Haufen Schotter. Jemand hat ausgerechnet, daß diese Summe in Einhundert-Dollar-Noten auf dem Gehsteig im Rokkefeller Center aufeinandergestapelt gerade über Bob Sarnoffs Fenster im 53. Stock des RCA-Gebäudes hinausreichen würde.

Das waren damals schlechte Zeiten für die Computerhersteller. Im Mai 1970, nach Jahren wenig profitabler Aktivitäten im Computergeschäft, warf General Electric das Handtuch und verkaufte den ganzen Mist an Honeywell.

Angesichts des Schiffbruchs zweier größerer Computerhersteller kurz nacheinander konnten wir uns nicht verkneifen zu sagen: „Wir haben es euch ja prophezeit.“ Und so schrieben wir gegen Ende 1971 den Artikel: „Positioning Revisited: Why Didn't GE and RCA Listen?“ (Der Artikel erschien in der Novemberausgabe 1971 von *Industrial Marketing*.)

Wie sollte Werbung und Marketing gegen eine Firma wie IBM aussehen? Die beiden Artikel zum Thema Positioning brachten hierzu einige Vorschläge.

Wie man IBM erfolgreich widersteht

Die Computerbranche wurde oft mit „Schneewittchen und die sieben Zwerge“ verglichen. Schneewittchen hat sich eine Position geschaffen, wie sie die Marketinggeschichte zuvor nie gekannt hatte.

IBM hält 70 Prozent Marktanteil bei Großcomputern; demgegenüber stehen zehn Prozent des größten der Zwerge.

Wie besteht man gegenüber einer Firma mit einer Position wie IBM?

Nun, zunächst müssen Sie diese Position anerkennen. Dann nämlich werden Sie das nicht tun, was allzu viele in der Computerbranche versuchen: sich benehmen wie IBM.

Frontal gegen IBM hat eine Firma keine Aussicht auf Erfolg. Und bislang hat die Geschichte dies bestätigt.

Den kleinen Computerfirmen ist das wahrscheinlich klar. Die großen jedoch glauben offenbar, sie könnten ihre eigenen starken Positionen gegen IBM ins Feld führen. Nun, ein glückloser Manager soll dazu gesagt haben: „Da reicht das ganze Geld der Welt nicht aus.“ Es führt einfach kein Weg dorthin.

„Feuer bekämpft man mit Feuer“, heißt es nach altem Klischee. Doch wie der verstorbene Howard Gossage zu sagen pflegte: „Das ist Quatsch. Feuer bekämpft man mit Wasser.“

Eine bessere Strategie für die Konkurrenten von IBM wäre es, jegliche Position auszunutzen, die sie bei ihren Adressaten bereits besitzen, und diese dann mit einer neuen Position auf dem Computergebiet zu verbinden. Wie hätte beispielsweise RCA seine Computerreihe positionieren sollen?

Unser Artikel aus dem Jahr 1969 schlug dazu folgendes vor: „RCA ist führend auf dem Gebiet der Kommunikation. Wenn sie eine Computerreihe in Verbindung mit ihrem Kommunikationsgeschäft positionierten, könnten sie ihre eigene Position vorteilhaft ausnutzen. Selbst wenn sie dabei einen großen Teil des Geschäfts ignorieren, würden sie so einen starken Brückenkopf etablieren.

Oder nehmen wir General Electric, eine Firma, die selbst starker Computeranwender ist. Technologiethema des Tages war Time Sharing. Hätte man sich auf Time-Sharing-Computer konzentriert, wäre GE wohl ebenfalls Erfolg beschieden gewesen. (In der Tat war die einzige Computeroperation, die General Electric nicht an Honeywell verkaufte, ihr Time-Sharing-Netzwerk, das bis zum heutigen Tag Gewinne bringt.)

Nehmen wir NCR, eine Firma mit einer starken Position bei Registrierkassen.

NCR konzentrierte sich auf Dateneingabesysteme für den Handel oder elektronische Registrierkassen, wenn Sie so wollen, und hatte im Computergeschäft große Fortschritte zu verzeichnen.

In hoffnungslosen Situationen aber wird jede Anstrengung, eine brauchbare Position zu finden, wahrscheinlich nur Zeitverschwendung sein. Oder wie Charlie Brown es ausdrückt: „Kein Problem ist zu groß, um davor davonzulaufen."

Tatsächlich ist sofortiger Mißerfolg oft besser als mäßiger Erfolg.

Jemand unter den „Ferner liefen" könnte leicht glauben, daß größere Anstrengungen das Problem lösen. Doch wird eine Firma in einer verlorenen Position von harter Arbeit nicht viel profitieren.

Es geht nicht um das Was, sondern um das Wann. Zusätzliche Anstrengungen müssen, wenn sie etwas nützen sollen, frühzeitig unternommen werden, um die wertvolle Position des Marktführers zu erlangen.

Hat man diese Position einmal erreicht, ist alles möglich. Ohne sie wird das Leben wirklich nicht leicht. (Oder wie die Eskimos es ausdrücken: „Der Leithund ist der einzige, der den Wechsel in der Szenerie genießt.“)

Smith und Jones bei General Electric

Ein Beispiel soll das Prinzip verdeutlichen. Zwei Herren hatten ein Auge auf die Spitzenposition bei General Electric geworfen. Der eine hieß Smith, der andere Jones.

Smith war ein ausgesprochener Machertyp eines Firmenmanagers. Als man ihm die Leitung des Bereichs Computer übertrug, nahm er daher diese Aufgabe mit größtem Vergnügen an.

Jones dagegen war ein Realist. Ihm war klar, daß GE für eine führende Position zu spät ins Computergeschäft eingestiegen war. In diesem fortgeschrittenen Stadium käme ein Aufschließen zu IBM die Firma zu teuer. Falls überhaupt möglich.

Nachdem Smith keine Wende im Computergeschäft herbeiführen konnte, erhielt Jones eine Chance, sich zu beteiligen. Er plädierte für einen Rückzug aus dem Computergeschäft, was man bei General Electric schließlich auch tat, indem man diesen Unternehmenszweig an Honeywell verkaufte.

Das ist ein Grund dafür, daß Reginald H. Jones zum Topmanager der General Electric Company aufstieg. Und J. Stanford Smith landete bei International Paper.

Kurz gesagt, die Hierarchie im Computergeschäft finden Sie in praktisch jedem anderen Industriezweig wieder. In jeder Industrie gibt es einen starken Führer (IBM bei Computern, Xerox bei Kopierern, General Motors bei Automobilen) und eine Schar von Firmen unter „ferner liefen".

Wer die Bedeutung des Positioning in der Computerindustrie versteht, kann diese Kenntnis auf praktisch jede andere Situation übertragen.

Was für Computer gilt, gilt auch für Autos und für Colas.

Oder umgekehrt.

6 Positioning eines Marktführers

Unternehmen wie Avis und Seven-Up fanden brauchbare Alternativpositionen zu den Marktführern.

Doch die meisten Firmen wollen nicht unter „ferner liefen“ rangieren, egal ob mit Erfolg oder nicht. Sie wollen Führer sein wie Hertz oder Coca-Cola.

Wie wird man dann ein Führer? Eigentlich ganz einfach. Erinnern Sie sich an Charles Lindbergh und Neil Armstrong?

Erster wird, wer sich am meisten anstrengt.

Etablieren der Führungsposition

Wie die Geschichte zeigt, erlangt die erste Marke im Gehirn auf lange Sicht durchschnittlich den doppelten Marktanteil der Marke Nr. 2, und diese wiederum den doppelten Anteil der Marke Nr. 3. Und dieses Verhältnis läßt sich nur schwer verändern.

Welche Kategorie Sie auch betrachten, fast stets übertrifft der Umsatz des Marktführers den der Nr. 2 bei weitem. Hertz übertrifft Avis, General Motors übertrifft Ford, Goodyear übertrifft Firestone, McDonald's übertrifft Burger King, General Electric übertrifft Westinghouse.

Viele Marketingspezialisten übersehen die enormen Vorteile, der erste zu sein. Allzu oft führen sie Erfolge wie Kodak und IBM oder Coca-Cola auf „intelligentes Marketing" zurück.

Mißerfolge der Führer

Liegen die Dinge aber einmal anders und der Markführer ist nicht der erste auf einem neuen Feld, landet das neue Produkt gewöhnlich auf den hinteren Rängen.

Verglichen mit Coca-Cola ist Dr. Pepper ein Zwerg. Doch als Coca-Cola ein Konkurrenzprodukt namens Mr. Pibb einführte, konnten auch die gewaltigen Ressourcen des Giganten aus Atlanta den Verkaufszahlen von Dr. Pepper kaum etwas anhaben. Mr. Pibb bleibt ein schwacher Zweiter.

IBM ist sehr viel größer als Xerox und verfügt über ehrfurchtgebietende Ressourcen an Technologie, Arbeitskräften und Kapital. Doch was geschah, als IBM eine Kopiererserie konkurrierend zu denen von Xerox einführte?

Nicht viel. Xerox hat immer noch einen Anteil am Kopierermarkt, der den von IBM mehrfach übertrifft.

Und angeblich sollte Kodak Polaroid abservieren, als der Koloß aus Rochester in das Geschäft mit Sofortbildkameras einstieg. Weit gefehlt. Kodak konnte nur einen kleinen Marktanteil gewinnen, und das zum Preis beträchtlicher Einbußen im Geschäft mit herkömmlichen Kameras.

Der Führer hat fast alle Vorteile auf seiner Seite. Der Verbraucher greift bei seinem nächsten Kauf zumeist zu derselben Marke wie beim vorherigen Mal, es sei denn, gewichtige Gründe sprechen dagegen. Und in den Geschäften hält man in der Regel die führenden Marken auf Lager.

Die größeren, erfolgreicheren Firmen haben unter den herausragenden Hochschulabsolventen gewöhnlich die erste Wahl. Sie ziehen in der Regel mehr und bessere Mitarbeiter an.

Auf fast jedem Meter des Weges ist der Marktführer im Vorteil.

Eine Fluggesellschaft beispielsweise hat in ihren Maschinen häufig eine Sorte Cola, eine Sorte Ginger Ale, eine Sorte Bier und so weiter vorrätig.

Achten Sie bei Ihrem nächsten Flug einmal darauf, ob das nicht Coca-Cola, Canada Dry und Budweiser sind, die drei führenden Marken bei Cola, Ginger Ale und Bier.

Die Instabilität bei Gleichheit

Es ist wahr, daß in manchen Kategorien die beiden führenden Marken Kopf an Kopf liegen.

Gleichermaßen wahr ist aber, daß diese Kategorien von Natur aus unstabil sind. Früher oder später wird die eine Marke die Oberhand erhalten und die Führung an sich reißen und schließlich ein stabiles 5-zu-3- oder 2-zu-1-Verhältnis erreichen.

Verbraucher sind wie Hühner. Mit einer Hackordnung, die jeder kennt und akzeptiert, fühlen sie sich viel wohler.

Hertz und Avis.

Harvard und Yale.

McDonald's und Burger King.

Liegen zwei Marken dichtauf, wird wahrscheinlich die eine oder die andere die Oberhand gewinnen und dann den Markt auf Jahre hinaus beherrschen.

Zwischen 1925 und 1930 zum Beispiel befanden sich Ford und Chevrolet in einem Kopf-an-Kopf-Rennen. Dann, 1931, übernahm Chevrolet die Führung.

In den Modelljahren seitdem, Erschütterungen durch Wirtschaftskrise und Kriege eingeschlossen, gab Chevrolet die Führung nur viermal an Ford ab.

Die richtige Zeit für zusätzliche Anstrengungen ist eindeutig dann, wenn die Lage unklar ist. Wenn keine Seite deutlich überlegen ist. Der Sieg im Kampf um die Marktführerschaft bedeutet oft den Sieg auf Jahrzehnte hinaus.

Zum Abheben braucht ein Flugzeug 110 Prozent der Nennleistung. Ist es aber einmal in der Luft in 10 000 Metern Höhe, kann der Pilot die Leistung auf 70 Prozent drosseln und trotzdem eine Geschwindigkeit von 950 km/h halten.

Strategien zum Festhalten der Führerschaft

Frage: Wo schläft der Sechs-Zentner-Gorilla? Antwort: Wo es ihm gefällt.

Der Führer kann praktisch alles tun, was er will. Kurzfristig ist ein Führer fast unverwundbar. Allein schon aufgrund der Trägheit. (Alte Ringerweisheit: Bist du oben, kann man dich nicht schultern.)

General Motors, Procter & Gamble und die anderen Führer dieser Welt machen sich ihre Gedanken nicht über dieses oder das nächste Jahr. Sie denken langfristig. Was wird in fünf oder in zehn Jahren sein?

Ein Führer sollte seine kurzfristige Handlungsfreiheit nutzen, um für die eigene langfristige Zukunft zu sorgen. Tatsache ist, daß der Marktführer gewöhnlich derjenige ist, der die Leiter mit seiner Marke auf der einzigen Sprosse im Kopf des Adressaten plaziert. Einmal dort, was sollte ein Führer tun, was unterlassen?

Was ein Führer unterlassen sollte

Solange eine Firma die Position besitzt, hat Werbung, die das Offensichtliche wiederholt, keinen Sinn. „Wir sind die Nr. 1" ist ein typisches Beispiel.

Viel besser ist es, die Produktkategorie im Kopf des Adressaten zu heben. Die Werbung von IBM ignoriert in der Regel die Konkurrenz und verkauft den Wert von Computern. Aller Computer, nicht nur der eigenen.

Warum ist Werbung wie „Wir sind die Nr. 1" schlecht?

Aus psychologischen Gründen. Entweder der Adressat weiß, daß Sie die Nr. 1 sind, und fragt sich, warum Sie so unsicher sind, daß Sie darauf hinweisen müssen. Oder der Adressat weiß nicht, daß Sie die Nr. 1 sind. Dann, warum nicht?

Vielleicht haben Sie Ihre Führerschaft nach eigenen Maßstäben definiert und nicht nach denen des Adressaten. Leider funktioniert das nicht.

Sie können eine Führungsposition nicht auf eigenen Maßstäben aufbauen. „Die meistgekaufte Stereoanlage unter 2000 DM südlich der Donau."

Eine Führungsposition müssen Sie im Kopf des Adressaten aufbauen.

Was der Führer tun sollte

„Das Echte." Diese klassische Werbekampagne von Coca-Cola ist eine Strategie, die für jeden Führer funktionieren kann.

Das Entscheidende beim Erlangen der Führungsposition ist, als erster ins Bewußtsein des Adressaten einzudringen. Das Entscheidende beim Halten dieser Position ist, das ursprüngliche Konzept zu bestärken. Coca-Cola ist der Standard, an dem alle anderen gemessen werden. Demgegenüber ist alles andere eine Imitation des „Echten“.

Das ist etwas ganz anderes, als zu sagen: „Wir sind die Nummer 1.“ Die größte Marke könnte die höchsten Verkaufsziffern haben, weil ihr Preis niedriger ist, sie in mehr Geschäften zu haben ist etc.

„Das Echte“ aber wird wie die erste Liebe im Kopf des Adressaten stets einen besonderen Platz einnehmen.

„Wir sind die Erfinder.“ Eine mächtige, motivierende Kraft hinter Xerox-Kopierern. Polaroid-Kameras. Zippo-Feuerzeugen.

Absichern nach allen Seiten

Leider lesen Führer ihre eigene Werbung oft so eifrig, daß sie glauben, sie könnten nichts falsch machen. Führt ein Konkurrent ein neues Produkt oder Feature ein, tendiert man daher dazu, die Entwicklung abzuqualifizieren.

Ein Führer sollte genau das Gegenteil tun. Er sollte sich nach allen Seiten absichern. Das heißt, ein Führer sollte von seinem hohen Roß heruntersteigen und jede neue Produktentwicklung übernehmen, sobald positive Anzeichen erkennbar sind.

General Motors bezahlte 50 Millionen Dollar für den Wankelmotor, als er der Automobilindustrie angeboten wurde. Hinausgeworfenes Geld? Nicht unbedingt.

General Motors betrachtet die 50 Millionen Dollar für die Wankel-Lizenz wahrscheinlich als billige Versicherung zum Schutz eines 84-Milliarden-Dollar-Jahresumsatzes.

Angenommen, der Wankelmotor hätte sich zum Automotor der Zukunft entwickelt. Und Ford oder Chrysler hätten als erste die Rechte gekauft. Wo wäre dann General Motors heute?

Genau da, wo Kodak und 3M sich bei Bürokopierern befinden. Als diese beiden Führer bei Schichtpapier-Kopierern die

Chance hatten, Rechte an Carlsons Xeroskopieverfahren zu erwerben, winkten sie ab.

„Niemand würde 20 Pfennig für eine Normalpapierkopie zahlen, wenn er eine Schichtpapierkopie für 5 Pfennig haben kann." Ganz logisch. Aber das Wesentliche des Absicherns nach allen Seiten ist der Schutz gegen das Unerwartete.

Und das Unerwartete trat ein. Haloid wagte es mit den Carlson-Patenten, und heute ist die Firma (nacheinander Haloid Xerox und dann Xerox) ein 9-Milliarden-Dollar-Riese. Größer als 3M und nur einen Schritt hinter Kodak. *Fortune* bezeichnet den Xerox 914 Normalpapierkopierer als das „wahrscheinlich profitabelste Einzelprodukt, das jemals in den Vereinigten Staaten hergestellt wurde".

Und was tat Xerox, um diesen Erfolg zu wiederholen?

Fast gar nichts. Dem spektakulären Erfolg des 914 folgte ein Flop nach dem anderen. Vor allem bei Computern.

Die Macht des Produkts

„Nur wenn wir den Erfolg unseres Bürokopierers wiederholen, und zwar nicht nur einmal, sondern mehrmals", sagte der Xerox-Präsident zu Anfang des Diversifikationsspiels der Firma, „können wir zu Recht schließen, daß unsere Firma eine Stärke besitzt, auf die wir immer wieder vertrauen können."

Dies ist der klassische Fehler eines Führers. Die Illusion, daß die Stärke des Produkts sich aus der Stärke der Organisation ergibt.

Es ist genau umgekehrt. Die Organisation bezieht ihre Stärke aus der Macht des Produkts, aus der Position, die das Produkt im Kopf des Adressaten hat.

Coca-Cola ist mächtig. Die Firma Coca-Cola spiegelt diese Macht lediglich wider.

Außerhalb des Gebiets der Cola-Getränke muß sich die Firma Coca-Cola ihre Macht sauer verdienen – entweder indem sie als erste ins Bewußtsein eindringt oder indem sie eine starke Alternativposition etabliert oder durch Repositioning des Führers.

Daher ist Coca-Colas Mr. Pibb nur ein schwacher Zweiter hinter Dr. Pepper, und all die Macht der Coca-Cola Company kann daran nicht viel ändern.

Das gleiche gilt für Xerox. Die Stärke von Xerox ist die Position, die man in den Köpfen der Leute einnimmt. Xerox ist gleich Kopierer. Xerox besitzt die Kopierer-Position, weil Xerox als erster in das Bewußtsein eindrang und dann diese Kopiererposition durch ein massives Marketing-Programm ausbeutete.

Doch bei Computern, Vervielfältigungsgeräten im Büro, Textverarbeitungssystemen und anderen Produkten startet Xerox bei Null. Augenscheinlich hat Xerox versucht, seinen Erfolg mit Kopierern auf anderen Gebieten zu wiederholen. Dabei hat man aber offenbar ein entscheidendes Element des 914er-Programms vergessen. Man flog als erster über den Ozean der Normalpapierkopierer.

Absichern durch Markenvielfalt

Die meisten Führer sollten sich gegenüber Schachzügen der Konkurrenz durch Einführen einer neuen Marke absichern. Dies ist die klassische Markenvielfalt-(Multibrand-)Strategie von Procter & Gamble.

Vielleicht ist Strategie der Markenvielfalt eine irreführende Bezeichnung. Denn eigentlich ist das eine Strategie der Einzelpositionen.

Jede Marke wird selbständig positioniert, um eine bestimmte Stelle im Kopf des Adressaten zu besetzen. Wenn sich die Zeiten ändern, neue Produkte kommen und gehen, bemüht man sich nicht, die Position zu verändern. Statt dessen führt man ein neues Produkt ein, das technischen Fortschritt und modischen Wandel widerspiegelt.

Mit anderen Worten, bei Procter & Gamble weiß man um die enorme Schwierigkeit, eine etablierte Position zu verlagern. Wenn Sie eine Position bereits etabliert haben, warum sie dann ändern? Auf lange Sicht dürfte es billiger und effizienter sein, ein neues Produkt zu lancieren. Selbst wenn Sie schließlich einen alten, etablierten Namen vernichten müssen.

Ivory war eine Seife. Und ist es immer noch. Als leistungsfähige Waschmittel aufkamen, sah man sich wahrscheinlich gedrängt, Ivory Waschpulver herauszubringen. Das aber hätte bedeutet, die Position von Ivory im Kopf der Käufer zu ändern.

Eine weit bessere Lösung war Tide. Damit hatte die neue Waschkonzeption einen eigenen neuen Namen. Und Tide wurde ein enormer Erfolg.

Und als Procter & Gamble einen Reiniger für Geschirrspülmaschinen auf den Markt brachte, nannte man ihn nicht Geschirrspüler-Tide. Man nannte ihn Cascade.

Jede führende Marke von Procter & Gamble hat ihre eigene Identität: Joy, Crest, Head & Shoulders, Sure, Bounty, Pampers, Comet, Charmin und Duncan Hines. Nicht ein einziges Plus, Ultra oder Super in der ganzen Reihe.

Eine Multibrand-Strategie ist also tatsächlich eine Einzelpositions-Strategie. Eine ohne Änderungen. Ivory verkauft sich stark seit 99 Jahren.

Absichern durch einen umfassenderen Namen

Veränderungen freilich können einen Führer entthronen.

Die New York Central Railroad war nicht nur die führende

Eisenbahngesellschaft der zwanziger Jahre, es war auch die strahlendste Perle unter den Aktiengesellschaften. Nach mehreren Fusionen ist die Penn Central (so heißt die Gesellschaft heute) ein anämisches Relikt mit kaum einer Spur des früheren Glanzes.

American Airlines andererseits geht es hervorragend.

Der sichernde Schachzug für die New York Central wäre natürlich gewesen, frühzeitig eine eigene Fluggesellschaft zu gründen.

„Was? Wir sollen eine Fluggesellschaft aufmachen und unserer Eisenbahn das Geschäft wegnehmen? Nur über meine Leiche."

Der sichernde Schachzug für sich allein läßt sich firmenintern oft nur schwer verkaufen. Das Management sieht das neue Produkt oder den neuen Service eher als Konkurrenz denn als neue Chance.

Manchmal hilft ein Namenswechsel als Brückenschlag von einer Ära zur nächsten. Mit einem umfassenderen Namen ermöglichen Sie der Firma den Sinneswandel.

Sales Management änderte seinen Namen in *Sales & Marketing Management*, um die schnell wachsende Funktion des Marketing mit zu erfassen. Eines Tages könnte sich die Publikation auch den anderen Schuh ausziehen und den Namen erneut ändern. Zu *Marketing Management*.

Von Haloid zu Haloid Xerox zu Xerox ist das allgemeine Schema.

Wahrscheinlich wissen Sie, wie Kodak zu seinem Namen kam. Von Eastman zu Eastman Kodak zu Kodak, nicht wahr?

Nun, den zweiten Schuh haben sie sich noch nicht ausgezogen. Der offizielle Name lautet immer noch Eastman Kodak Company.

Die Direct Mail Association änderte ihren Namen vor einigen Jahren in Direct Mail-Marketing Association. Eine Anerkennung der Tatsache, daß die Post für eine Firma nur eine Möglichkeit für Direktmarketing darstellt.

Während eine New York Central Transportation Company wohl auch kein Erfolg gewesen wäre, weist doch vieles darauf hin, daß die Leute Namen sehr wörtlich nehmen. (Eastern Airlines zum Beispiel.)

Öffentliche Stellen beherrschen das Spiel der Namenserweiterung gewöhnlich ausgezeichnet. Das Department of Housing and Urban Development zum Beispiel. (Früher nannte man sich Housing and Home Finance Agency.) Durch einen umfassenderen Namen kann eine staatliche Stelle ihren Operationsspielraum vergrößern, den Mitarbeiterstab erweitern und natürlich einen größeren Bedarf an Finanzmitteln rechtfertigen.

Seltsamerweise war eine der Stellen, die sich verschätzte, die Federal Trade Commission. Ein umfassenderer Name wäre etwa Consumer Protection Agency, ein Name, der zudem aus einem derzeit aktuellen Thema Nutzen zöge.

Ein Führer kann auch profitieren, wenn er die Anwendungsmöglichkeiten für seine Produkte erweitert. Arm & Hammer taten einen guten Griff, indem sie die Verwendung von Backpulver im Kühlschrank propagierten.

Die Florida Citrus Commission wirbt für Orangensaft, den meistverkauften Fruchtsaft, zu Snacks und zu Hauptmahlzeiten etc. „Orangensaft nicht mehr nur zum Frühstück", lautet die Werbung.

Business Week, das führende Wirtschaftsmagazin, hat erfolgreich für sich selbst als gutes Blatt für Konsumgüterwerbung geworben. Heute nehmen Konsumgüter etwa vierzig Prozent des Anzeigenvolumens der Zeitschrift ein.

Führerschaft bildet nicht den Schluß eines Positioning-Programms. Sie ist nur der Anfang. Führer sind in der besten Position, Gelegenheiten beim Schopf zu packen.

Führer sollten beständig die Macht ihrer Führerschaft ausnutzen, um der Konkurrenz weit voraus zu bleiben.

7 Positioning eines Verfolgers

Was bei einem Führer funktioniert, funktioniert nicht unbedingt auch bei einem Verfolger. Führer können sich häufig gegen eine Maßnahme der Konkurrenz absichern und ihre Führerschaft bewahren.

Verfolger sind jedoch nicht in derselben Position, um von einer Strategie der Absicherung profitieren zu können. Wenn ein Verfolger einen Führer imitiert, ist das keineswegs eine Absicherung. Man bezeichnet das besser als Ich-auch-Reaktion. (Gewöhnlich diplomatischer ausgedrückt als „Mit der Zeit gehen".)

Warum Produkte zu Flops werden

Die meisten Produkte erreichen keine vernünftigen Verkaufszahlen, weil der Akzent auf „besser" liegt anstatt auf „schnell". Das heißt, die Firma auf Rang 2 glaubt, der Weg zum Erfolg sei, ein Ich-auch-Produkt einzuführen, nur besser.

Es genügt nicht, nur besser als die Konkurrenz zu sein. Sie müssen Ihr Produkt einführen, bevor ein anderer die Chance hat, die Führerschaft zu erlangen. Mit einer massiveren Werbekampagne. Und einem besseren Namen. (Mehr dazu später.)

Normalerweiser erlebt man jedoch genau das Gegenteil. Die Ich-auch-Firma verschwendet wertvolle Zeit mit dem Verbessern des Produkts. Dann startet man mit einem kleineren Werbeetat als der Führer. Und schließlich gibt man dem Produkt den Hausnamen, da man so leicht, sicher und schnell Marktanteile gewinnt. Alles tödliche Fallen in unserer kommunikationsüberfluteten Gesellschaft.

Wie findet man eine freie Position im Kopf des Adressaten?

Cherchez le creneau

Die Franzosen kennen einen Marketingausdruck, der diese Strategie sehr schön beschreibt.

Cherchez le creneau. „Suche die Lücke."

Cherchez le creneau und fülle sie aus.

Dieser Rat richtet sich gegen die „Größer-und-besser"-Philosophie, wie sie besonders in amerikanischen Köpfen verwurzelt ist.

Eine andere, besonders typisch amerikanische Einstellung macht das Denken in Positioning-Kategorien schwierig. Schon von Kindesbeinen an hat man uns beigebracht, in einer bestimmten Weise zu denken.

Norman Vincent Pale nannte es „Die Kraft des positiven Denkens". Eine Einstellung, mit der man vielleicht eine Menge Bücher verkauft, die aber die Fähigkeit einer Person, ein Creneau zu entdecken, zerstören kann.

Um eine Lücke finden zu können, müssen Sie fähig sein, umgekehrt zu denken, gegen den Strom zu schwimmen. Wenn alle nach Osten gehen, schauen Sie, ob Sie Ihr Creneau nicht im Westen finden. Eine Strategie, die bei Christoph Columbus funktioniert hat, kann auch bei Ihnen wirksam sein.

Untersuchen wir ein paar Strategien zum Finden von Creneaus.

Das Creneau Größe

Jahrelang verfolgte man in Detroit die Linie „länger, flacher". Jedes Modelljahr wurden die Autos stromlinienförmiger und schöner.

Steigen Sie in einen VW-Käfer. Kurz, dick und häßlich.

Auf die übliche Art hätte man in der Werbung für den Käfer dessen Schwächen minimiert und die Stärken maximiert.

„Holen wir uns einen Modellfotografen, der den Wagen besser darstellt, als er ist. Dann fahren wir die Zuverlässigkeitsmasche." Das wäre die herkömmliche Strategie.

Doch das Creneau war die Größe. Die effektivste Werbeanzeige von VW stellte die Position klar und unmißverständlich heraus.

„Denke klein."

Diese beiden einfachen Worte schlugen zwei Fliegen mit einer Klappe. Sie nannten die VW-Position, und sie stellten das Vorurteil des Adressaten in Frage, größer sei notwendigerweise auch besser.

Die Wirksamkeit dieser Methode hängt natürlich davon ab, ob es eine unbesetzte Lücke im Kopf des Adressaten gibt. Nicht, daß es keine anderen Kleinwagen gegeben hätte, als man den VW-Käfer einführte. Die gab es sehr wohl, doch hatte niemand die Kleinwagenposition zuvor besetzt.

Integrierte Schaltungen und andere elektronische Geräte machen die Lücke „klein" in vielen Produktkategorien technisch möglich. Nur die Zeit wird uns sagen, welche Firmen die Elektronik werden ausnutzen können, um sich auf der Basis der Miniaturisierung wertvolle Positionen aufzubauen.

Auch die gegensätzliche Richtung bietet Möglichkeiten. Hier gibt es Chancen, Positionen bei Fernsehprojektionsschirmen und anderen Produkten aufzubauen, die auf dem Attribut „groß" basieren.

Das Hochpreis-Creneau

Das klassische Beispiel hier ist Michelob. Die Leute bei Anheuser-Busch fanden einen ungenutzten Markt für einheimisches Bier der höheren Preisklasse. Und mit dem Namen Michelob drangen sie ins Gehirn ein.

Hochpreis-Creneaus tun sich in vielen Produktkategorien auf. Mit dem in unserer Wegwerfgesellschaft dringenden Bedürfnis nach Dauerhaftem erfreuen sich langlebige Qualitätsprodukte einer neuen Wertschätzung.

Das ist einer der Gründe für den Erfolg von 40000-Dollar-Automobilen wie dem BMW 635-CS und 50000-Dollar-Wagen wie dem Mercedes 500-SEL.

Und von S.T. Dupont(hübscher Name)-Feuerzeugen „von 1500 Dollar abwärts", wie die Werbung sagt.

Der Preis ist ein Vorteil, besonders wenn Sie der erste in der Kategorie sind, die Hochpreislücke zu besetzen.

Manche Marken gründen fast ihre gesamte Produktaussage auf das Hochpreiskonzept.

„Es gibt nur ein Joy, das kostspieligste Parfum der Welt."

„Warum Sie sich eine Piaget leisten sollten – die teuerste Uhr der Welt."

Ein hoher Preis wirkt nicht nur bei Luxusgütern wie Autos, Parfums und Uhren, sondern auch bei Allerweltsprodukten wie Whitney's Yoghurt und Orville Redenbacher's Gourmet Popping Corn.

Mobil 1, das synthetische Motoröl für DM 15,95 pro Liter, ist ein weiteres Beispiel. Selbst bei traditionell billigen Produkten wie Mehl, Zucker und Salz bieten sich Positioning-Chancen.

Allzuoft wird jedoch Habgier mit Positioning-Denken verwechselt. Hohe Preise sind nicht der Weg zu Reichtum. Der erste sein (1) beim Etablieren der Hochpreis-Position, (2) mit einer überzeugenden Produktdarstellung und (3) in einer Kategorie, wo der Verbraucher für eine Hochpreismarke empfänglich ist, das ist das Geheimnis des Erfolgs. Andernfalls schreckt Ihr hoher Preis mögliche Käufer nur ab.

Außerdem, der Platz, den hohen Preis einzuführen, ist in der Werbung, nicht im Geschäft. Der Preis (ob hoch oder niedrig) ist ebenso eine Produkteigenschaft wie jede andere.

Machen Sie Ihr Positioning gut, sollte es keine Preisüberraschungen im Geschäft geben. Ihre Anzeigen müssen keine genauen Preise nennen, obwohl das manchmal eine gute Sache ist. Ihre Werbung sollte jedoch in jedem Fall Ihre Marke in einer bestimmten Preisklasse positionieren.

Das Tiefpreis-Creneau

Auch die entgegengesetzte Richtung kann sich als profitabler Kurs erweisen.

Denken Sie bei der Beurteilung des Preises als möglichen Creneaus daran, daß die Tiefpreislücke oft eine gute Wahl für neue Produkte wie Nachbaugeräte und Videorecorder ist. Produkte, bei denen die Käufer das Gefühl haben, etwas zu riskieren. (Wenn das Ding nicht ordentlich funktioniert, habe ich wenigstens nicht zu viel dafür ausgegeben.)

Die Hochpreislücke ist oft eine gute Wahl für herkömmliche, etablierte Produkte wie Automobile, Uhren und Fernsehgeräte. Und besonders für solche Produkte, bei denen die Kunden mit dem bestehenden Reparaturservice unzufrieden sind.

Die kürzliche Einführung von No-name-Produkten ist ein Versuch, die Tiefpreislücke in Supermärkten auszunutzen. (Obwohl verstärkte Sonderaktionen des Einzelhandels und über Jahre niedrige Preise die Möglichkeiten in dieser Richtung weitgehend haben schrumpfen lassen.)

Alle drei Preisstrategien (hoch, normal und tief) in Kombination bilden gewöhnlich eine starke Marketingmethode. Bei Anheuser-Busch hat man das getan mit Michelob, Budweiser und Busch (ihrem Billigpreis-Bier).

Die schwächste Marke ist natürlich Busch, da der Name nicht gut ist und ihr ein starkes Positioning-Konzept fehlt. Warum setzt der Inhaber seinen Namen ausgerechnet auf sein billigstes Produkt?

Ein besserer Name für ein Billigpreis-Bier ist Old Milwaukee, das in seiner Kategorie nach Verkaufszahlen führt.

Andere nutzbare Creneaus

Eines ist Sex. Marlboro war die erste amerikanische Marke, die eine maskuline Position bei Zigaretten etablierte. Ein Grund für die stetig steigenden Verkaufszahlen der Philip-Morris-Marke Marlboro. Von Platz 5 auf Platz 1 in zehn Jahren.

Timing ist entscheidend. Im Jahr 1973 versuchte Lorillard, seine eigene männliche Marke namens Luke einzuführen. Der Name war hervorragend, die Packung großartig, die Werbung brillant. „From Kankakee to Kokomo along comes Luke movin' free and slow." Man sieht richtig, wie Luke selbstbewußt und frei die Straße entlangschlendert.

Das einzige, was nicht stimmte, war der Zeitpunkt, das Timing. Etwa zwanzig Jahre zu spät. Luke schlenderte wirklich, und so ließ Lorillard ihn verschwinden.

Beim Positionieren eines Produkts gibt es keinen Ersatz dafür, der erste zu sein.

Was Männlichkeit für Marlboro leistete, tat Weiblichkeit für Virginia Slims, eine Marke, die mit dem entgegengesetzten Ansatz einen beachtlichen Marktanteil eroberte. Eve hingegen, eine Ich-auch-Marke, die es mit demselben femininen Ansatz versuchte, war ein Flop. Eve kam zu spät.

Wenn Sie Sex verwenden, um eine Produktkategorie zu teilen

und eine Position zu etablieren, ist der offensichtliche Ansatz nicht immer der beste.

Nehmen wir zum Beispiel Parfum. Man sollte meinen, je vornehmer und femininer eine Marke, desto erfolgreicher. Nun, welche Marke Parfum ist weltweit die umsatzstärkste?

Nein, es ist nicht Arpege oder Chanel No. 5. Es ist Charlie von Revlon. Die erste Marke, die es mit einem männlichen Namen und einem Hosenanzug in den Werbeanzeigen versuchte.

Der Nachahmer „Just Call Me Maxi“ war nicht nur schlecht gemacht, sondern kostete, wie zu hören war, den Präsidenten von Max Factor seinen Job.

Die Erfolgsstory von Charlie beleuchtet die Widersprüchlichkeit etablierter Produktkategorien wie Parfum. Die Masse des Geschäfts läuft in einer Richtung (feminine Markennamen), die Chance liegt jedoch in der entgegengesetzten Richtung (einem maskulinen Markennamen).

Alter ist eine weitere brauchbare Positioning-Strategie. Geritol Tonikum ist ein Beispiel für ein erfolgreiches Produkt mit der Zielgruppe Senioren.

Aim Zahnpasta ist ein gutes Beispiel für ein Produkt mit der Zielgruppe Kinder. Aim konnte zehn Prozent des Zahnpastamarktes erobern. Ein unglaublicher Erfolg in einem Markt, in dem zwei mächtige Marken, Crest und Colgate, dominieren.

Auch die Tageszeit bietet eine Möglichkeit für ein Positioning. Nyquil, die erste Erkältungsmedizin für die Nacht, ist ein Beispiel dafür.

Vertrieb ist eine weitere Möglichkeit. L’eggs war die erste Strumpfmarke, die in Supermärkten und Massenverkaufsstellen vertrieben wurde. L’eggs ist jetzt die führende Marke mit Verkaufszahlen in den Hundertmillionen.

Eine weitere Möglichkeit ist die Vielverbraucher-Position. „Das Bier, von dem Sie mehr als eines trinken können“, positionierte Schaefer als die Marke für den starken Biertrinker.

Die Lücke in der Fabrik

Ein verbreiteter Fehler bei der Suche nach Creneaus ist, eine Lücke in der Fabrik anstatt im Kopf zu füllen.

Das Modell Edsel von Ford ist hier das klassische Beispiel. In dem Gelächter, das dem Tod des armen Edsel folgte, übersahen die meisten Leute den wesentlichen Punkt.

Die Ford-Leute dachten in der falschen Richtung. Der Edsel war ein wunderschöner Fall von internem Positioning, um eine Lücke zwischen Ford und Mercury einerseits und Lincoln andererseits zu schließen.

Werksintern gute Strategie. Schlechte Strategie jedoch außerhalb, wo es einfach keine Position gab für einen Wagen einer Kategorie, die mit chromblitzenden Modellen der mittleren Preisklasse bereits überfüllt war.

Hätte man den Edsel als „Hochleistungs"-Automobil herausgebracht und ihn als schnittigen Zweitürer mit Schalensitzen und passendem Namen präsentiert, hätte keiner gelacht. Er hätte eine Position einnehmen können, die noch kein anderer besetzt hielt, und die Geschichte wäre vielleicht anders ausgegangen.

Ein anderer Fehler vom Typ „Werksfüller" war der *National Observer*, die erste nationale Wochenzeitung in den USA.

Dow Jones, der stolze Vater des *Observer*, ist auch Herausgeber des *Wall Street Journal*, das aber nur fünfmal wöchentlich erscheint. Voilà, kann man jemanden sagen hören. Laßt uns die Auslastung mit einer Wochenzeitung verbessern. Auf diese Weise können wir die teuren Druckmaschinen für das *Journal* gratis nutzen.

Wo aber war die Lücke im Kopf des Adressaten? Er hatte bereits die Wahl zwischen *Time, Newsweek, U.S. News & World Report* und anderen Nachrichtenmagazinen.

Ah, werden Sie sagen. Aber der *National Observer* ist eine

Wochenzeitung, kein Nachrichtenmagazin. Doch das ist Wortklauberei. Der Adressat machte hier keinen Unterschied.

Die Technologiefalle

Selbst eine große Errungenschaft eines Forschungslabors wird ein Flop, wenn es kein Creneau im Kopf gibt.

Im Jahr 1971 brachten Brown-Forman Distillers die Marke Frost 8/80 heraus, den ersten „trockenen, weißen Whisky".

Frost 8/80 hätte eigentlich ein großer Erfolg sein sollen. Hier gab es eine große Lücke. Ein anderer trockener, weißer Whisky war nicht vorhanden. Wie William F. Lucas, der Präsident von Brown-Forman, es ausdrückte: „Unsere Leute begrüßten ihn mit großem Applaus, und die Konkurrenz knirschte mit den Zähnen."

Doch zwei Jahre später war Frost 8/80 tot. Ein Multi-Millionen-Dollar-Flop. Das Verkaufsvolumen hatte nur 100000 Karton erreicht, ein Drittel der geplanten Menge.

Was ging schief? Betrachten Sie den Positioning-Anspruch aus der Sicht des potentiellen Kunden.

Der erste weiße Whisky? Stimmt ja gar nicht. Es gibt mindestens vier andere. Sie heißen Gin, Wodka, Rum und Tequila.

In der Tat verleiteten die Anzeigen für Frost 8/80 den Adressaten, den neuen Whisky als Ersatz für andere hochprozentige Getränke zu betrachten. Nach den Werbeaussagen konnte man Frost 8/80 wie Wodka oder Gin in Martinis, wie Scotch oder Bourbon in Manhattans und Whisky Sour verwenden.

Versuchen Sie nicht, den Kunden zu täuschen. Werbung ist keine Debatte. Werbung ist Verführung.

Der Kunde setzt sich nicht hin und lauscht in Ruhe den Feinheiten verbaler Logik. Wie der Politiker es ausdrückt: „Wenn es wie eine Ente aussieht und wie eine Ente watschelt, dann ist es für mich eine Ente."

Die Jedermann-Falle

Manche Marketing-Leute lehnen das Konzept der Suche nach einem Creneau ab. Sie wollen nicht an eine bestimmte Position gebunden sein, weil sie glauben, daß das ihre Absatzchancen beschränkt.

Sie wollen es allen recht machen.

Früher, als es weit weniger Marken gab und weit weniger Werbung, war es durchaus sinnvoll, jedem gefallen zu wollen.

In der Politik war es gewöhnlich selbstmörderisch für einen Politiker, zu irgendeinem Thema eine starke Position zu beziehen. Trete nur ja niemandem auf die Zehen.

Doch heute müssen Sie eine Position haben, ob in der Arena der Produkte oder in der Arena der Politik. Es gibt einfach zu viele Konkurrenten. Sie können nicht siegen, ohne sich Feinde zu machen und wenn Sie es allen recht machen wollen.

Wenn Sie in der heutigen Konkurrenzsituation gewinnen wollen, müssen Sie sich nach außen wenden und sich Freunde verschaffen, sich eine spezifische Marktnische erobern. Auch wenn Sie dabei ein paar Freunde verlieren.

Heute können Sie sich mit der Jedermann-Falle über Wasser halten, wenn Sie schon im Sattel sitzen oder bereits einen bedeutenden Marktanteil haben. Sie ist aber tödlich, wenn Sie sich eine Position aus dem Nichts aufbauen wollen.

Repositioning der Konkurenz

Es kann vorkommen, daß sich kein Creneau finden läßt. Bei Hunderten von Variationen in jeder Produktkategorie auf dem Markt sind die Chancen, eine Lücke zu entdecken, heute sehr gering.

Denken Sie zum Beispiel an einen durchschnittlichen Supermarkt mit 12000 verschiedenen Produkten oder Marken in den Regalen. Das heißt, ein junger Mensch muß 12000 verschiedene Namen geistig einordnen und sich merken.

Wenn Sie bedenken, daß ein durchschnittlicher Student über einen aktiven Wortschatz von nur 8000 Vokabeln verfügt, wird das Problem deutlich.

Das Kind verbringt vier Jahre an der Universität und bleibt noch um 4000 unter 12000.

Wie schafft man sich ein eigenes Creneau

Wie kann eine Firma bei einer derartigen Produktfülle in jeder Kategorie durch Werbung ihren Weg in das Gehirn freisprengen? Die grundlegende Marketing-Strategie muß lauten „Repositioning der Konkurrenz".

Da es so wenig freie Creneaus gibt, ist man gezwungen, eines zu schaffen, indem man die Konkurrenten repositioniert, die die Positionen im Kopf besetzen.

Mit anderen Worten, wenn Sie eine neue Idee oder ein neues Produkt in die Köpfe der Leute hineinbringen wollen, müssen Sie zuerst ein altes entfernen.

„Die Welt ist rund“, sagte Christoph Columbus. „Nein, stimmt nicht“, sagten die Leute, „sie ist flach.“

Um die Leute vom Gegenteil zu überzeugen, mußten die Wissenschaftler des fünfzehnten Jahrhunderts erst beweisen, daß die Erde nicht flach ist. Eines ihrer überzeugenderen Argumente war die Tatsache, daß man auf See zuerst die Mastspitze eines sich nähernden Schiffes sehen konnte, dann die Segel, dann den Rumpf. Wäre die Erde flach, könnte man das ganze Schiff auf einmal sehen.

Alle mathematischen Argumente der Welt waren nicht so wirksam wie eine einfache Beobachtung, die die Leute selbst nachprüfen konnten.

Hat man eine alte Idee einmal gestürzt, läßt sich die neue oft lächerlich einfach verkaufen. Tatsächlich suchen die Leute häufig selbst aktiv nach einer neuen Idee, die die Lücke füllt.

Scheuen Sie sich auch nicht vor Konflikten. Der Kern eines Repositioning-Programms ist, ein bestehendes Konzept, Produkt oder eine Person zu untergraben.

Konflikt, auch persönlicher Konflikt, kann einem über Nacht eine Reputation verschaffen. Wo wäre Sam Ervin ohne Richard Nixon?

Ja, und wie weit wäre Richard Nixon gekommen ohne Alger Hiss?

Und Ralph Nader wurde berühmt, nicht indem er etwas über Ralph Nader erzählte, sondern weil er hinging und den weltgrößten Konzern ganz allein attackierte.

Die Leute lieben es, Luftballons platzen zu sehen.

Repositioning Aspirin

Tylenol ging hin und ließ den Aspirin-Luftballon platzen.

„Für all die Millionen Leute, die kein Aspirin nehmen dürfen“, sagte die Tylenol-Werbung. „Wenn Ihr Magen leicht verstimmt ist ... oder Sie ein Magengeschwür haben ... oder wenn Sie an Asthma, Allergien oder Eisenmangel leiden, dann sollten Sie Ihren Arzt fragen, bevor Sie zu Aspirin greifen.“

„Aspirin kann die Magenschleimhaut reizen“, ging es in der Tylenol-Werbung weiter, „Asthmaanfälle oder allergische Reaktionen auslösen, kleine, versteckte Blutungen im Magen-Darm-Trakt verursachen.“

„Gott sei Dank gibt es Tylenol ...“

Sechzig Worte Text (im Original), bevor das beworbene Produkt überhaupt erwähnt wird.

Der Verkauf von Tylenol Acetaminophenon ging steil nach oben. Heute ist Tylenol die Nummer 1 unter den Schmerzmitteln. Vor Anacin. Vor Bayer. Vor Bufferin. Vor Excedrin. Eine einfache, aber effektive Repositioning-Strategie hat das erreicht.

Gegen eine Institution wie Aspirin. Erstaunlich.

Repositioning Lenox

Damit Ihre Repositioning-Strategie funktioniert, müssen Sie etwas über das Produkt Ihres Konkurrenten aussagen, das den Adressaten veranlaßt, seine Meinung zu ändern. Nicht über Ihr Produkt, sondern über das der Konkurrenz.

„Royal Doulton. Das Porzellan von Stoke-on-Trent, England gegen Lenox. Das Porzellan aus Pomona, New Jersey.“

Beachten Sie, wie Royal Doulton Lenox-Porzellan repositioniert, ein Produkt, von dem viele Käufer annahmen, es sei importiert. (Lenox klingt englisch, nicht wahr?)

Royal Doulton verbuchte einen Sechs-Prozent-Zuwachs an Marktanteilen allein durch diese eine Werbung.

Der verstorbene Howard Gossage pflegte zu sagen, Ziel der Werbung sei nicht, überhaupt mit dem Käufer oder Adressaten zu kommunizieren, sondern die Werbetexter der Konkurrenz zu terrorisieren. Und da ist etwas Wahres dran.

Repositioning amerikanischer Wodkas

„Die meisten amerikanischen Wodkas sehen russisch aus“, so die Anzeige. Und darunter: „Samovar: Made in Schenley, Pennsylvania. Smirnoff: Made in Hartford, Connecticut. Wolfschmidt: Made in Lawrenceburg, Indiana.“

„Stolichnaya ist anders – russisch“, ging es weiter.

Und auf dem Flaschenetikett liest man: „Made in Leningrad, Russia.“

Daraufhin schnellten die Verkaufszahlen von Stolichnaya in die Höhe. Natürlich.

Aber warum unbedingt die Konkurrenz herabsetzen? Hätten PepsiCo, die Importeure der Marke Stolichnaya, für sie nicht einfach mit „Russischer Wodka“ werben können?

Freilich. Aber das setzt ein gewisses Produktinteresse beim Wodkakäufer voraus, das einfach nicht existiert.

Wie oft haben Sie schon eine Flasche Hochprozentiges in die Hand genommen und auf dem Etikett nach der Herkunftsbezeichnung gesucht? Außerdem suggerierten die Namen selbst (Samovar, Smirnoff, Wolfschmidt, Popov, Nicolai) eine russische Herkunft. Allein dieser letztere Umstand war für einen Großteil des Erfolgs von Stolichnaya verantwortlich.

Die Leute mögen es, wenn der Große und Starke bloßgestellt wird. Sehen Sie, wie die andere Wodka-Werbung Stolichnaya in die Hand spielte.

> Es war das Goldene Zeitalter Rußlands. Gerade in dieser Zeit, als die Legenden blühten, stand der Zar wie ein Riese unter den Männern. Er konnte über seinem bloßen Knie eine Eisenstange biegen. Einen Silberrubel mit seiner Faust zerdrücken. Und er hatte einen Lebensdurst wie kein anderer. Und er trank Genuine Vodka. Wolfschmidt Vodka.

Dann blättert der Leser um, findet die Anzeige von Stolichnaya und erfährt dort, daß Wolfschmidt in Lawrenceburg, Indiana, hergestellt wird.

Da kommt Afghanistan, und plötzlich ist Stolichnaya in Schwierigkeiten. Aber nur vorübergehend. Nach ein paar Monaten legte sich der Sturm, und Stolichnaya kehrte zurück, stärker als zuvor.

Repositioning Pringle's

Was geschah mit Pringel's Kartoffelchips? Eingeführt mit einer 15-Millionen-Dollar-Werbefanfare von Procter & Gamble, kletterten die „neumodischen" Kartoffelchips rasch auf 18 Prozent Marktanteil.

Dann schlugen die altmodischen Marken wie Borden's Wise mit einer klassischen Repositioning-Strategie zurück.

Im Fernsehen zeigten sie die beiden Marken. „In Wise finden Sie: Kartoffeln. Pflanzenöl. Salz. In Pringle's finden Sie: Dehydrierte Kartoffeln. Mono- und Diglyzeride. Ascorbinsäure. Butyl-Hydroxy-Anisol."

Der Verkauf von Pringle's ging zurück. Von respektablen 18 Prozent des Kartoffelchipmarktes auf gerade 10 Prozent. Weit entfernt von P & Gs Ziel von 25 Prozent.

Seltsamerweise isolierte die Forschung ein weiteres Problem. Die am häufigsten geäußerte Klage über Pringle's war, sie schmeckten „nach Karton".

Nichts anderes wird man von einem Konsumenten erwarten,

der mit Worten wie „Diglyzeride“ und „Butyl-Hydroxy-Anisol“ konfrontiert wird. Geschmack, gleich welcher Art, entsteht im Gehirn. Ihre Augen sehen, was Sie zu sehen erwarten. Ihre Zunge reagiert so, wie Sie es erwarten.

Kürzlich änderte der Gigant aus Cincinnati seine Strategie. Pringle's sollten ausgerechnet ein „reines Naturprodukt“ werden.

Doch der Schaden war schon angerichtet. In der Politik wie bei abgepackten Waren gilt die Regel: Einmal ein Verlierer, immer ein Verlierer. Ein Comeback wäre für Pringle's genauso schwierig wie für Jimmy Carter.

Irgendwo in einem Hinterstübchen des Gehirns gibt es eine schwarze Liste mit der Überschrift „Verlierer“. Steht Ihr Produkt einmal auf dieser Liste, ist das Spiel aus.

Gehen Sie zurück zum Startfeld, und fangen Sie ganz von vorne an. Mit einem neuen Produkt und einem neuen Spiel.

Gerade Procter & Gamble hätten um die Macht des Repositioning wissen müssen. Und hätten zuvor Maßnahmen ergreifen sollen, Pringle's zu schützen.

Repositioning Listerine

Eines der stärksten Programme von Procter & Gamble ist das für Scope Mundwasser. P & G benutzten nur zwei Wörter, um Listerine, den König der Mundwässer, zu stürzen.

„Medizinischer Atem.“

Diese beiden Wörter genügten, um Listerines äußerst erfolgreichen Slogan „Der Geschmack, den Sie zweimal am Tag hassen“ zu torpedieren.[1]

1 Anm. d. Übs.: Beachten Sie, daß der in Deutschland durch die Werbung positiv positionierte Ausdruck „medizinischer Atem“ hier negativ im Sinne von „riecht medizinisch“ aufzufassen ist.

Die Attacke von Scope eroberte einige Prozentpunkte des Marktanteils von Führer Listerine und etablierte Scope als sicheren zweiten.

Die Schlacht zwischen Listerine und Scope forderte die üblichen Opfer. Micrin und Binaca gingen ein. Lavoris sah seine Marktanteile schwinden.

Doch machen wir uns nichts vor. Scope wurde nicht der Verkaufserfolg, der es theoretisch hätte sein sollen.

Warum? Betrachten wir noch einmal den Namen.

Scope? Das klingt wie ein Brettspiel von Parker Brothers. Nicht wie ein wohlschmeckendes Mundwasser, das Sie beim anderen Geschlecht zu einer großen Nummer macht. Mit einem Namen wie Close-Up Zahnpasta hätte Scope aus seiner brillanten Repositioning-Strategie den Gewinn in Form entsprechender Verkaufserfolge ziehen können.

Repositioning gegen vergleichende Werbung

Der Erfolg der Repositioning-Programme für Tylenol, Scope, Royal-Doulton und andere brachte einen Schwarm ähnlicher Werbemaßnahmen hervor. Doch allzu oft fehlte diesen Nachahmerkampagnen das Wesentliche der Repositioning-Strategie.

„Wir sind besser als die Konkurrenz" ist kein Repositioning. Das ist vergleichende Werbung und wenig effektiv. Werbung dieser Art enthält einen psychologischen Denkfehler, den der Adressat schnell entdeckt. „Wenn deine Marke so gut ist, warum ist sie dann nicht Marktführer?"

Ein Blick auf vergleichende Anzeigen läßt erkennen, warum die meisten nicht sehr wirkungsvoll sind. Ihnen fehlt das Repositioning der Konkurrenz.

Statt dessen verwenden sie die Konkurrenz als Meßlatte für

die eigene Marke. Dann erzählen sie dem Leser oder Zuschauer, wieviel besser sie sind. Und genau das erwartet der Adressat natürlich von einer Werbung.

„Ban wirkt besser als Right Guard, Secret, Sure, Arrid Extra Dry, Mitchum, Soft & Dry, Body All und Dial", war die Aussage einer Werbung für Ban. Der Leser sieht eine Anzeige wie diese und fragt sich: „Was ist daran neu?"

Ist Repositioning legal?

Wäre es verboten, jemanden herabzusetzen, müßten alle Politiker im Gefängnis sitzen. (Und auch viele Ehemänner und -frauen wären in großen Schwierigkeiten.)

Eigentlich ist es weitgehend das Verdienst der Federal Trade Commission, Repositioning-Werbung ermöglicht zu haben – zumindest im Fernsehen.

Im Jahr 1964 hob die National Broadcasting Company ihre Ächtung vergleichender Werbung auf. Doch änderte sich dadurch nicht viel. Die Produktion von Werbesendungen ist teuer, und nur wenige waren bereit, zwei Versionen herzustellen. Eine für NBC und die andere für die beiden anderen Fernsehanstalten.

Daher drängte die FTC die American Broadcasting Company und die Columbia Broadcasting System, Werbung zuzulassen, in der auch Markennamen der Konkurrenz genannt werden.

Im Jahr 1974 gab die American Association of Advertising Agencies neue Richtlinien zur vergleichenden Werbung heraus, die gegenüber der bisherigen Politik eine vollständige Wende darstellten. Bislang hatten die „Vier A's" stets versucht, über ihre Mitgliedsorganisationen vergleichende Werbung zu verhindern.

1975 gab die Independent Broadcasting Authority, die Radio

und Fernsehen in Großbritannien kontrolliert, grünes Licht für aggressive vergleichende Werbung in Großbritannien.

Repositioning ist in den USA also seit mindestens einem Jahrzehnt „legal".

Ist Repositioning ethisch?

Früher bereitete man seine Werbung isoliert vor. Das heißt, man studierte das Produkt und seine Eigenschaften, und danach entwarf man eine Werbung, die den Kunden und Adressaten die Vorzüge dieser Eigenschaften nahebrachte. Es war ziemlich egal, ob die Konkurrenz diese Eigenschaften ebenfalls zu bieten hatte oder nicht.

Der traditionelle Ansatz ignorierte die Konkurrenz und ließ jede Werbeaussage als unschlagbar erscheinen. Die Erwähnung eines Konkurrenzprodukts galt nicht nur als schlechter Stil, sondern auch als schlechte Strategie.

Im Zeitalter des Positioning gelten jedoch umgekehrte Regeln. Will man eine Position etablieren, muß man oft nicht nur Namen der Konkurrenz nennen, sondern auch die meisten der alten Regeln der Werbebranche über Bord werfen.

In einer Kategorie nach der anderen kennt der Adressat die Vorzüge des Produkts bereits. Wer auf der Produktleiter im Kopf des Kunden vorankommen will, muß die eigene Marke zu denen in Beziehung setzen, die der Adressat schon im Kopf hat.

Doch haben Repositioning-Programme trotz ihrer Effektivität zahlreiche Klagen nach sich gezogen. Viele Werbeleute mißbilligen solche Taktiken.

Ein Werbefachmann der alten Schule hat es einmal so ausgedrückt: „Die Zeiten haben sich geändert. Die Werbeleute geben sich nicht mehr damit zufrieden, die eigene Ware durch ihre eigenen Vorzüge anzupreisen. Das Thema heute ist, ‚um wieviel besser ist mein Produkt als alle anderen'. Diese Situation kann man nicht gutheißen. Und im Fernsehen, wo konkurrierende Produkte vor den Augen von Millionen dargestellt und verunglimpft werden, ist es am schlimmsten. Wir brauchen irgendeine Regelung, die diese Art unethischen Marketings in die Schranken weist."

„Vergleichende Werbung ist nicht gesetzwidrig", sagte der Präsident einer Spitzenagentur, „noch sollte es so sein. Aber so wie wir das heute praktizieren, spottet es jedem Anspruch auf Kultur und unternehmerischen Anstand."

Man kann nicht beides haben. Will man Kultur, produziert man Opern. Will man Geld verdienen, produziert man Filme.

Kulturelles Niveau mag durchaus erstrebenswert sein, aber nicht in der Werbung.

Ist die Gesellschaft krank, wenn die Leute bereit sind, von einem Produkt oder einer Person das Schlechteste zu denken, sich aber scheuen, das Beste zu glauben?

Liegen die Zeitungen falsch, wenn sie die schlechten Nachrichten auf die erste Seite setzen und die guten zusammen mit den Gesellschaftsspalten im hinteren Teil bringen (wenn überhaupt)?

Mit der Kommunikationsindustrie ist es wie mit dem Klatsch. Sie lebt von den schlechten Neuigkeiten, nicht von den guten.

Das mag eventuell nicht Ihren Vorstellungen entsprechen. Aber es ist nun einmal so.

Wer in unserer kommunikationsüberfluteten Gesellschaft Erfolg haben will, muß nach den Regeln spielen, die die Gesellschaft setzt. Nicht nach seinen eigenen.

Lassen Sie sich nicht entmutigen. Ein bißchen Verunglimpfung mag auf die Dauer besser sein als viel konventionelle Prahlerei.

Ehrlich und fair gemacht, hält das die Konkurrenz auf Trab.

9 Die Macht des Namens

Der Name ist der Haken, der eine Marke an die Produktleiter im Kopf des Adressaten hängt. Im Zeitalter des Positioning ist der Name für das Produkt die wichtigste Einzelentscheidung, die Sie treffen können.

Shakespeare irrte. Eine Rose mit einem anderen Namen riecht nicht ebenso süß. Man sieht nicht nur, was man sehen will, man riecht auch, was man riechen will. Daher ist die wichtigste Einzelentscheidung beim Vermarkten eines Parfums der Name, den Sie ihm geben.

Hätte sich „Alfred" ebensogut verkauft wie „Charlie"? Wetten Sie lieber nicht darauf.

Und Hog Island (=Schweineinsel) in der Karibik hatte keine Chance, bis man die Insel in Paradise Island umtaufte.

Wie man einen Namen wählt

Orientieren Sie sich nicht an der Vergangenheit, und wählen Sie nicht den Namen eines französischen Rennfahrers (Chevrolet) oder den der Tochter Ihres Pariser Repräsentanten (Mercedes).

Was früher funktioniert hat, funktioniert nicht unbedingt auch heute oder in der Zukunft. Früher, als es weniger Produkte gab, das Kommunikationsvolumen geringer war, hatte der Name nicht annähernd die Bedeutung wie heute.

Heute jedoch taugt ein schlapper, nichtssagender Name nicht, um in das Gehirn einzuschneiden. Sie müssen nach einem Namen suchen, der den Positioning-Prozeß startet, einem Namen, der dem Adressaten den wichtigsten Vorzug Ihres Produkts mitteilt.

Wie Head & Shoulders Shampoo, Intensive Care Hautlotion und Close-Up Zahncreme. Oder wie DieHard für eine Batterie mit langer Lebensdauer. Shake 'n Bake für eine neue Art, ein Hähnchen zuzubereiten. Edge für eine Rasiercreme, mit der Sie sich gründlicher rasieren können.

Der Name sollte den Bogen jedoch nicht überspannen. Das heißt, so sehr mit dem Produkt verschmelzen, daß er zur Produktbezeichnung wird und man ihn für alle Produkte dieser Klasse verwendet. Er ist dann nicht mehr der Handelsname einer bestimmten Marke.

„Lite Beer von Miller“ ist ein typischer Produktname, der über das Ziel hinausschoß. So haben wir jetzt Schlitz Light, Coors Light, Bud Light und noch eine Menge anderer „Light“-Biere. Die Öffentlichkeit und die Presse verdarben den Namen rasch zu „Miller Lite“, und damit verlor Miller das Exklusivrecht an „light“ oder seinem phonetischen Äquivalent als einem Warenzeichen für Bier.

Auf Jahre hinaus wird Lite den einschlägigen Rechtsanwälten als Beispiel für die Gefahren dienen, die aus dem Gebrauch beschreibender Worte als Warenzeichen erwachsen. (Rechtsanwälte lieben Phantasienamen wie Kodak und Xerox.)

Die Namenswahl gleicht einem Autorennen. Wenn Sie gewinnen wollen, müssen Sie etwas riskieren. Sie müssen Namen wählen, die fast, aber nicht ganz, mit dem Produkt verschmelzen. Wenn Sie gelegentlich einmal von der Straße abkommen, na wenn schon. Kein Meisterfahrer kam ohne den einen oder anderen Dreher an die Spitze.

Ein starker, produktnaher, beschreibender Name wird Ihre Konkurrenten davon abhalten, sich in Ihrem Territorium breitzumachen. Ein guter Name ist die beste Garantie für langfristigen Erfolg. *People* ist ein brillanter Name für ein Blatt der Regenbogenpresse. Die Zeitschrift ist ein durchschlagender Erfolg. Der Ich-auch-Nachahmer *Us* dagegen hat Probleme.

Wie man einen Namen nicht wählt

Andererseits ist *Time* kein so guter Name für ein Wochenmagazin wie der produktnähere Name *Newsweek*.

Time war das erste wöchentliche Nachrichtenmagazin und ist ein offensichtlicher Erfolg. *Newsweek* liegt aber nicht weit dahinter. (Tatsächlich verkauft *Newsweek* jährlich mehr Anzeigenseiten als *Time*.)

Viele Leute glauben, *Time* sei ein großartiger Name für ein Nachrichtenmagazin. Und in gewisser Weise ist er das auch. Kurz, griffig, leicht zu merken. Zugleich ist er aber zu wenig markant und auch zweideutig. (*Time* könnte auch eine Handelszeitschrift der Uhrenindustrie sein.)

Fortune ist ein anderer, aus diesem Holz geschitzter Name. (*Fortune* könnte eine Zeitschrift für Börsenmakler, Rohstoffhändler oder Spieler sein. Es ist nicht klar.) *Business Week* ist ein viel besserer Name. Und auch ein erfolgreicheres Magazin.

Auch kommen Namen aus der Mode, und das öffnet Creneaus für aufmerksame Konkurrenten.

Esquire war ein großartiger Name für eine Zeitschrift für den jungen Herrn. Als der junge Herr mit John J. Smith Esq. zu unterzeichnen pflegte. Doch mußte *Esquire* die Führung an *Playboy* abgeben. Jeder weiß, was ein Playboy ist und was ihn interessiert. Mädchen natürlich. Was aber ist ein Esquire? Und was interessiert ihn?

Über viele Jahre war *Yachting* die führende Zeitschrift auf ihrem Gebiet. Doch wie viele Esquires besitzen heute eine eigene Yacht? So rückt die Auflage von *Sail Magazine* Jahr für Jahr dichter an die von *Yachting* heran.

Als Werbung praktisch ausschließlich in Zeitungen und Zeitschriften stattfand, war *Printer's Ink* ein guter Name für eine Zeitschrift der Werbebranche. Doch heute sind Radio und Fernsehen mindestens ebenso wichtig wie die Printmedien. *Printer's Ink* ist heute tot, und *Advertising Age* beherrscht die Szene unangefochten.

Eine der weltweit stärksten Publikationen heute ist *The Wall Street Journal*. Die Zeitung hat keine echte Konkurrenz. Doch ist *The Wall Street Journal* ein schwacher Name für eine täglich erscheinende Wirtschaftszeitung. Der Name legt eine eng finanzwirtschaftliche Orientierung nahe. Die Zeitung beschäftigt sich aber mit Wirtschaft allgemein.

Solche Beobachtungen sind der Stoff für Gelegenheiten.

Für manche besonders schlechten Namen sind in ihre Schöpfungen verliebte Ingenieure und Wissenschaftler verantwortlich. Namen wie XE-12 zum Beispiel. (Steht vermutlich für etwas wie „Experimenteller Entwurf Nummer 12".) Das sind interne Scherze und für den Adressaten völlig nichtssagend.

Nehmen wir zum Beispiel Mennen E. Die Leute sind prosaisch, und sie nehmen die Dinge wörtlich. Trotz einer Zehn-Millionen-Dollar-Werbekampagne war das Deodorant Mennen E zum Mißerfolg verdammt. Das Problem war der Name auf der Dose. Die einführende Werbung gab sogar zu, daß die Idee etwas ungewöhnlich war. „Unglaublich, aber Vitamin E ist ein Deodorant."

Es ist unglaublich. Es sei denn, man zielte auf Leute, die die kräftigsten, wohlgenährtesten, gesündesten Achselhöhlen der Nation haben wollten. Mennen E hielt sich nicht lange.

Und was ist mit Breck One und Colgate 100? Markennamen wie diese sind nichtssagend.

Bei den geringen Unterschieden in vielen Produktkategorien kann ein besserer Name einen Unterschied von Millionen Dollar im Verkaufserfolg ausmachen.

Wann man einen Phantasienamen wählen sollte

Wie steht es mit dem offensichtlichen Erfolg von Firmen mit Phantasienamen wie Coca-Cola, Kodak und Xerox?

Eines der Dinge, die positioning-gemäßes Denken für viele Leute schwierig machen, ist die Unfähigkeit, die Bedeutung des richtigen Timings einzuschätzen.

Die erste Firma, die mit einem neuen Produkt oder einer neuen Idee ins Bewußtsein eindringt, wird in der Regel berühmt. Egal, ob sie Lindbergh oder Schmidt oder Rumpelstilzchen heißt.

Coca-Cola war der erste mit einem Cola-Getränk. Kodak erster mit Fotografie für wenig Geld. Xerox der erste mit der Normalpapierkopie.

Betrachten wir das Wort „Coke“. Wegen des Erfolgs von Coca-Cola hat der Spitzname Coke (zu deutsch Koks) eine Sekundärbedeutung erhalten.

Würden Sie eine Limonade nach einem Wort für „den Rückstand bei der Verbrennung von Kohle unter Luftabschluß“ nennen? Oder danach, wie man in der Szene ein Narkotikum wie Kokain bezeichnet?

Die Sekundärbedeutung des Wortes Coke ist so stark, daß Coca-Cola von diesen Assoziationen nichts zu fürchten hat.

Doch ist die Wahl eines Phantasienamens wie Keds, Kleenex oder Kotex für ein neues Produkt gelinde gesagt gefährlich. Nur wenn Sie als erster mit einem absolut neuen Produkt, das Millionen Leute sicher haben wollen, ins Bewußtsein vorstoßen, können Sie sich den Luxus eines Namens ohne Bedeutung leisten.

Dann freilich würde es jeder Name tun.

Bleiben Sie also bei gebräuchlichen, anschaulichen Worten (Wisch und Weg), und meiden Sie Phantasienamen (Qyx).

Zur Orientierung: Die fünf häufigsten Anfangsbuchstaben sind S, C, P, A und T. Die fünf seltensten sind X, Z, Y, Q und K (im Englischen; für Deutsch sind dies A, K, M, P, S beziehungsweise C, J, Q, X, Y). Nur eines von 3000 Wörtern beginnt mit einem X.

Negative Namen können positiv sein

Der wissenschaftliche Fortschritt bringt ständig neue und verbesserte Produkte hervor. Doch sind sie oft von Geburt an mit zweitklassigen Imitationsnamen gezeichnet.

Margarine zum Beispiel. Obwohl es das Produkt schon seit Jahrzehnten gibt, wird es noch immer als Butterimitation angesehen. (Es gehört sich nicht, Mutter Natur zu täuschen.)

Ein besserer Name zu Anfang hätte geholfen. Wie hätte man Margarine nennen sollen? „Soja-Butter" natürlich! – Ein Name in der Tradition von Erdnußbutter.

Ein Name wie „Margarine" ist psychologisch problematisch, weil er irreführend ist. Er verschleiert den Ursprung des Produkts.

Jeder weiß, daß Butter aus Milch gemacht wird. Aber woraus stellt man Margarine her? Weil der Ursprung des Produkts verborgen bleibt, nimmt der Käufer an, daß mit Margarine etwas grundsätzlich nicht stimmt.

Wie man das Produkt aus dem Schatten herausführt

Der erste Schritt, negative Reaktionen zu überwinden, ist, das Produkt aus seinem Schattendasein herauszuführen. Die Situation absichtlich zu polarisieren durch einen negativen Namen wie Soja-Butter.

Hat man das einmal geschafft, kann man ein langfristiges Programm entwickeln, die Vorzüge von Soja-Butter gegenüber Kuh-Butter zu verkaufen. Wesentlicher Bestandteil eines solchen Programms ist der „Stolz auf die Herkunft", die der Name Soja dokumentiert.

Dasselbe Prinzip wirkt in dem Wechsel von Farbiger zu Neger zu Schwarzer.

„Neger" ist ein Name vom Typ Margarine, der Neger auf ewig mit „Bürger zweiter Klasse" verbindet. „Farbiger" polarisiert die Situation nicht ausreichend. Man schließt daraus, je weniger farbig, desto besser.

„Schwarzer" ist die weit bessere Wahl. Das erlaubt es, einen Stolz als Schwarzer zu entwickeln, ein entscheidender erster Schritt zur Gleichberechtigung auf lange Sicht. (Sie mögen es vorziehen, Weißer zu sein, ich aber bin lieber ein Schwarzer.)

Bei der Namenswahl für Personen oder Produkte sollten Sie es nicht zulassen, daß Ihre Konkurrenz die Worte unfair mit Beschlag belegt, die Sie brauchen, um Ihr Produkt zu beschreiben. Wie Butter im Fall von Margarine. Oder Zucker im Fall von Mais-Sirup.

Vor einigen Jahren gelang es Wissenschaftlern, Süßungsmittel aus Maisstärke herzustellen. Das Ergebnis: Produkte namens Dextrose, Mais-Sirup und Fructose-Maissirup.

Bei Namen wie „Fructose-Maissirup" wundert es niemanden, wenn man die Produkte selbst im Handel als Imitation oder zweitklassig im Vergleich zu Saccharose oder „echtem Zucker" ansah. Daher beschloß Corn Products, einer der großen Lieferanten von

Mais-Sirup, seine Süßmittel als „Maiszucker" zu bezeichnen. Das erlaubte es der Firma, Mais mit Zuckerrohr oder Rüben auf die gleiche Ebene zu stellen.

„Betrachten Sie alle drei Arten Zucker", hieß es in den Anzeigen, „Rohr-, Rüben- und Maiszucker."

Marketingleute sollten wissen, daß die Federal Trade Commission die Gattungsbezeichnungen für viele Industriezweige überwacht. Doch kann man die FTC überreden. „Wenn wir es nicht Zucker nennen dürfen, können wir dann Mais-Sirup für Limonade verwenden und sie 'zuckerfrei' nennen?"

Interessengruppen wissen um die Macht eines guten Namens. Die Bewegung „Right to Life" und die „Fair trade"-Gesetze sind zwei Beispiele.

Und welcher Abgeordnete würde es wagen, gegen ein Gesetz mit dem Namen „Clean Air Act" zu opponieren?[1]

Wenn Sie gegen ein etabliertes Konzept wie „Fair trade" angehen, dürfen Sie keinesfalls versuchen, den Gegner mit einem neuen Namen zu belegen. Damit verwirren Sie nur Ihr Publikum.

Um der verbreiteten Akzeptanz der Fair-trade-Gesetze bei den Verbrauchern entgegenzutreten, versuchten die Gegner, sie in „Price maintenance"-Gesetze (Gesetze zum Aufrechterhalten der Preise) umzubenennen. Es dauerte sehr viele Jahre, bis die Fair-trade-Gesetze von den vielen Staaten wieder aufgehoben wurden, die sie in Kraft gesetzt hatten.

Eine bessere Taktik ist, den Namen umzudrehen. Das heißt, das Konzept zu repositionieren, indem man dieselben Worte gebraucht, um die Bedeutung umzukehren. „Fair zum Handel, unfair gegenüber dem Verbraucher", ist ein Beispiel für diese Taktik.

Noch besser ist es, dem Gegner einen neuen Namen anzuhängen, bevor der starke Name fest verwurzelt ist. „Price mainte-

1 Anm. d. Übs.: In der Bundesrepublik Deutschland heißt das entsprechende Gesetz „Technische Anleitung Luft". Welch ein Unterschied!

nance“ hätte als Blockadestrategie wahrscheinlich gewirkt, aber nur zu einem sehr frühen Zeitpunkt. Ein weiteres Beispiel dafür, wie wichtig es ist, erster zu sein.

David und Michael und Hubert und Elmer

Trotz der verbreiteten Meinung, ein Name sei „Schall und Rauch“, wächst der Anschein, daß der Name einer Person im Leben eine gewichtige Rolle spielt.

Zwei Psychologieprofessoren, Dr. Herbert Harari und Dr. John W. McDavid, gingen der Frage nach, warum Grundschüler Klassenkameraden mit ungewöhnlichen Namen hänselten.

Sie starteten ein Experiment mit Aufsätzen, die angeblich von Schülern der vierten und fünften Klasse stammten. Diese Aufsätze versahen sie mit verschiedenen Namen. Zwei Namenspaare verdeutlichen das Prinzip besonders gut.

Manche der Aufsätze trugen zwei populäre Namen (David und Michael) und zwei unpopuläre Namen (Hubert und Elmer). Jeder Aufsatz wurde einer anderen Gruppe von Grundschullehrern zur Bewertung vorgelegt. (Die am Experiment beteiligten Lehrer hatten keinen Grund anzunehmen, sie hätten keine gewöhnlichen Schulaufgaben vor sich.)

Würden Sie glauben, daß Aufsätze mit den Namen David und Michael im Durchschnitt eine ganze Note besser zensiert wurden als dieselben Aufsätze mit den Namen Elmer und Hubert? „Lehrer wissen aus Erfahrung“, so sagen die Professoren, „daß ein Hubert oder ein Elmer im allgemeinen ein Versager ist.“

Was ist aber mit berühmten Leuten mit ausgefallenen Vornamen wie Hubert Humphrey und Adlai Stevenson zum Beispiel. Beides Verlierer gegen Leute mit den populären Namen Richard und Dwight.

Was wäre gewesen, wenn Richard Humphrey gegen Hubert Nixon angetreten wäre? Hätte Amerika einen Hubert Nixon gewählt?

Jimmy, Jerry, Richard, Lyndon, John, Dwight, Harry, Franklin. Seit Herbert hatten wir keinen „Verlierernamen" im Weißen Haus.

Und wen schlug Herbert Hoover 1928? Einen anderen Mann mit einem Verlierernamen, Alfred.

Als Herbert 1932 gegen einen „Siegernamen" wie Franklin antrat, verlor er. Und zwar sehr deutlich.

Was würden Sie von jemandem erwarten, der Edsel heißt? Edsel war ein Verlierername, bevor Ford das Automobil Edsel vorstellte. Und der Name trug zu dem Marketingdesaster bei.

Vergleichen Sie Cyril und John. Nach dem Psychologen David Sheppard schätzen Leute, die niemanden mit diesen Namen kennen, einen Cyril dennoch als hinterhältig und einen John als vertrauenswürdig ein.

Man sieht, was man zu sehen erwartet. Und ein schlechter oder unpassender Name setzt eine Kettenreaktion in Gang, die lediglich das negative Vorurteil bestärkt.

Elmer ist ein Versager. Siehst du, er arbeitet nicht ordentlich. Ich habe es ja gesagt, Elmer ist ein Versager.

Eine wahre Geschichte. Ein Funktionär einer New Yorker Bank trug den NamenYoung J. Boozer. Als einmal ein Kunde verlangte, mit „Young Boozer" (boozer=Schluckspecht) zu sprechen, antwortete ihm die Vermittlung: „Von der Sorte haben wir hier eine ganze Menge. Welchen wollen Sie sprechen?"

Hubert und Elmer im Himmel

Der Name ist der erste Berührungspunkt zwischen der Botschaft und dem Gehirn. Nicht ein im ästhetischen Sinne guter oder schlechter Name entscheidet über die Wirksamkeit der Botschaft. Den Ausschlag gibt, wie treffend der Name ist.

Greifen wir Fluggesellschaften heraus. Die vier größten inneramerikanischen Fluggesellschaften sind United, American, Delta und .....

Nun, wissen Sie, wie die „zweitgrößte Passagierfluglinie der freien Welt" heißt, um einen der Werbeslogans der Gesellschaft zu zitieren?

Richtig. Eastern Airlines.

Wie alle Fluggesellschaften hatte Eastern gute und schlechte Zeiten. Leider mehr schlechte als gute. Unter den vier größten inneramerikanischen Fluglinien rangiert Eastern in der Meinung der Passagiere konstant an vierter Stelle.

Warum? Eastern hat einen regionalen Namen. Und deshalb ordnet der potentielle Kunde die Gesellschaft gcistig in eine andere Kategorie ein als die großen landesweiten Namen wie American und United.

Der Name Eastern plaziert die Fluglinie in eine Kategorie mit Piedmont, Ozark und Southern.

Man sieht, was man erwartet. Der Passagier, der einmal mit American oder United schlechte Erfahrungen macht, sagt: „Das kann schon einmal vorkommen." Eine Ausnahme des guten Service, den er erwartet hatte.Der Passagier, der einmal mit Eastern Ärger hat, sagt: „Natürlich wieder Eastern." Eine Wiederholung des erwartet schlechten Service.

Nicht daß Eastern sich nicht bemüht hätte. Vor ein paar Jahren holte sich Eastern einige hochkarätige Marketing-Experten und legte sich richtig ins Zeug. Eastern gehörte zu den ersten, die „die Flugzeuge anstrichen", „besseres Essen servierten" und

„das Bordpersonal schöner anzogen“, um den Ruf der Gesellschaft aufzupolieren.

Und Eastern geizte nicht mit Geld. Jahr für Jahr hat Eastern einen der größten Werbeetats in der Branche. In einem der letzten Jahre gab man mehr als 70 Millionen Dollar für Werbung aus.

Für all das Geld, was halten Sie von Eastern? Wo, glauben Sie, hat Eastern seine Flugrouten? Entlang der Ostküste, nach New York, Boston, Philadelphia, Washington, Miami, nicht wahr?

Nun, Eastern fliegt auch nach St. Louis, New Orleans, Atlanta, Denver, Los Angeles, Seattle, Acapulco, Mexico City.

Man kann einem regionalen Namen nicht die „Flügel der Menschheit“ anhängen. Hat der Kunde die Wahl, entscheidet er sich meist für die nationale Fluglinie, nicht für die regionale.

Die Probleme der Fluggesellschaft sind ein typisches Zeichen für die Schwierigkeiten der Leute, Realität und Wahrnehmung auseinanderzuhalten. Viele erfahrene Marketingleute sehen die Lage von Eastern und sagen: „Nicht der Name macht Eastern Probleme, sondern der schlechte Service, das Essen, die Gepäckabfertigung, das unfreundliche Bordpersonal.“ Die Wahrnehmung ist die Realität.

Was halten Sie von Piedmont Airlines? Was ist mit Ozark Airlines? Und was mit Allegheny?

Allegheny freilich hat das Handtuch geworfen und wurde zu USAir. Sogar North Central und Southern gaben auf und fusionierten zu Republic Airlines. Beiden Fluglinien geht es recht gut.

Die Akron-Zwillinge

Zwei in Akron, Ohio, beheimatete Firmen repräsentieren ein weiteres, verbreitetes Namensproblem.

Was macht eine Firma, wenn ihr Name (Goodrich) dem einer größeren Firma derselben Branche (Goodyear) sehr ähnlich ist?

Goodrich hat Schwierigkeiten. Studien stellten fest, daß Goodrich das Rad neu erfinden könnte, und der größte Teil des Verdienstes würde Goodyear zugeschrieben.

Bei B. F. Goodrich ist man sich darüber im klaren. Und so drückte man dies vor einigen Jahren in einer Werbeanzeige aus:

> Der Fluch des Benjamin Franklin Goodrich. Sein Name. Es ist eine der Grausamkeiten des Schicksals, daß der Name unseres größten Konkurrenten dem unseres Gründers fast genau gleicht. Goodyear. Goodrich. Schrecklich verwirrend.

Unten auf der Anzeige stand: „Wenn Sie Goodrich haben wollen, müssen Sie sich einfach Goodrich merken."

Mit anderen Worten, es ist überhaupt nicht Goodrichs Problem. Es ist Ihr Problem.

B. F. Goodrich war die erste einheimische Firma, die radiale Stahlgürtelreifen in den USA auf den Markt brachte. Doch als man mehrere Jahre später Reifenkäufer fragte, welche Firma Stahlgürtelreifen herstellt, nannten 56 Prozent Goodyear. Goodyear produziert jedoch keine Stahlgürtelreifen für den einheimischen Markt, wohl aber Goodrich, die nur von 47 Prozent genannten wurden.

Wie man in Akron zu sagen pflegt, „Goodrich erfindet. Firestone entwickelt. Goodyear verkauft."

Jahr für Jahr baut Goodyear seine Führung aus. Heute übertrifft man Goodrich umsatzmäßig 3 zu 1. Die Reichen werden also reicher. Na gut.

Seltsam ist aber, daß die Werbung des Verlierers weiterhin alle

Publicity auf sich zieht. „Wir sind die anderen", hatte in der Presse eine Menge positive Resonanz. Nicht so jedoch bei den Reifenkäufern. Der Name allein verdammt Goodrich für immer dazu, den Staub des größeren Konkurrenten zu schlucken.

Die Toledo-Drillinge

Die Akron-Zwillinge erscheinen schon verwirrend genug, aber betrachten Sie das Dilemma der Toledo-Drillinge. Owens-Illinois, Owens-Corning Fiberglas und Libbey-Owens-Ford.

Das sind ebenfalls keine kleinen Läden. Owens-Illinois ist eine 3,5-Milliarden-Dollar-Gesellschaft. Owens-Corning Fiberglas ist eine 3-Milliarden-Dollar-Firma. Und Libbey-Owens-Ford hat 1,75 Milliarden Dollar Umsatz.

Betrachten wir die Schwierigkeiten mit dem Durcheinander aus der Sicht von Owens-Corning Fiberglas.

Owens verbindet man gewöhnlich mit Illinois. Owens-Illinois ist die größere Firma mit einem stärkeren Anspruch auf den Namen Owens.

Und Corning verknüpft man gewöhnlich mit Glas. Im nahe gelegenen Corning, New York, gibt es die Corning Glass Works, eine 1,7-Milliarden-Dollar-Gesellschaft, der es gelang, den Namen Corning fest mit Glas zu verknüpfen.

Was bleibt also für Owens-Corning Fiberglas?

Fiberglas.

Daher wirbt die Firma wahrscheinlich mit dem Slogan „Owens-Corning ist Fiberglas." Mit anderen Worten, wenn Sie Fiberglas wollen, müssen Sie sich Owens-Corning merken.

Es wäre viel einfacher, wenn die Firma ihren Namen zu Fiberglas Corporation änderte. Dieser Schritt konzentrierte die Aufmerksamkeit auf das primäre Ziel der Firma, Fiberglas von einem Gattungsbegriff in einen Markennamen zurückzuverwandeln.

Was sollten Sie tun, wenn Sie einen Namen haben wie Hubert oder Elmer oder Eastern oder Goodrich oder Owens-Corning Fiberglas? Ihn ändern!

Doch findet man, entgegen aller Logik, Namensänderungen selten. Die meisten Firmen sind überzeugt, in ihrem Namen stecke zuviel Kapital. „Unsere Kunden und unsere Mitarbeiter würden einen neuen Namen niemals akzeptieren."

Was ist mit Olin und Mobil und Uniroyal und Xerox? Und was ist mit Exxon Corporation? Es ist noch gar nicht lange her, daß Exxon seinen Namen wechselte von .....

Erinnern Sie sich eigentlich, wie Exxon früher hieß? Nein, es war nicht Esso und es war auch nicht Humble Oil oder Enjay, obwohl die Firma diese Namen in ihren Marketing-Operationen benutzte.

Die Exxon Corporation hieß früher Standard Oil of New Jersey. Erstaunlich, was ein paar Jahre und ein paar Dollar bewirken können.

Ein schlechter Name ist nur ein Klotz am Bein. Ist der Name schlecht, geht es leicht bergab. Ist der Name gut, geht es bergauf.

Das Continental-Durcheinander

Kennen Sie den Unterschied zwischen einer 4,6-Milliarden-Dollar-Gesellschaft namens The Continental Group, Inc. und einer 4-Milliarden-Dollar-Gesellschaft namens The Continental Corporation? Nicht allzu viele wissen es, bis sie darauf kommen, daß The Continental Group der Welt größter Dosenhersteller und The Continental Corporation eine große Versicherungsgesellschaft ist.

„Ah ja. Continental Can (Dosen) und Continental Insurance (Versicherungen). Jetzt weiß ich, wen Sie gemeint haben."

Warum sollte eine Firma die Anonymität von „group" und

„corporation" Bezeichnungen wie „can" und „insurance" vorziehen? Die offensichtliche Antwort lautet: Beide Firmen verkaufen mehr als nur Dosen und Versicherungen.

Aber kann man denn eine Identität auf einem nichtssagenden Namen aufbauen? Kaum, besonders wenn Sie daran denken, daß noch weitere Firmen existieren, die einen Anspruch auf den Namen Continental haben. Da gibt es Continental Oil, Continental Telephone, Continental Grain und Continental Illinois Corp. (Übrigens allesamt Umsatzmilliardäre.)

Oder denken Sie an die Sekretärin, zu der ihr Chef sagte: „Verbinden Sie mich mit Continental." Allein in Manhattan gibt es 235 Telefonbucheinträge, die mit Continental beginnen.

Die Initialen-Falle

„Ich fliege nach L. A.“, sagt der Firmenmanager. „Und anschließend muß ich noch nach New York.“ Warum bezeichnet man Los Angeles oft mit L. A., New York hingegen selten mit N. Y.?

„Ich habe einige Jahre lang für GE gearbeitet und ging dann zu Western Union.“ Warum sagt man zu General Electric oftmals GE, aber zu Western Union kaum je WU?

General Motors ist häufig GM, American Motors häufig AM, aber Ford Motor praktisch nie FM.

Phonetische Abkürzung

Hier wirkt das Prinzip der phonetischen Abkürzung.

Ra-di-o Cor-po-ra-tion of A-mer-i-ca ist zwölf Silben lang. Kein Wunder, daß die meisten Leute das dreisilbige R-C-A verwenden.

Gen-er-al E-lec-tric hat sechs Silben. Daher sprechen die meisten Leute das zweisilbige G-E.

Gen-er-al Mo-tors ist häufig GM. A-mer-i-can Mo-tors ist oft AM. Aber anstatt Ford Mo-tor benutzt man praktisch nie FM. Die einzige Silbe Ford sagt alles.

Doch wenn es keinen phonetischen Vorteil gibt, benutzen die meisten Leute keine Abkürzungen. Sowohl New York als auch N. Y. ist zwei Silben lang. Daher wird N. Y. zwar häufig geschrieben, aber selten gesprochen.

Los An-ge-les hat vier Silben, und daher hört man L. A. häufig. Beachten Sie auch, daß der viersilbige Name San Fran-cis-co kaum zu „S. F." verkürzt wird. Warum? Für San Francisco gibt es ein hervorragendes zweisilbiges Kurzwort (Frisco). Und deshalb sagen die Leute auch „Jersey" und nicht „N. J.".

Gibt es die Wahl zwischen einem Wort und Initialen und beide sind phonetisch gleich lang, entscheiden sich die Leute unweigerlich für das Wort.

Die phonetische Länge kann manchmal täuschen. Die Initialen WU sehen viel kürzer aus als Western Union. Phonetisch sind sie aber gleich lang. Dou-ble-U U. West-ern Un-ion. (Mit Ausnahme des W sind in der englischen Sprache alle Buchstaben nur eine Silbe lang.)

Während die Kunden sich auf Firmen phonetisch beziehen, betrachten die Firmen, von denen sie sprechen, sich selbst aus einem anderen Blickwinkel. Firmen sind visuell orientiert. Sie geben sich sehr viel Mühe, daß der Name auch richtig aussieht, ohne darauf zu achten, wie er klingt.

Visuelle Abkürzung

Auch Geschäftsleute gehen in dieselbe Falle. Das erste, was verschwindet, ist der Vorname. Mit dem Start seiner Karriere bei der General Manufacturing Corporation wird auf internen Briefen und Memos aus dem jungen Edmund Gerald Brown sofort E. G. Brown von GMC.

Doch wenn Sie bekannt werden wollen, müssen Sie Initialen meiden. Die meisten Politiker wissen das. Deshalb präsentieren sich E. M. Kennedy und J. E. Carter der Öffentlichkeit als Ted Kennedy und Jimmy Carter.

Tatsächlich verwendet die neue Politikergeneration weder einen Mittelnamen noch Initialen. Jack Kemp, Gary Hart, Bill Bradley, George Bush, Ronald Reagan.

Was ist mit FDR und JFK? Der Witz an der Sache ist, daß Sie Initialen unzweideutig verwenden können, sobald Sie an der Spitze, also gut bekannt sind. Franklin Delano Roosevelt und John Fitzgerald Kennedy konnten erst dann Initialen benutzen, als sie berühmt waren. Nicht vorher.

Als zweites kommt der Firmenname dran. Was zunächst als visuelle Abkürzung beginnt, um Papier und Schreibarbeit zu sparen, entpuppt sich als Monogramm des Erfolgs.

IBM, AT&T, GE, 3M. Man könnte meinen, daß die Mitgliedschaft in den „Oberen 500" davon abhängt, daß man über einen Satz Initialen verfügt, den jeder sofort erkennt. Das Kennzeichen, das jedermann sagt, Sie haben es geschafft.

So haben wir heute Kürzel wie AM International, AMAX, AMF, AMP, BOC, CBI Industries, CPC International, EG&G, FMC, GAF, IC Industries, ITT, LTV, MEI, NCR, NL Industries, NVF, PPG Industries, SCM, TRW und VF.

Das sind nicht irgendwelche Firmen. Alle stehen gegenwärtig auf *Fortunes* Liste der 500 größten Industrieunternehmen. Die kleinste Firma auf der Liste, AM International, hatte im letzten Jahr einen Umsatz von 598 Millionen Dollar und beschäftigt über 10000 Mitarbeiter. (Vielleicht erkennen Sie sie als die frühere Addressograph Multigraph Corp. wieder.)

Wenn Sie zu jeder Initialen-Firma die nächstgrößere in der Fortune-500-Liste herausgreifen, erhalten Sie folgendes: Allegheny International, American Motors, Amstar, Bristol-Myers, Celanese, Cluett Peabody, Consolidated Foods, Data General, Gannett, Hartmarx, H. J. Heinz, Hewlett-Packard, Inspiration Resources, Lever Brothers, Louisiana Land & Exploration, Mohasco, National Cooperative Refinery Association, North American Philips, Procter & Gamble, G. D. Searle, Weirton Steel und Westmoreland Coal.

Welche Liste enthält die bekannteren Firmen? Die mit den Namen-Firmen natürlich.

Sicher, manche der Initialen-Firmen wie ITT und NCR sind gut bekannt. Aber wie FDR und JFK waren diese Firmen schon gut bekannt, bevor sie ihre Namen zugunsten von Initialen aufgaben.

Welche Firmen werden wahrscheinlich schneller wachsen? Wiederum die Namen-Firmen.

Zur Prüfung dieser Aussage führten wir eine Umfrage bei Abonnenten der Zeitschrift *Business Week* durch. Wir fragten sowohl nach „Namen"- als auch nach „Initialen"-Firmen. Das Ergebnis unterstreicht den Wert eines Namens.

Der durchschnittliche Bekanntheitsgrad bei „Initialen"-Firmen lag bei 49 Prozent. Bei einer entsprechenden Gruppe von „Namen"-Firmen lag dieser jedoch bei 68 Prozent, also 19 Prozent höher.

Was also treibt große Firmen in den unternehmerischen Selbstmord? Einmal haben die Spitzenmanager die Firmeninitialen auf internen Memos schon so oft und so lange gesehen, daß sie automatisch annehmen, jeder kennt die gute alte VF. Und sie mißinterpretierten die Gründe für den Erfolg von Firmen wie IBM und GE.

Keine Abkürzungen zum Erfolg

Eine Firma muß außerordentlich gut bekannt sein, bevor sie erfolgreich Initialen benutzen kann. Augenscheinlich lösen die Initialen „GE" im Gehirn die Worte „General Electric" aus.

Unweigerlich müssen die Leute zuerst den Namen kennen, bevor sie auf Initialen reagieren. Das Federal Bureau of Investigation und der Internal Revenue Service sind außerordentlich gut bekannt. Daher reagieren die Amerikaner sofort auf die Initialen FBI und IRS.

HUD wird jedoch nicht annähernd so schnell erkannt. Warum? Weil die meisten Leute das Department of Housing and Urban Development nicht kennen. Wenn also HUD besser bekannt werden will, muß das Ministerium zuerst den Namen Housing and Urban Development besser bekannt machen. Eine Abkürzung mit den Initialen HUD wird nicht sehr hilfreich sein.

Oder: General Aniline & Film war eine nicht besonders gut bekannte Firma. Als man ihren Namen zu GAF änderte, schrieb man diesen Zustand für alle Zeiten fest. Jetzt, nach dem gesetzlichen Namenswechsel zu GAF, gibt es wahrscheinlich keine Möglichkeit, dem Adressaten den ursprünglichen Namen nahezubringen.

Doch scheint Buchstabensuppe heute bei vielen Firmen auf der Speisekarte zu stehen. Sie denken den Prozeß, sich im Kopf des Kunden eine eigene Position zu verschaffen, nicht zu Ende. Deshalb fallen sie einem modischen Fimmel zum Opfer.

Und, keine Frage, der modische Fimmel von heute ist die „Initialitis". Betrachten Sie RCA. Jeder weiß, daß RCA eine Abkürzung von Radio Corporation of America ist. Daher konnte die Firma die Initialen verwenden, um an die tief im Kopf verankerten Worte „Radio Corporation of America" zu erinnern.

Doch jetzt, nachdem RCA gesetzlich in RCA umbenannt ist, was wird geschehen? Nichts. Zumindest in den nächsten zehn Jahren. Die Worte sitzen bereits fest in den Köpfen von Millionen Leuten. Und sie werden auch für immer dort bleiben.

Was ist aber mit der nächsten Generation von Adressaten? Was werden sie sich angesichts der seltsamen Initialen RCA vorstellen?

Roman Catholic Archdiocese (=Römisch-katholische Erzdiözese)?

Positioning ist wie das Leben. Ein langfristiges Projekt. Eine Namensentscheidung von heute trägt vielleicht erst viele Jahre später in der Zukunft Früchte.

Das Gehirn funktioniert über das Gehör

Der Hauptgrund für die weite Verbreitung der Fehler bei der Namenswahl ist der Papierozean, in dem die Manager leben. Briefe, Memos, Berichte. Wenn man im Kopienmeer schwimmt, vergißt man leicht, daß das Gehirn über das Gehör funktioniert. Wenn wir ein Wort aussprechen, übersetzen wir zuerst die Buchstaben in Schall. Deshalb bewegen Anfänger beim Lesen die Lippen.

Als Sie ein Kind waren, lernten Sie zuerst sprechen und dann lesen. Und Sie lernten das Lesen langsam und mühselig, indem Sie die Worte laut vorsagten, während Sie Ihr Gehirn dazu brachten, das geschriebene Wort mit dem im Gehirn über das Gehör gespeicherten Klang zu verknüpfen.

Sprechen lernt man vergleichsweise wesentlich leichter als lesen. Wir speichern Klänge unmittelbar und rufen sie mit wachsender geistiger Geschicklichkeit in verschiedenen Kombinationen wieder ab.

Beim Heranwachsen lernen Sie, die geschriebenen Worte so schnell in die vom Gehirn benötigte akustische Sprache zu übersetzen, daß sie diesen Prozeß gar nicht mehr wahrnehmen.

Und dann liest man in der Zeitung, daß 80 Prozent des Lernens sich über die Augen vollziehen. Natürlich stimmt das. Aber Lesen ist nur ein Teil des Lernprozesses. Ein Großteil des Lernens verläuft über visuelle Schlüssel, die mit Lesen im üblichen Sinne nichts zu tun haben. Wie etwa, wenn Sie den Gemütszustand einer anderen Person erkennen, indem Sie Gestik und sonstige Körperzeichen „lesen".

Gelesene Worte werden nicht verstanden, bevor der Visuell-verbal-Übersetzer in Ihrem Gehirn in Aktion tritt und dem Gesehenen akustischen Sinn gibt.

Genauso lernt ein Musiker, Noten zu lesen und den Klang im Kopf zu hören, so als ob jemand die Melodie oder ein Instrument tatsächlich spielte.

Versuchen Sie, ein Gedicht auswendig zu lernen, ohne sich die Worte laut vorzulesen. Man merkt sich Geschriebenes weitaus leichter, wenn man die akustische Komponente, die Arbeitssprache des Gehirns, verstärkt.

Daher sollten Sie nicht nur Namen, sondern auch Überschriften, Slogans und Wortschöpfungen auf ihren Klang überprüfen. Selbst wenn Sie sie nur gedruckt verwenden wollen.

Waren Sie der Meinung, Hubert und Elmer sind schlechte Namen? Wenn ja, müssen Sie die gedruckten Worte in ihr akustisches Äquivalent übersetzt haben. Denn Hubert und Elmer sehen nicht schlecht aus. Sie klingen nur schlecht.

In gewisser Weise ist es schade, daß die Printmedien (Zeitungen, Zeitschriften, Plakatwerbung) vor dem Rundfunk entwickelt wurden. Eigentlich ist der Rundfunk das ursprünglichere Medium. Und der Druck eine Abstraktion einer höheren Ebene.

Gedruckte Botschaften „klängen" besser, wenn sie zuerst für das Radio entworfen würden. Doch normalerweise machen wir es umgekehrt. Wir arbeiten erst im Druck und dann in den Funkmedien.

Wenn der Name nicht mehr aktuell ist

Ein weiterer Grund für eine Firma, vom Namen zu Initialen überzuwechseln, besteht immer dann, wenn der Name selbst nicht mehr aktuell ist. RCA verkauft außer Radios noch eine Menge anderer Dinge.

Und was ist mit United Shoe Machinery? Die Firma wurde zu einem Konglomerat. Außerdem trocknete der Markt für die einheimische Schuhindustrie mit steigenden Importen immer mehr aus. Was tun? Nun, man machte es sich einfach. United Shoe Machinery änderte den Namen zu USM Corporation. Und lebte danach in der Anonymität weiter.

Eine andere Firma, die ihre Unternehmensidentität verlor, ist Smith-Corona-Marchant. Als Resultat von Fusionen stellte Smith niemals die Produkte der ehemaligen Firmen Corona und Marchant her. So beschloß man, den Namen zu SCM Corporation zu verkürzen.

Vermutlich vollzogen SCM und USM den Namenswechsel, um der alten, nicht mehr aktuellen Identität zu entfliehen. Doch in Wirklichkeit erreichte man genau das Gegenteil.

Das Gehirn kann sich an USM nicht erinnern, ohne United Shoe Machinery aus dem Unterbewußtsein hervorzuholen.

Zumindest hatten RCA, USM und SCM die phonetische Abkürzung auf ihrer Seite. Ohne sie sind die Schwierigkeiten größer. Außerordentlich viel größer. Als die Corn Products Company ihren Namen zu CPC International änderte, mußte man feststellen, daß der Name CPC nur geringe Resonanz fand. Die Initialen CPC sind phonetisch nicht kürzer als Corn Products. Beide sind dreisilbig, und daher wurden die Initialen CPC vor dem Namenswechsel selten benutzt. Fragen Sie Leute aus der Branche, ob ihnen CPC International bekannt ist. Und schauen Sie, ob sie nicht sagen: „Oh, Sie meinen Corn Products Company?“

In unserer initialenfreudigen Gesellschaft stellt sich das Gehirn gewöhnlich als erstes die Frage: „Wofür stehen diese Initialen?“

Das Gehirn sieht die Initialen AT&T und sagt: „Ah, American Telephone & Telegraph.“

Doch welche Antwort findet das Gehirn, wenn es TRW sieht?

Freilich gibt es eine gewisse Anzahl Leute, die sich an die Thompson Ramo Wooldridge Corporation erinnern. Und TRW ist eine Sechs-Milliarden-Dollar-Gesellschaft, die daher häufig in der Presse erwähnt wird und eine Menge Werbung betreibt. Aber würden die Werbedollars nicht mehr bringen, wenn TRW anstatt Initialen einen richtigen Namen hätte?

Manche Firmen produzieren Initialen in Serie. Versuchen Sie sich einmal die D-M-E Corporation, eine Tochtergesellschaft der VSI Corporation, zu merken.

Wir wollen Ihnen nicht einreden, daß eine Firma niemals den Namen ändern sollte. Ganz im Gegenteil. Nichts bleibt auf Dauer, wie es war. Die Zeiten ändern sich. Produkte veralten. Märkte öffnen sich und verschwinden wieder. Und Fusionen sind häufig notwendig. Irgendwann ist es dann soweit, und eine Firma muß ihren Namen wechseln.

U. S. Rubber war ein internationaler Multi, der viele Produkte vermarktete, die nicht aus Gummi waren. Eaton Yale & Towne war das Ergebnis einer Fusion, aus der eine große Gesellschaft mit einem komplizierten Namen hervorging. Socony-Mobil hatte einen Namen am Hals, der ursprünglich für Standard Oil Company of New York stand.

All diese Namen wurden aus Gründen des Sound-Marketing geändert. Der traditionelle Ansatz „Einen Fuß in der Vergangenheit" hätte USR Corporation, EY&T Company und SM Inc. hervorbringen können. Drei Marketing-Monstrositäten. Statt dessen schuf „Vergessen wir die Vergangenheit" drei neue, moderne Firmenidentitäten – Uniroyal, Eaton und Mobil. Die Marketing-Stärke dieser Namen spricht für sich selbst. Diese Firmen ließen die Vergangenheit erfolgreich hinter sich und positionierten sich gegenüber der Zukunft.

Die Verwechslung von Ursache und Wirkung

Trotz aller Nachteile zieht es die Firmen zu Initialen wie die Motten zum Licht. Der Erfolg der IBMs dieser Welt scheint die Wirksamkeit von Initialen zu beweisen. Die klassische Verwechslung von Ursache und Wirkung.

International Business Machines wurde so reich und berühmt (die Ursache), daß jeder wußte, von welcher Firma die Rede war, wenn man die Initialen benutzte (die Wirkung).

Umgekehrt funktioniert das nicht. Sie können nicht die Initialen einer nur mäßig erfolgreichen Firma verwenden (die Ursache) und erwarten, daß sie reich und berühmt wird (die Wirkung).

Ebenso könnten Sie versuchen, reich zu werden, indem Sie große Wagen und Firmenjets kaufen. Erst müssen Sie Erfolg haben, und dann verfügen Sie über das Geld, sich mit den Accessoires des Reichtums zu schmücken.

In gewisser Weise repräsentiert der Drang zu Initialen den Wunsch, akzeptiert zu erscheinen, auch auf Kosten eines Verlusts an Kommunikation. Er repräsentiert auch das Nachahmerdenken, das in manchen Managementkreisen vorherrscht. Der Erfolg von IBM veranlaßte Konkurrenten auf dem Gebiet der Textverarbeitung wie CPT und NBI, ebenfalls Initialen in ihren Namen zu verwenden.

Der Erfolg von AT&T veranlaßte MCI, seinen Fernsprechdienst für große Distanzen ebenfalls mit einem Initialen-Namen anzubieten.

Und betrachten Sie den Kontrast in der Strategie der Namensgebung zweier Fluggesellschaften.

Pan A-mer-i-can Air-lines (sieben Silben) hat einen phonetisch langen Namen. Daher kürzte man ihn zu Pan Am, zwei Silben. Viel besser als die Initialen PAA, die man sich nur schlecht merken könnte.

Trans World Air-lines (vier Silben) ist eigentlich phonetisch kürzer als T-Dou-ble-U-A. Aber ist TWA nicht wohlbekannt? Ja schon, dank eines jährlichen Werbeaufwands von 70 Millionen Dollar.

Obwohl TWA etwa genausoviel für Werbung ausgibt wie seine größeren Konkurrenten American und United, zeigen Umfragen, daß TWA in der Gunst der Passagiere nur halb so hoch steht wie die anderen beiden. Die wenig wirkungsvollen Initialen TWA sind ein Grund dafür.

Welchen Namen sollte Trans World Airlines verwenden?

„Trans World" natürlich. Nur zwei Silben lang. Außerdem kurz und anschaulich.

Akronyme und Telefonbücher

Manche Firmen haben Glück. Ihre Initialen bilden, ob konstruiert oder zufällig, Akronyme. Zum Beispiel: Fiat (Federation Internationale Automobiles Torino) und Sabena *(Société Anonyme Belge d'Exploitation de la Navigation Aérienne)*.

Oft wählen Organisationen sorgsam einen Namen, der ein sinnvolles Akronym bildet. Zwei Beispiele: CARE (Committee for Aid and Rehabilitation in Europe) und MADD (Mothers Against Drunken Drivers).

Andere Gesellschaften sind weniger glücklich. Als General Aniline & Film den Namen zu GAF änderte, ignorierte man den Umstand, daß das Akronym sich nach „dummer Schnitzer" anhört. GAF ist in mehrerlei Hinsicht ein „gaffe", ein dummer Schnitzer.

Eine andere Sache, die die Leute bei der Namenswahl gern vergessen, ist: Wie findet man den Namen im Telefonbuch. Da man seinen eigenen Namen kaum je im Telefonbuch nachschlägt, fällt einem vielleicht nicht auf, wie schwer er zu finden ist.

Nehmen wir zum Beispiel MCI. Im Telefonbuch von Manhattan werden Sie MCI wahrscheinlich irgendwo zwischen McHugh und McKensie suchen. Dort freilich finden Sie ihn nicht. MCI Telecommunications steht 48 Seiten entfernt unter sieben anderen Firmen, die ebenfalls MCI in ihrem Namen tragen. (Gemäß den Regeln zum Sortieren einer Namensliste setzt die Telefongesellschaft alle Initial-Namen an den Anfang.)

Oder nehmen wir USM Corporation. Im Telefonbuch von Manhattan gibt es sieben Seiten Namen, die mit „US" beginnen. So sollte man USM irgendwo zwischen US Luggage & Leather Products und *US News & World Report* finden.

Aber natürlich steht USM dort nicht. Das US in diesem Teil steht für „United States" wie in United States Luggage. Das US in USM aber steht für gar nichts. Also landet der Name wie alle anderen Firmen mit „reinen" Initialnamen am Anfang.

Viele Firmen schleppen ohne eigene Schuld veraltete Namen mit sich herum. Doch bevor Sie einen Namen zugunsten von bedeutungslosen Initialen verwerfen, suchen Sie zuerst nach einem „Namen", der das Gewünschte leistet.

Ein guter Name erleichtert Ihnen das Positioning ganz erheblich.

11

Die Falle mit dem Freifahrtschein

Nehmen wir ein Produkt namens Alka-Seltzer Plus. Versuchen wir, uns vorzustellen, wie Alka-Seltzer Plus zu seinem Namen kam.

Die Herren sitzen rund um einen Konferenztisch und versuchen, einen Namen zu finden für ein neues Erkältungsmittel, das als Konkurrenz gegen Dristan und Contac gedacht ist.

„Ich hab's“, sagt Harry. „Nennen wir es Alka-Seltzer Plus. Auf diese Weise nutzen wir die 20 Millionen Dollar, die wir jedes Jahr schon für den Namen Alka-Seltzer ausgeben.“

„Gute Idee, Harry“, und wieder ist eine geldsparende Idee angenommen, wie das bei geldsparenden Ideen meistens so ist.

Doch siehe da, anstatt den Markt für Dristan und Contac anzugreifen, wendet sich das neue Produkt gegen den Markt von Alka-Seltzer.

Ab und zu ändern die Väter von Alka-Seltzer Plus die Beschriftung. Das „Alka-Seltzer“ wird immer kleiner, das „Plus“ immer größer.

Ein besserer Name für das Produkt wäre Bromo-Seltzer Plus gewesen. Damit hätte man der Konkurrenz Marktanteile abjagen können.

Firmenkonglomerate

In der Produktära war das Leben einfacher. Jede Firma spezialisierte sich auf eine einzige Produktlinie. Der Name sagte alles.

Standard Oil, U.S. Steel, U.S. Rubber, United Airlines, Pennsylvania Railroad.

Doch der technische Fortschritt eröffnete neue Möglichkeiten. Und so stießen die Firmen auf neue Gebiete vor.

Hinein ins Konglomerat. Die Firma, die sich auf nichts spezialisiert. Durch Entwicklung oder Übernahme ist das Konglomerat bereit, in jedes Gebiet vorzustoßen, von dem es glaubt, es sei etwas zu holen.

Nehmen wir General Electric. GE macht alles von Flugzeugmotoren über Kernkraftwerke bis zu Kunststoffen.

RCA ist bei Satellitenkommunikation, Halbleiterelektronik und Mietwagen im Geschäft.

Viele Leute schätzen Konglomerate gering. Eine Firma sollte „bei ihrem Leisten bleiben", sagen sie. Doch Konglomerate haben das Kapital, im scharfen Konkurrenzkampf auf dem Markt zu bestehen. Ohne Konglomerate wären wir ein Land voller Halbmonopole.

Nehmen wir etwa Kopierer. Xerox, der Pionier auf dem Gebiet der Normalpapier-Kopie, sieht sich nun der Konkurrenz eines Computerherstellers (IBM), einer Fotofirma (Kodak) und einer Frankiermaschinenfirma (Pitney Bowes) gegenüber.

Selbst wenn Konglomerate durch Übernahme wachsen (RCAs Übernahme von Hertz, ITTs Übernahme von Avis), sorgen sie für das notwendige Geld, um Wachstum und Konkurrenzfähigkeit zu erhalten.

Andernfalls würde der steuerliche Aderlaß bei Tod oder Rückzug des Gründers die Firma so sehr schwächen, daß sie ihr Terrain nicht mehr verteidigen könnte.

Der typische Lebenszyklus einer Firma beginnt mit einem Unternehmer und einer Idee. Hat er Erfolg, werden zwei Dinge, Tod und Steuern, mit Sicherheit dafür sorgen, daß der Betrieb als Teil eines Konglomerats endet.

Zwei verschiedene Strategien

Da es für Firmen zweierlei Wachstumsstrategien gibt (interne Entwicklung oder externe Übernahme), ergeben sich zwei verschiedene Namensstrategien. Das Firmenego diktiert die Strategie.

Entwickelt eine Firma ein Produkt intern, gibt sie ihm gewöhnlich den Firmennamen. Zum Beispiel General Electric Computer.

Entwickelt eine Firma ein Produkt durch externe Übernahme, behält sie in der Regel den bereits bestehenden Namen. RCA behielt den Namen Hertz. ITT behielt den Namen Avis.

Aber nicht immer.

Als Sperry-Rand eine eigene Computerlinie entwickelte, nannte man das Produkt Univac. Als Xerox durch externe Übernahme ins Computergeschäft einstieg, änderten sie den Namen Scientific Data Systems zu Xerox Data Systems.

Lassen wir das Firmenego einmal beiseite. Wann sollte eine Firma den Hausnamen benutzen und wann einen neuen wählen? (Sie können das Firmenego nicht wirklich mißachten. Versuchen Sie einmal General Electric zu überzeugen, ein neues Produkt nicht mit dem Namen GE zu versehen, und Sie werden das Ausmaß des Problems mit dem Firmenego sehr schnell kennenlernen.)

Ein Grund, warum sich die Prinzipien der Namenswahl so schwer fassen lassen, ist das Charles-Lindbergh-Syndrom.

Stoßen Sie als erster ins Gehirn vor, ist der Name praktisch egal.

Sind Sie aber nicht der erste, dann wandeln Sie am Rande des Abgrunds, wenn Sie nicht einen geeigneten Namen wählen.

Teilen und Siegen

Lassen Sie uns die Vorteile separater Namen durch einen Vergleich der Strategien von Procter & Gamble und Colgate-Palmolive verdeutlichen.

In der Produktpalette von Colgate-Palmolive findet man zahlreiche Hausnamen, wie etwa: Colgate Zahnpasta, Colgate Zahnbürsten, Palmolive Rapid Shave, Palmolive Spülmittel, Palmolive Seife.

In der Produktpalette von Procter & Gamble findet man keinerlei Hausnamen. Procter & Gamble positioniert jedes Produkt sorgsam, so daß es im Kopf eine eigene Nische besetzt. Zum Beispiel: Tide wäscht die Wäsche „weiß". Cheer wäscht sie „weißer". Und Bold läßt die Wäsche „strahlen".

Mit weniger Marken macht Procter & Gamble doppelt soviel Umsatz und fünfmal soviel Gewinn wie Colgate-Palmolive.

Während es an der Madison Avenue heutzutage Mode ist, über die Werbung von Procter & Gamble die Nase zu rümpfen, sollte man interessanterweise anmerken, daß Procter & Gamble jährlich mehr Gewinne macht als alle 6000 amerikanischen Werbeagenturen zusammen.

Ein neues Produkt braucht einen neuen Namen

Wenn ein neues Produkt auftaucht, ist es praktisch immer ein Fehler, ihm einen wohlbekannten Namen anzuhängen.

Der Grund dafür liegt auf der Hand. Ein wohlbekannter Name wurde wohlbekannt, weil er für etwas stand. Er besetzt eine Position im Kopf des Adressaten. Ein wirklich gut bekannter Name sitzt auf der obersten Sprosse einer ganz bestimmten Leiter.

Das neue Produkt braucht, wenn es Erfolg haben soll, eine neue Leiter. Neue Leiter, neuer Name. So einfach ist das.

Doch der Drang, sich an den wohlbekannten Namen zu halten, ist enorm. „Ein gut bekannter Name verfügt über eine automatische Akzeptanz. Unsere Kunden und Adressaten kennen uns und unsere Firma, und sie werden unser neues Produkt eher akzeptieren, wenn es unseren Namen trägt." Die Logik der Line Extension (Erweiterung der Produktlinie) ist überwältigend und manchmal nur sehr schwer zu widerlegen.

Doch die Geschichte hat diese Illusion zerstört.

Xerox zahlte fast eine Milliarde Dollar für Scientific Data Systems, eine gewinnbringende Computerfirma mit einem ausgezeichneten Namen. Dann, was tat Xerox? Natürlich änderte man den Namen der Firma von Scientific Data Systems in Xerox Data Systems.

Warum? Offenbar weil Xerox der bessere und bekanntere Name war. Und nicht nur besser bekannt; Xerox umgab ein Marketing-Nimbus. Als Senkrechtstarter unter den Firmen mußte Xerox einfach alles gelingen.

Das Prinzip der Wippe

Wenn Sie in den Kopf des Adressaten hineinschauen, werden Sie erkennen, was schiefging.

Die Ursache ist das Prinzip der Wippe. Ein Name kann nicht für zwei ganz verschiedene Produkte stehen. Geht eines nach oben, geht das andere hinunter.

Xerox bedeutet Kopierer, nicht Computer. (Wenn Sie zu Ihrer Sekretärin sagen, sie solle Ihnen eine Xeroskopie bringen, und sie mit einer Spule Magnetband zurückkommt, wären Sie sicher ärgerlich.)

Auch bei Xerox wußte man das. „Diese Xerox-Maschine kann keine Kopien machen“, war die Überschrift einer ihrer Werbeanzeigen für Computer.

Es war klar, daß jede Xerox-Maschine, die nicht kopieren konnte, Schwierigkeiten zu erwarten hatte. Als Xerox das Computergeschäft aufgab, mußte man noch zusätzlich 84,4 Millionen Dollar abschreiben.

Was ist Heinz? Heinz stand einmal für eingelegte Gurken. Heinz besaß die Position für eingelegte Gurken und hielt den größten Marktanteil.

Dann machte die Firma den Namen Heinz zum Begriff für Ketchup. Ebenfalls mit großem Erfolg. Heinz ist heute die Ketchup-Marke Nr. 1.

Was aber geschah auf der anderen Seite der Wippe? Ja, natürlich, Heinz verlor seine Führung bei eingelegten Gurken an Vlasic.

Für einen Erfolg hätte Xerox erreichen müssen, daß Xerox für Computer steht.

Ist das sinnvoll für eine Firma, die die Kopiererposition besitzt? Eine Firma, die den größten Teil ihres Umsatzes mit Kopierern macht?

Xerox ist mehr als ein Name. Xerox ist eine Position. Wie Kleenex, Hertz und Cadillac repräsentiert Xerox eine Position von enormem Langzeitwert.

Es ist schlimm genug, wenn ein anderer versucht, Ihnen Ihre Position streitig zu machen. Es ist tragisch, wenn Sie es selbst tun.

Anonymität ist ein Aktivposten

Ein Grund, warum Firmen ständig nach einem Freifahrtschein Ausschau halten ist: Sie unterschätzen den Wert der Anonymität.

In der Politik, im Marketing, im Leben ist Anonymität ein Aktivposten, der durch zuviel Publicity leicht vertan wird.

„Man kann einen Jemand nicht mit einem Niemand schlagen", lautet eine alte Politikerweisheit. Heute aber kann man.

Der rapide Aufstieg eines „Niemand" wie Gary Hart ist der Beweis, daß Politik heute nach anderen Regeln gespielt wird. Die alten Maximen gelten nicht mehr.

Richard Nixon ist vielleicht der bekannteste politische Name in der ganzen Welt. Aber praktisch jeder Niemand könnte ihn schlagen.

Publicity ist wie Essen. Nichts läßt den Appetit so schnell vergehen wie ein herzhaftes Mahl. Und nichts erschöpft das Publicitypotential eines Produkts oder einer Person annähernd so schnell wie eine Titelgeschichte in einer überregionalen Zeitschrift.

Die Medien sind ständig auf der Suche nach dem Neuen und anderen, dem frischen, jungen Gesicht.

Im Umgang mit den Medien müssen Sie Ihre Anonymität so lange bewahren, bis Sie bereit sind, sie auszuspielen. Und wenn Sie sie ausspielen, dann tun Sie das in großem Stil. Behalten Sie dabei stets im Auge, daß das Ziel nicht die Publicity oder Kommunikation selbst ist, sondern der Aufbau einer Position im Kopf des Adressaten.

Eine unbekannte Firma mit einem unbekannten Produkt hat durch Publicity weit mehr zu gewinnen als eine wohlbekannte Firma mit einem etablierten Produkt.

„In der Zukunft wird jeder für fünfzehn Minuten berühmt sein", sagte Andy Warhol einmal voraus.

Wenn Ihre fünfzehn Minuten gekommen sind, dann machen Sie das Beste aus jeder Sekunde.

Die Line-Extension-Falle

Als hervorstechendsten Einzeltrend in der Marketinggeschichte der letzten zehn Jahre wird man wohl Line-Extension nennen müssen. Line-Extension heißt, daß man den Namen eines etablierten Produkts nimmt und ihn für ein neues verwendet. (Die Fortführung der Freifahrtschein-Falle bis zur letzten Konsequenz.)

Dial-Seife. Dial-Deodorant.

Life Savers Bonbons. Life Savers Kaugummi.

Kleenex Papiertaschentücher. Kleenex Küchenpapier.

Line-Extension fegte durch Werbung und Marketing wie Napoleon durch Europa, aus einigen ganz handfesten Gründen.

Die Logik spricht für Line-Extension. Wirtschaftlichkeit. Akzeptanz beim Handel. Akzeptanz beim Verbraucher. Geringere Werbekosten. Höhere Einnahmen. Das Firmenimage.

Intern-extern-Denken

Die Logik spricht für Line-Extension. Die Tatsachen leider nicht.

Line-Extension ist das Ergebnis eines eindeutigen, sturen Intern-extern-Denkens. Etwa so:

„Wir machen Dial-Seife, ein großartiges Produkt, das den größten Marktanteil für Stückseife hält. Wenn unsere Kunden Dial-Deodorant sehen, wissen sie, daß es vom Hersteller der großartigen Dial-Seife kommt."

„Außerdem", und das ist der springende Punkt, „ist Dial eine Deo-Seife. Unsere Kunden erwarten daher, daß wir auch ein erstklassiges Deodorant herstellen." Kurz, wer Dial-Seife kauft, wird auch Dial-Deodorant kaufen.

Beachten Sie aber, wie sich die Argumentation ändert, wenn Line-Extension sich innerhalb derselben Produktkategorie abspielt.

Bayer „erfand" Aspirin und verkaufte diese führende Marke bei Schmerzmitteln viele Jahre lang. Der Erfolg, den Tylenol mit der „Anti-Aspirin"-Methode hatte, konnte den Leuten bei Bayer nicht verborgen bleiben.

Also führte Bayer ein Acetaminophenon-Produkt namens „Bayer Non-Aspirin" ein. (Acetaminophenon trägt in Deutschland die Bezeichnung Paracetamol, d. Übs.) Man nahm an, daß Käufer von Tylenol und anderen Acetaminophenon-Produkten nun wieder zu Bayer, der führenden Schmerzmittelmarke, wechseln würden. Doch beide Strategien schlugen fehl.

Dial hat einen großen Marktanteil bei Seifen und einen sehr kleinen bei Deodorants.

Und Bayer Non-Aspirin kam nie über einen winzigen Anteil am Markt für Acetaminophenon-Produkte hinaus.

Extern-intern-Denken

Betrachten wir Line-Extension einmal aus der Sicht des Adressaten.

Sowohl Dial als auch Bayer besitzen im Gehirn des Adressaten starke Positionen. Aber was heißt denn, im Gehirn eine starke Position zu besitzen? Einfach dies: Der Markenname ersetzt den Gattungsbegriff.

„Wo ist das Bayer?“

„Gib mir mal die Dial rüber.“

Je stärker die Position, desto häufiger findet dieser Austausch statt. Manche Markennamen sind so stark, daß sie praktisch zum Gattungsbegriff geworden sind. Fiberglas, Formica, Jell-O, Kleenex, Band-Aid, Sanka.

Solche Markennamen bewegen sich freilich hart an der Grenze und sind mit Vorsicht zu handhaben, oder der Staat nimmt Ihnen Ihre Bonbons weg.

Von der Kommunikation her ist so ein Markenname, der zum Gattungsbegriff geworden ist, sehr effizient. Ein Wort steht für zwei. Wenn Ihr Markenname das erreicht hat, können Sie die Marke ignorieren und für die ganze Kategorie werben.

„Kaffee hält Sie wach? Trinken Sie Sanka.“

„Servieren Sie Ihrer Familie Jell-O mit wenig Kalorien anstatt Torte oder Kuchen.“

Vom Adressaten her gesehen, läuft Line-Extension der Position eines solchen „Gattungs-Markennamens“ zuwider. Sie verwischt die scharf umrissene Vorstellung, die der Adressat mit dem Markennamen verbindet. Er kann nicht mehr „Bayer“ sagen, wenn er Aspirin haben will. Oder Dial für Seife.

In gewisser Weise macht Line-Extension dem Adressaten bewußt, daß Bayer nichts anderes ist als ein Markenname. Sie zerstört die Illusion, Bayer sei eine bessere Form von Aspirin. Oder Dial sei eine Deo-Seife und nicht nur ein Markenname für eine Deo-Seife.

JCPenney und DieHard

Tatsächlich wird keineswegs das Produkt, sondern der „Name“ des Produkts in das Gehirn des Adressaten eingehämmert. Dieser Name dient dem Adressaten dann als Haken, um Produktattribute daran aufzuhängen.

Wenn also die Autobatterie DieHard heißt und Sears behauptet, sie halte vier Jahre, dann haben Sie einen Haken, an dem Sie die Vorstellung von Haltbarkeit aufhängen können (da das englische DieHard schon auf Haltbarkeit hinweist). Heißt die Batterie aber JCPenney und der Händler erzählt Ihnen, sie brauche niemals Wasser, haben Sie nur einen sehr schwachen Haken (JCPenney) für dieses Merkmal.

Physisch gesehen ist der Name wie die Spitze eines Messers. Er öffnet das Gehirn, so daß die Botschaft eindringen kann. Mit dem richtigen Namen füllt das Produkt das Creneau und hält es besetzt.

Aber warum hat JCPenney die Batterie JCPenney genannt? Wahrscheinlich hätten sich andere Worte wie DieHard finden lassen, die mehr vermitteln.

Wenn Sie das „Intern-extern“-Denken anwenden, werden Sie leicht erkennen, warum. „Wir sind die Firma JCPenney. Wir genießen bei Käufern aller Art, einschließlich Batteriekäufern, ein hohes Ansehen. Wir geben dem Produkt unseren eigenen Namen, damit jeder sofort weiß, daß es von uns kommt und ein außerordentlich gutes Produkt ist.“

Dann der springende Punkt. „Wenn die Batterie JCPenney heißt, weiß der potentielle Kunde, wo er sie bekommt.“

„Glänzend überlegt, J. C.“ Und eine weitere logische Intern-extern-Entscheidung ist gefallen.

Doch von der anderen Seite aus ergibt der Name keinen Sinn, da das Gehirn des Adressaten anders organisiert ist. Der Adressat denkt produktorientiert.

Es sollte daher kaum überraschen, daß DieHard bezüglich der Markenpräferenz (der Batterieleiter im Kopf des Adressaten) Rang 1 einnimmt und JCPenney viel weiter unten rangiert.

Aber verkauft eine große Kaufhauskette wie JCPenney nicht eine Menge Batterien? Freilich, aber wie jeder weiß, werden viele Produkte mit dem falschen Namen „trotzdem" verkauft und nicht „wegen".

Hat andererseits der potentielle Kunde nicht Schwierigkeiten, sich zu merken, daß man die DieHard-Batterie nur bei Sears kaufen kann? Ja, das ist ein Problem für Sears, da eventuell nicht jeder, der vielleicht eine DieHard kaufen will, diesen Zusammenhang herstellen wird. Dennoch ist es besser, zuerst eine Position im Kopf des Adressaten zu etablieren und sich dann darüber Gedanken zu machen, wie man sie mit dem Vertrieb im Handel verbindet.

Beim Positioning ist die kürzeste Verbindung zwischen zwei Punkten nicht immer die beste Strategie. Der offensichtlichste Name ist nicht immer der beste.

Für den Erfolg ist Intern-extern-Denken das größte Hindernis, Extern-intern-Denken die beste Hilfe.

Zwei Arten, den Namen zu betrachten

Verbraucher und Hersteller haben völlig verschiedene Sichtweisen.

Würden Sie glauben, daß Coca-Cola für die Leute in Atlanta kein Getränk ist? Für den, der an der Herstellung mitwirkt, ist Coca-Cola eine Firma, ein Markenname, eine Institution und ein großartiger Arbeitsplatz.

Für den Verbraucher dagegen ist Coca-Cola ein süßes, dunkles, kohlensäurehaltiges Getränk. Was er im Glas hat, ist Coke, nicht ein Cola-Getränk, hergestellt von einer Firma namens Coca-Cola.

Die Tabletten in der Aspirin-Flasche sind Bayer. Nicht Aspirin, hergestellt von einer Firma, die Bayer heißt. (Der Firmenname ist freilich Sterling Drug, nicht Bayer. Man hätte daher Bayer Non-Aspirin ganz genauso logisch Sterling Non-Aspirin nennen können.)

Die große Stärke eines Gattungs-Markennamens ist seine große Nähe zum Produkt selbst; er wird mit dem Produkt identifiziert. Im Kopf des Adressaten ist Bayer gleich Aspirin, und jede andere Aspirin-Marke wird zu einer „Bayer-Imitation“.

Der Coca-Cola-Slogan „Das Echte“ nutzt die Neigung des Adressaten aus, das erste Produkt auf ein Podest zu stellen und die Ich-auch-Produkte gegenüber dem Original als irgendwie minderwertig zu betrachten.

Wenn kein Coke oder Kleenex oder Bayer verfügbar ist oder andere Marken billig genug angeboten werden, wird der Kunde vielleicht zu einer anderen Marke greifen. Doch wird Bayer weiterhin eine starke Position im Kopf einnehmen.

Beachten Sie aber, was geschieht, wenn derselbe Kunde aufgefordert wird, ein Produkt mit dem Namen „Bayer Non-Aspirin“ zu kaufen. Wenn Bayer gleich Aspirin ist, wie kann Bayer zugleich Non-Aspirin sein?

Bayer Aspirin mit Langzeitwirkung, Bayer schleimhautabschwellende Erkältungstabletten, Bayer Non-Aspirin Schmerzmittel. Jede Erweiterung der Linie Bayer untergräbt die Aspirin-Position der Marke.

Wie zu erwarten, zeigt Bayers Marktanteil bei Schmerzmitteln fortlaufend fallende Tendenz.

Was ist ein Protein 21?

Das vielleicht klassische Beispiel für die Line-Extension-Falle ist das Schicksal von Protein 21 Shampoo.

Vor einigen Jahren führte die Firma Mennen ein kombiniertes Shampoo (Shampoo und Spülung in einem) mit dem Namen Protein 21 ein. Das Produkt eroberte schnell 13 Prozent des Shampoo-Marktes.

Dann konnte man bei Mennen der Verlockung der Line-Extension nicht mehr widerstehen. In schneller Folge führte die Firma Protein 21 Haarspray in den Varianten normal und extrastark und parfümiert und unparfümiert ein. Dazu Protein 21 Kurspülung (in zwei Varianten) und Protein 21 Konzentrat. Und damit ganz sicher niemand mehr weiß, was er auf sein Haar tun soll, verkauft Mennen auch Protein 29. Für Männer.

Kein Wunder, daß der Marktanteil von Protein 21 von dreizehn auf zwei Prozent gefallen ist. Und der Rückgang dauert an.

Doch so unglaublich es auch scheinen mag, Line-Extension ist bei Fertigwaren weiter auf dem Vormarsch.

Was ist ein Scott?

Nehmen wir die Position von Scott bei Papierprodukten. Scott hält den Löwenanteil des Milliarden-Dollar-Markts für Tücher, Servietten, Toilettenpapier und andere Verbrauchsgüter aus Papier. Doch Scott war genau da schwach, wo man sich für stark hielt.

ScotTowels, ScotTissue, Scotties, Scotkins, sogar BabyScott Windeln. All diese Namen unterminieren das Fundament von Scotts Marktstellung. Je mehr Produkte am Namen Scott hängen, desto weniger sagt der Name dem Verbraucher.

Nehmen wir zum Beispiel ScotTissue. ScotTissue war die

Marke Nr. 1 auf dem Markt für Toilettenpapier. Dann traten Mr. Whipple und seine Klorollenzerknautscher von Procter & Gamble auf den Plan (bezieht sich auf eine Werbekampagne von P & G, d. Übs.). Jetzt ist ScotTissue zweiter hinter Charmin.

Im Fall von Scott bedeutete ein größerer Anteil am Markt nicht, daß man auch die Position besaß. Wichtiger ist ein größerer Anteil am Gehirn. Der Verbraucher konnte „Charmin, Kleenex, Bounty und Pampers" auf seine Einkaufsliste schreiben, und wir hätten genau gewußt, welche Produkte er einkaufen wollte. „Scott" auf einer Einkaufsliste dagegen sagt nichts.

Auch die eigentlichen Markennamen sind keine große Hilfe. Welche Marke ist zum Beispiel für die Nase, Scotties oder ScotTissue?

Aus der Sicht des Positioning hängt Scott in der Luft. Der Name ist an keiner Produktleiter fest verankert.

Bei Scott hat man erkannt, daß man sich auf dem Holzweg befindet. Viva Küchentücher, eine Scott-Marke, gehen ausgezeichnet. Und gleiches gilt für Cottonelle Toilettenpapier.

Was ist ein Life Saver?

Life Savers Kaugummi ist ein weiteres Beispiel für Line-Extension, die ins Nichts führte.

Wiederum spricht die Logik für Line-Extension. In einem Artikel in der *New York Times* erläuterte der Vizepräsident von Life Savers die Strategie:

„Nach meiner Überzeugung verbessert es die Chancen, wenn man einen bereits bestehenden starken Namen auf ein neues Produkt mit ähnlichen Attributen überträgt."

Dann erläuterte er die Eigenschaften von Life Savers Bonbons: „Unser Dialog mit dem Verbraucher weist darauf hin, daß der Markenname Life Savers mehr an Bedeutung transportiert als nur ‚Das Bonbon mit dem Loch'. Er steht auch für exzellentes Aroma, besonderen Wert und zuverlässige Qualität."

Nicht ganz. Wie viele Leute würden auf die Frage „Welcher Markenname steht für exzellentes Aroma, besonderen Wert und zuverlässige Qualität?" antworten „Life Savers"? Niemand.

Was aber, wenn Sie die Leute fragten: „Wie heißt das Bonbon mit dem Loch?" Die meisten würden antworten: „Life Savers."

Was geschah also mit Life Savers Kaugummi? Das Produkt erreichte nie mehr als einige Prozent Marktanteil. Eine jener Marken, die man nicht mehr sieht, weil man sie in aller Stille verschwinden ließ.

Wie die Fernsehwerbung zu sagen pflegte: „Ein großartiges Produkt, aber wo ist das Loch?"

Das Loch freilich ist überhaupt nicht im Produkt, sondern in der Marketing-Strategie.

Ironischerweise hat Life Savers Inc. einen großen Erfolg auf dem Gebiet der Kaugummis. Genauer auf dem Gebiet des Bubble Gum.

Nein, nicht mit Life Savers Bubble Gum.

Das Produkt heißt Bubble Yum. Die erste Marke eines „Soft-Bubble-Gum". (Der Vorteil, der erste zu sein, plus des Vorteils, nicht mit Line-Extension zu arbeiten.)

Bubble Yum ist ein durchschlagender Erfolg. Die Verkaufszahlen liegen bereits höher als die von Life Savers Bonbons.

Bubble Yum ist nicht nur die meistverkaufte Marke Bubble Gum, sie dürfte sogar zur meistverkauften Kaugummimarke überhaupt werden.

Was ist eine Eveready?

Viele Firmen geraten in Schwierigkeiten, sobald neue Technologien für Unruhe sorgen.

Eveready, ein Produkt von Union Carbide, beherrschte den Markt für Batterien, als diese hauptsächlich in Taschenlampen eingesetzt wurden. Dann kam der Transistor und mit ihm eine Schar von Produkten, darunter Tonbandgeräte und leistungsfähigere Radios. Und natürlich die ausdauernderen Alkalibatterien.

P. R. Mallory erkannte die Chance und brachte die Duracell Alkalibatterie in einem markanten schwarz-goldenen Gehäuse auf den Markt.

Die Leute bei Union Carbide hielten gar nichts von einem neuen Namen. „Wir haben schon den besten Namen in der Batteriebranche", sagten sie.

Doch um auf Nummer Sicher zu gehen, ahmte man bei Union Carbide die Schwarz-Gold-Farbkombination von Duracell nach. Und hob das Wort „Alkalibatterie" deutlicher hervor als den Markennamen Eveready.

Auf der Duracell steht lediglich fett gedruckt Duracell. Alkalibatterie ist hier überflüssig, weil Duracell Alkalibatterie bedeutet.

Das freilich ist die Essenz des Positioning. Den Markennamen zur allgemeinen Produktbezeichnung zu machen. So daß der potentielle Kunde häufig den Markennamen verwendet, wenn er von dem Produkttyp spricht.

Schließlich gab man bei Union Carbide auf und beschloß, es Duracell gleichzutun. Aus der Eveready Alkalibatterie wurde der „Energizer", der Duracell schließlich einen guten Kampf für sein Geld liefert.

Line-Extension erscheint so sehr intuitiv richtig, daß eine Firma nach der anderen in die Falle geht. Beispiele gibt es zuhauf. Sie bilden eine Geschichte der verpaßten Gelegenheiten.

Der 100-mm-Reinfall

Wie heißt die erste extra lange 100-mm-Zigarette?

Benson & Hedges, nicht wahr? Das ist die bekannteste und meistverkaufte 100-mm-Marke.

Der Slogan „Die Nachteile der Benson & Hedges" startete die Marke und brannte den Namen ins Gehirn des Zigarettenrauchers.

Benson & Hedges wurde zur ersten, zur originalen 100-mm-Zigarette, zum Erfinder der 100-mm-Idee.

Aber freilich war Benson & Hedges das nicht. Die erste 100-mm-Zigarette war Pall Mall Gold, aber Pall Mall ging in die Line-Extension-Falle.

Dann trat Benson & Hedges auf den Plan und besetzte die Position der extra langen Zigarette als erster.

Vielleicht glauben Sie, daß die verpaßte Chance mit Pall Mall Gold abschreckend gewirkt hat.

Nichts dergleichen. Wie schon gesagt, spricht die Logik überwältigend zugunsten der Line-Extension.

Und so gibt es jetzt Pall Mall Menthol, Pall Mall Extra Mild und Pall Mall Light 100. Das Durcheinander hat dem Absatz der Basismarke Pall Mall geschadet.

Nehmen wir zum Beispiel Pall Mall Menthol. Die Marke kam nie über sieben Prozent des Volumens von Kool hinaus.

1964 war Pall Mall die Zigarettenmarke Nr. 1 in den Vereinigten Staaten.

1965 vollzog Pall Mall zum ersten Mal Line-Extension. Und man rutschte auch nach Verkaufszahlen auf den zweiten Platz ab. Seitdem ging Pall Malls Anteil am amerikanischen Zigarettenmarkt Jahr für Jahr zurück.

Von 14,4 Prozent im Jahr 1964 auf 3,8 Prozent heute.

Die Logik der Line-Extension bei Zigaretten müßte eigentlich in beiden Richtungen funktionieren. Die regulären Marken repräsentieren den größeren Marktanteil. Würden Sie daher eine Kool ohne Menthol einführen?

Natürlich nicht. Kool war die erste Menthol-Zigarette. Kool steht für Menthol-Zigaretten. Wie Bayer für Aspirin.

Ein gut sortiertes Tabakwarengeschäft führt heute deutlich über 100 verschiedene Marken (einschließlich der Line-Extensions) einer Industrie, die um die 175 Marken produziert. Das hält man im Kopf nicht aus.

Natürlich haben die beiden führenden Marken, Marlboro und Winston, längst ebenfalls Line-Extensions in Richtung Light, 100 mm und Menthol vorgenommen. Kann man daher theoretisch erwarten, daß Marlboro und Winston ebenfalls den Weg von Pall Mall gehen werden? Vielleicht. Aber unter den Blinden ist der Einäugige König.

Welche Marken sollen den Führer herausfordern? Praktisch alle größeren Zigarettenmarken haben ihre Produktlinien bis zum Geht-nicht-mehr erweitert.

Das Durcheinander bei Maiskeimöl

Wie heißt die erste Margarine aus Maiskeimöl?

Fleischmann's ist die führende und nach Verkaufszahlen stärkste Marke bei Maiskeimölmargarine.

Doch die erste Margarine aus Maiskeimöl war Mazola. Ein klassisches Beispiel dafür, wie Logik in die Irre führen kann.

Mazola war der Name für die führende Marke Maiskeimöl. Was könnte logischer sein, als den Namen Mazola auch für eine Margarine aus Maiskeimöl zu verwenden? Der Rest ist Geschichte.

Fleischmann's ist heute die Marke Nr. 1.

Seltsamerweise ist Fleischmann's Margarine genaugenommen ebenfalls durch Line-Extension entstanden. Erinnern Sie sich an

Fleischmann's Backhefe? Zum Glück für Fleischmann's tun das die wenigsten, weil heute kaum jemand mehr sein eigenes Brot bäckt.

Und dann gibt es von derselben Firma noch Fleischmann's Gin, Wodka und Whisky. Doch der geistige Abstand zwischen einem hochprozentigen Getränk und Margarine ist groß und die verwirrende Wirkung daher minimal. (Wer würde ernsthaft glauben, daß Cadillac Hundefutter ein Produkt von General Motors ist?)

Der Coup in der Kaffeetasse

Eine andere verpaßte Gelegenheit spielte sich bei gefriergetrocknetem Kaffee ab. Heute ist Taster's Choice die führende und meistverkaufte Marke.

Wie aber hieß der erste gefriergetrocknete Kaffee? Maxim. Warum ist dann nicht Maxim die Marke Nr. 1? Das ist eine Geschichte von Raffinesse und Courage, die man vielleicht etwas genauer erzählen sollte.

Mit der Marke Maxwell House besaß General Food den Kaffeemarkt. Die Firma hatte den größten Marktanteil und verdiente das meiste Geld. Dann erfand sie ein neues Verfahren und damit den gefriergetrockneten, sofortlöslichen Kaffee.

Auf den ersten Blick schien General Food damit die Möglichkeit in der Hand zu haben, den Marktanteil bei Kaffee zu vergrößern.

Oder etwa nicht?

Der Eröffnungszug von General Food brachte gute Neuigkeiten für die Konkurrenz. Mit dem Namen Maxim, einem Ableger des Namens Maxwell House, wurde die Firma plötzlich verwundbar. (Maxim, Maxwell, verstehen Sie? Die meisten Leute verstanden es nicht.) Maxim ist ein Wort ohne Bedeutung und suggeriert keinerlei Vorteil.

Der Konterangriff von Nestlé hieß Taster's Choice. Nicht allein die Namenswahl war ein strategisches Meisterstück, sondern auch die Werbung von Nestlé war beinahe ebenso perfekt.

„Schmeckt wie Bohnenkaffee", hieß es in den Anzeigen für Taster's Choice.Das hob die Marke des gefriergetrockneten Kaffees auf eine Qualitätsstufe mit Bohnenkaffee.

So landete Taster's Choice seinen Coup in der Kaffeetasse. Trotz der Tatsache, daß General Food die Kategorie „gefriergetrocknet" erfunden hatte und als erster die Szene betrat, übertrifft Taster's Choice die Marke Maxim umsatzmäßig 2 zu 1.

Die Flatterfinger-Affäre

Eine weitere verpaßte Gelegenheit nennt man in der Handlotion-Branche die „Flatterfinger-Affäre". Die Geschichte beginnt mit Jergens, der Marke Nr. 1 mit einem beherrschenden Marktanteil.

Zunächst brachte die Firma Jergens Extra Dry heraus, ein cremeartiges Produkt unter damals lauter eher flüssigen Lotionen. Jergens Extra Dry war tatsächlich eine bedeutsame Neuerung, die aber wegen der Namensähnlichkeit nicht die entsprechende Aufmerksamkeit fand. Der Adressat erkannte den Unterschied nicht.

Wohl aber die Konkurrenz.

Cheseborough-Pond's führte Intensive Care ein. Jetzt hatte die neue cremeartige Lotion erstmals einen Namen, der sie deutlich im Kopf des Verbrauchers positionierte. Und das Produkt kam an.

Als man bei Jergens erkannte, was vorging, konterte man natürlich mit einer Marke namens Direct Aid.

Aber das war die alte Geschichte von zu wenig und zu spät, denn der Marketing-Sieg ging an Intensive Care. Heute ist Intensive Care die führende Marke.Sie übertrifft nach Verkaufszahlen Jergens, Jergens Extra Dry und Direct Aid zusammen.

Aber heißt die Marke in Wirklichkeit nicht „Vaseline Intensive Care", ein Line-Extension-Name?

Stimmt, aber die Käufer nennen das Produkt Intensive Care, nicht Vaseline. Unter Vaseline stellt sich der Adressat „Petroleum-Gelee" vor; Intensive Care ist eine Handlotion.

Line-Extension umgekehrt

Während Line-Extension meist ein Fehler ist, kann das Vorgehen in umgekehrter Richtung durchaus funktionieren. Statt Line-Extension umgekehrt könnte man auch sagen „Verbreitern der Basis". Eines der besten Beispiele dafür ist das Baby-Shampoo von Johnson.

Die Firma warb mit der besonderen Milde des Produkts auch auf dem Shampoo-Markt für Erwachsene und machte Johnson's Baby Shampoo zu einer der führenden Shampoo-Marken für Erwachsene.

Beachten Sie die besonderen Merkmale dieser Strategie des „Verbreiterns der Basis": dasselbe Produkt, dieselbe Verpakkung, dasselbe Etikett. Nur die Anwendung ist neu.

Hätte Johnson & Johnson dagegen nach der Methode Line-Extension das Produkt als Johnson's Shampoo für Erwachsene eingeführt, wäre der Erfolg nicht annähernd so groß gewesen.

Ein weiteres Beispiel für das Verbreitern der Basis ist Blue Nun, ein Weißwein, für den mit der Aussage „gleichermaßen gut zu Fleisch wie zu Fisch" geworben wird.

Aber sind das nicht Beispiele für die „Jedermann-Falle"? Nicht ganz. Johnson's Baby-Shampoo ist das erste und einzige Baby-Shampoo, für das auch als Produkt für Erwachsene geworben wird. Und Blue Nun ist der einzige Weißwein, den man in der Werbung als „gleichermaßen gut zu Fleisch und Fisch“ darstellt.

Sollten andere Marken dasselbe versuchen, wären sie auch nicht annähernd so erfolgreich wie diese beiden.

Und dann gibt es noch Arm & Hammer Backpulver, für das man auch als Mittel gegen Gerüche in Kühlschrank und Abfluß wirbt. Ebenfalls mit großem Erfolg. Doch was wäre geschehen, hätte dieselbe Firma nach der Methode Line-Extension ein Arm & Hammer Backpulver-Deodorant herausgebracht.

Sehr wenig. Wie Phyllis Diller sagt: „Es wirkt nur, wenn Sie im Kühlschrank stehen.“

13 Wann Line-Extension funktionieren kann

Line-Extension ist populär. Kein Zweifel.

Es gab einmal eine Zeit, da hießen Profimannschaften für Baseball, Football, Basketball und Tennis im New Yorker Raum die Mets, Jets, Nets und Sets.

Die Wettbüros in der Stadt klebten Plakate mit „The New York Bets“ (bet = Wette). Hätte die Stadt eine Turnermannschaft gehabt, hätte man sie wahrscheinlich die „New York Sweats“ genannt (sweat = Schweiß).

Und warum hier aufhören? Eine Straßenbande könnte „The New York Ghetts“, die Stadtplaner „The New York Debts“ heißen (debts = Schulden).

Glücklicherweise scheint sich der Trend umzukehren. Das Tennisteam wechselte seinen Namen von „The New York Sets“ zu „The New York Apples“.

Kurzfristige Vorteile

Einer der Gründe für die fortdauernde Popularität der Line-Extension sind gewisse kurzfristige Vorteile dieser Strategie.

Nehmen wir an, in New York sollte ein Profi-Schwimmteam gegründet werden. „Hier kommen The Wets“ wäre eine typische Schlagzeile, die das Ereignis in der Zeitung ankündigt. Mit dem einen Wort „Wets“ (die „Nassen“) wüßte man, (1) es handelt sich um eine professionelle Sportmannschaft (2) im New Yorker Stadtgebiet, die (3) etwas mit Wassersport zu tun hat.

Doch das gilt nur kurzfristig. Wenn die ersten Ankündigungen im Gedächtnis verblassen, setzt Verwirrung ein.

Gibt es wirklich ein Schwimmteam namens „The Wets“? Oder habe ich sie mit der Basketballmannschaft „The Nets“ verwechselt? Oder haben wir nicht ein Tennisteam „The Sets“? Moment, langsam, „The Nets“ änderten ihren Namen zu „The Apples“. Oder sind es vielleicht doch „The Sets“, die jetzt „The Apples“ heißen? Da der Line-Extension-Name mit dem ursprünglichen Namen in Beziehung steht, löst er blitzartig Verständnis aus. „Ah ja, Diät-Coca-Cola.“

Ebenso erzeugt er sofort einen blitzartigen Anstieg der Verkaufszahlen. Wenn Alka-Seltzer ein neues Produkt wie Alka-Seltzer Plus ankündigt, deckt sich jeder damit ein. Zwar sind das nicht unbedingt die Verbraucher, auf jeden Fall aber die Händler.

Die ersten Verkaufszahlen sehen also vielversprechend aus. (Ware im Wert von nur 35 Dollar pro Supermarkt schlägt als eine Million Dollar Umsatz zu Buche.) In den ersten sechs Monaten, solange Sie die Vertriebskanäle füllen, sieht das Geschäft glänzend aus. Wenn dann aber die Nachbestellungen ausbleiben, wird es auf einmal finster.

Langfristige Nachteile

Nach dem ersten Erkennen einer Line-Extension-Marke ist der Adressat nie ganz sicher, ob es ein solches Produkt wirklich gibt.

Schlitz Light, Pall Mall Extra Mild, Jergens Extra Dry. Derartige Markennamen gleiten mühelos ins Gehirn (und wieder hinaus). Auf der Seite des Adressaten verlangen sie praktisch keinerlei geistige Anstrengung.

Wie gewonnen, so zerronnen. Line-Extension-Namen werden leicht wieder vergessen, weil sie keine unabhängige Position im Kopf besitzen. Sie sind Satelliten des ursprünglichen Markennamens. Ihre einzige Wirkung ist, die Position des ursprünglichen Namens zu verwässern. Nicht selten mit katastrophalen Folgen.

Damals in den dreißiger Jahren warb die Ralston Purina Company im Radio für „Ralston 1, 2, 3“. Eins war Shredded Ralston. Zwei war Regular Ralston. Drei war Instant Ralston.

Eins, zwei, drei, sie sind alle verschwunden.

Und der legendäre David Ogilvy schrieb sich die Finger wund mit Werbung, die Rinso White und Rinso Blue unter einen Hut bringen sollte.

Sara Lee versuchte, mit Produkten wie Sara Lee Chicken & Noodles Au Gratin und Sara Lee Beef & Pepper Stew in den Markt für gefrorene Fertigmahlzeiten vorzustoßen.

Sara Lee besitzt die Dessert-Position. Jeder mag Sara Lee, aber es gab eine Menge Leute, die Huhn & Nudeln au gratin nicht mochten. Und es nicht kauften. Besonders, wenn Sara Lee darauf stand.

Also kehrten die Köche von Sara Lee dem Geschäft mit Tiefkühlmenüs wieder den Rücken. Nachdem man etwa acht Millionen Dollar in das Projekt gesteckt hatte.

Praktisch jeder hat es mit Line-Extension probiert. *Saturday*

Review Magazine versuchte, die Zeitschrift in vier verschiedenen Varianten herauszubringen – *The Arts, Science, Education, The Society*. Ein Verlust von 17 Millionen Dollar.

Levi Strauss und Brown Shoe versuchten, man möchte es nicht glauben, „Levi's für die Füße“ zu starten. Levi ist mit großem Abstand der Marktführer bei Jeans, diesmal aber traten sie in den Rasen.

Dann gibt es noch Avis Blumen, Zenith Uhren, Old Grand-Dad Tabak, Bic Strumpfhosen, Kleenex Windeln.

Und auch Wein von Pierre Cardin. Natürlich roten und weißen. Und Chanel für Männer.

„Zwei“ ist scheinbar ein beliebtes Line-Extension-Konzept. Da gibt es Alka-2, Dial 2, Sominex 2 und „Der weiße Hai 2“. (Kaum je hat eine Filmfortsetzung das Einspielergebnis des Originals erreicht.)

Sogar Werbeagenturen machten auf „Zwei“. Ogilvy & Mather 2, Doyle Dane Bernbach 2, N. W. Ayer 2 und Grey 2, um nur ein paar Zweier zu nennen.

Doch die schockierendste Ankündigung kam von Procter & Gamble. Nachdem man dem Line-Extension-Fimmel jahrzehntelang widerstanden hatte, führte P&G mit einem Aufwand von 50 Millionen Dollar Tide flüssig ein. „Wir erwarten, daß Tide flüssig zur Nr. 1 unter den flüssigen Waschmitteln wird“, sagte ein Sprecher von P&G.

Doch dürfte Tide flüssig den Marktführer Wisk kaum gefährden. Obendrein wird das neue Produkt mit Sicherheit den Marktanteil von Tide Waschpulver anfressen.

Der Test mit der Einkaufsliste

Der klassische Test auf Line-Extension ist die Einkaufsliste.

Schreiben Sie einfach die Marken, die Sie einkaufen wollen, auf einen Zettel, und schicken Sie dann Ihren Gatten oder Ihre Gattin damit in den Supermarkt: Kleenex, Bayer und Dial.

Das ist noch ganz einfach. Die meisten Ehemänner oder -frauen kämen mit Kleenex Kosmetiktüchern, Bayer Aspirin und Dial Seife zurück.

Line-Extensions wie Kleenex Küchentücher, Bayer Non-Aspirin und Dial Antitranspirant haben die Positionen der ursprünglichen Marken noch nicht zerstört.

Wie wäre es mit dieser Liste: Heinz, Scott, Kraft.

Wird Ihr Gatte oder Ihre Gattin Heinz eingelegte Gurken oder Ketchup (oder vielleicht Babynahrung) zurückbringen? Scott Kosmetiktücher oder Küchentücher? Kraft Käse, Mayonnaise oder Salat-Dressing?

Die Verwirrung, die sich ergibt, wenn ein Name für mehrere Produkte steht, saugt Marken wie Scott und Kraft langsam, aber sicher das Mark aus den Knochen.

Wie ein Stern, nachdem er sich zum Roten Riesen aufgebläht hat, endet die Marke schließlich als ausgebrannter Zwerg. Als überdimensionaler Marketing-Flop. Line-Extension ist so tückisch, weil die Krankheit erst nach vielen Jahren ihre Opfer fordert. Nach vielen Jahren des langsamen Dahinsiechens.

Nehmen Sie Kraft. Ein berühmter Name, der an Line-Extension im Endstadium leidet.

Was ist Kraft? Kraft ist alles und doch nichts. In fast keiner Kategorie ist Kraft die Marke Nummer eins. Bei Mayonnaise ist Kraft zweiter hinter Hellmann's. Bei Salat-Dressing ist Kraft zweiter hinter Wishbone.

Stellt Kraft in einer Kategorie die führende Marke, nennt man sie nicht Kraft.

Bei Frischkäse ist Philadelphia vorn, nicht Kraft.

Bei Eiscreme ist es Sealtest, nicht Kraft.

Bei Margarine ist es Parkay, nicht Kraft.

Wo bleibt die Stärke des Namens Kraft? Er ist zu diffus. Kraft heißt alles und nichts. Line-Extension ist eine Schwäche, keine Stärke.

Wie steht es mit Käse? Sicherlich ist Kraft ein starker Name bei Käse. Das stimmt.

„Amerika", so sagt die Werbung, „buchstabiert Käse K-R-A-F-T." Fürchterliches Buchstabieren und fürchterliche Strategie.

Beim Marketing ist es wie beim Sport. Der Sieger ist nicht unbedingt der Beste. Es kommt ganz darauf an, was die anderen in dem Wettbewerb können. In einer Trostrunde ist der Sieger der Beste der Schlechtesten. In einem Finale ist der Beste wirklich der Beste.

Kraft hat bei Käse Erfolg. Nun nennen Sie einmal alle anderen Käsemarken, die Sie kennen.

Kraft ist Sieger in einer Trostrunde.

Wo es keine oder nur schwache Marken gibt, können Sie Line-Extension betreiben. Doch sobald starke Konkurrenz auftaucht, sind Sie in Schwierigkeiten.

Der Barkeeper-Test

Neben dem Test mit der Einkaufsliste gibt es noch den Barkeeper-Test. Was bekommen Sie, wenn Sie ein Getränk mit dem Markennamen bestellen?

Bei „J & B on the rocks" sollten Sie Scotch erhalten. Ein „Beefeater Martini" sollte mit Gin zubereitet sein. Und auf „Eine Flasche Dom Perignon, bitte!" wird man Ihnen zweifelsfrei Champagner bringen.

Wie steht es aber mit der Bestellung „Cutty on the rocks"?

Natürlich bekommen Sie Scotch, aber welchen? Cutty Sark oder den teureren, zwölf Jahre alten Cutty 12?

Cutty 12 ist ein typisches Beispiel für Denken in der verkehrten Richtung. Man kombiniere einen wohlbekannten Namen (Cutty) mit einem beschreibenden Adjektiv (12). Sehr logisch aus der Sicht der Brennerei. Wie aber erscheint das aus der Sicht des Konsumenten?

Wenn Sie „Chivas on the rocks" bestellen, weiß jeder, daß Sie das Beste wollen. Chivas Regal.

Wenn Sie Cutty 12 haben möchten, können Sie nicht einfach sagen „Cutty". Und wenn Sie das „12" hinzufügen, wissen Sie nie genau, ob der Mann hinter der Bar oder, was genauso wichtig ist, die Leute um Sie herum die „12" gehört haben.

Auch ist die Werbung für Cutty 12 nicht gerade hilfreich für die ursprüngliche Marke Cutty Sark. Sie erinnert den Cutty-Sark-Trinker ständig daran, daß er ein Produkt minderer Qualität konsumiert.

Cutty 12 stieg nach Chivas Regal in das Spiel ein. Es war also ohnehin nicht viel zu erwarten. Doch gab es lange vor Chivas eine Marke zwölf Jahre alten Scotsch-Whiskys auf dem amerikanischen Markt.

Johnnie Walker Black Label.

Heute freilich liegt Chivas nach Verkaufszahlen ganz beträchtlich vor Johnnie Walker Black Label.

„Einen Johnnie Walker mit einem Spritzer Soda bitte."

„Black Label oder Red Label, mein Herr?"

„Aaaach ... zum Teufel damit. Geben Sie mir einen Chivas."

Cutty 12 und Johnnie Walker Black Label sind Beispiele für Line-Extension nach oben. Das führt gewöhnlich zu schwächlichen Verkaufszahlen in der Kategorie mit dem höheren Preis. (Wer zahlt gern mehr für einen billigen Namen?)

Was ist ein Packard?

Line-Extension nach unten ist gerade die Umkehrung. Solche Produkte sind oft schlagartig erfolgreich. Der Kater stellt sich später ein.

Vor dem Zweiten Weltkrieg war Packard *das* amerikanische Spitzenautomobil. Mehr noch als Cadillac betrachtete man diese Marke in der ganzen Welt als Statussymbol.

Staatsmänner fuhren in gepanzerten Packards. Einer wurde für Franklin Roosevelt angefertigt. Wie Rolls-Royce lehnte auch Packard die Politik der jährlichen Modellwechsel bei den „gewöhnlichen" Herstellern stolz ab. Man positionierte sich über der Meute.

Dann, Mitte der dreißiger Jahre, führte Packard das erste Modell niedrigerer Stufe, den relativ preisgünstigen Packard Clipper, ein. Der Packard Clipper war das erfolgreichste Automobil, das Packard je baute. Er verkaufte sich phantastisch, aber er zerstörte die Firma. (Oder genauer, er zerstörte Packards Prestigeposition, und dies wiederum zerstörte die Firma.)

Packard hielt sich mehr schlecht als recht bis 1954, als Studebaker die Firma schluckte. Das endgültige Aus kam viele Jahre später.

Was ist ein Cadillac?

Was wissen Sie über Cadillac? Wie lang ist er? In welchen Farben wird er angeboten? Welche Leistung hat der Motor? Welche Extras gibt es?

General Motors schaffte es erfolgreich, dem durchschnittlichen Autokäufer praktisch nichts über Cadillac mitzuteilen. Außer seiner Position als das Spitzenmodell einheimischer Luxuswagen.

Aber sogar General Motors vergißt manchmal, daß es für ein Produkt zwei Betrachtungsweisen gibt. Und die meisten Line-Extension-Fehler werden gemacht, weil der Anbieter diesen Umstand mißachtet.

Was ist ein Cadillac? Es mag Sie überraschen, aber aus der Sicht von General Motors ist Cadillac keineswegs ein Automobil. Cadillac ist eine Abteilung. Tatsächlich ist es eine der profitabelsten Abteilungen von General Motors.

Doch aus der Sicht der Käufer ist Cadillac ein großer Luxuswagen. Sie sehen das Problem.

Wegen der Lage auf dem Benzinmarkt ist man bei Cadillac besorgt. Damit die Abteilung so profitabel bleibt, führte General Motors daher einen kleinen Cadillac ein, den Cimarron. Doch auf lange Sicht steht ein Mini-Cadillac im Widerspruch zu der Position für große Autos, die Cadillac im Kopf besitzt.

Der Adressat betrachtet den Cimarron und fragt sich: „Ist das nun ein Cadillac oder nicht?"

Langfristig gesehen steht der Cimarron der wirksamsten Antwort auf die Herausforderung kleinerer Luxuswagen wie Mercedes und BMW im Weg. Um eine kleinere Luxusmarke zu etablieren, braucht General Motors einen separaten teuren Namen und eine separate Händlerorganisation.

Was ist ein Chevrolet?

Ebenso wie bei Autos können Sie sich auch bei anderen Produkten folgende uralte Frage stellen, und Sie werden wissen, ob Sie ein Positioning-Problem haben.

Was ist das?

Was, zum Beispiel, ist ein Chevrolet? Ein Chevrolet ist ein Auto, das in die Jedermann-Falle gegangen ist. Bei dem Versuch, es jedem recht zu machen, gefällt es schließlich niemandem mehr.

Was ist ein Chevrolet? Wir werden Ihnen sagen, was ein Chevrolet ist. Ein Chevrolet ist ein großes, kleines, billiges, teures Auto.

Gut, aber wieso ist der Chevy immer noch die Nr. 1? Warum hat er die Führung nicht an Ford abgegeben?

Darauf unsere Gegenfrage: „Was ist ein Ford?“ Dasselbe Problem. Ein Ford ist auch ein großes, kleines, billiges, teures Auto.

Ford hat noch ein weiteres Problem. Ford ist nicht nur eine Automarke. Ford ist auch eine Firma.

Ein Ford Ford mag noch angehen, aber die Firma hat echte Schwierigkeiten, Ford Mercurys und Ford Lincolns zu verkaufen. (Ein Grund dafür, daß sich die Ford Motor Company schon immer schwertat, teurere Wagen zu vermarkten.)

Was ist ein Volkswagen?

Eine Line-Extension-Tragödie erreicht ihr unvermeidliches Ende gewöhnlich in drei Akten.

Der erste Akt ist der große Erfolg, der große Durchbruch. Meist hat man ein weit offenes Creneau gefunden und dann brillant ausgebeutet.

Volkswagen erfand die Kleinwagenposition und zögerte keinen Augenblick, den Durchbruch auszubeuten. „Denke klein“, der vielleicht berühmteste Werbeslogan, stellte die Position unmißverständlich heraus.

Sehr schnell eroberte sich der VW-Käfer eine außerordentlich starke Position auf dem Automobilmarkt. Wie in den meisten klassischen Erfolgsstories wurde Volkswagen mehr als nur ein Markenname für ein Produkt.

„Ich fahre einen VW“, sagt mehr aus als nur etwas über den Hersteller eines Wagens, den eine Person fährt. „Ich fahre einen VW", sagt etwas über den Lebensstil des Besitzers. Eine nüchterne, praktisch orientierte Person, selbstbewußt in bezug auf ihren Status im Leben. Ein einfaches, funktionelles Fortbewegungsmittel.

Der VW-Fahrer ist ein Anti-Snob. Er liebt es, auf die Autokäufer herabzublicken, die gerne die Nachbarn beeindrucken. „Der 1970er Volkswagen bleibt länger häßlich", bringt diese Einstellung perfekt zum Ausdruck.

Der zweite Akt ist geprägt von Gier und Visionen eines niemals endenden Erfolgs. So dehnt VW die Volkswagen-Zuverlässigkeit und Qualität auf größere und teurere Wagen aus. Auf Busse und jeepähnliche Fahrzeuge.

Der dritte Akt ist die Auflösung. Ist es denkbar, daß acht Modelle zusammen sich schlechter verkaufen als eines. Es ist nicht nur denkbar, es geschah wirklich.

Volkswagen fiel vom ersten Platz bei Importwagen auf den vierten zurück. Hinter Toyota, Datsun und Honda. Und gerade noch vor Mazda und Subaru.

Erster Erfolg, dann Line-Extension, dann Desillusionierung, dieses Schema findet man recht häufig. Schließlich wird man aber nicht erwarten, daß Firmen wie Scott oder Volkswagen sich auf ihren Lorbeeren ausruhen. Man kann davon ausgehen, daß sie sich neue Gebiete suchen, die sie erobern können. Aber wie stellen sie es an, solche Gebiete zu finden? Eine Möglichkeit liegt auf der Hand. Sie entwickeln ein neues Konzept oder ein neues Produkt mit einer neuen Position und einem neuen, passenden Namen.

Ein Name ist ein Gummiband

Er läßt sich dehnen, aber nur bis zu einem gewissen Punkt. Außerdem, je stärker man einen Namen dehnt, desto schwächer wird er. (Gerade das Gegenteil von dem, was man vielleicht erwartet hätte.)

Wie weit darf man einen Namen strecken? Dies ist ebensosehr eine Frage der Ökonomie wie des Fingerspitzengefühls.

Nehmen wir an, Sie haben eine Produktlinie von Gemüse in Dosen. Haben Sie dann einen eigenen Markennamen für Erbsen, einen anderen für Mais und noch einen anderen für grüne Bohnen? Wahrscheinlich nicht. Vom Standpunkt der Wirtschaftlichkeit wäre das nicht sinnvoll.

Del Monte dürfte also richtig liegen mit demselben Markennamen auf der gesamten Produktlinie eingedoster Früchte und Gemüse. Beachten Sie aber, was geschieht, wenn ein Konkurrent sich auf ein einzelnes Produkt einschießt. Dole Ananas in Dosen.

Bei Ananas ist Del Monte für Dole kein Gegner. Dole gewinnt nach Belieben.

Was tut Dole daher als nächstes? Nun, man klebt den Namen Dole auf frische Bananen. Die Dole-Banane.

Nehmen wir an, Dole gelingt es, den Namen Dole zum Synonym für Bananen zu machen. Was passiert dann mit den Ananas? Das Prinzip der Wippe wird wirksam, mit Bananen auf der einen und Ananas auf der anderen Seite.

Aber kann Dole nicht denselben Weg beschreiten wie Del Monte und sämtliche Arten eingedoster und frischer Früchte führen?

Sicher, aber man müßte dafür die wertvolle Ananas-Konzession opfern. Und man hätte den zusätzlichen Nachteil, als letzter Line-Extension durchgeführt zu haben.

Regeln zur Namenswahl

Wir bezeichnen Line-Extension als „Falle“, nicht als Fehler. Line-Extension kann funktionieren, wenn...

Aber das ist ein großes Wenn. Wenn Ihre Konkurrenten dumm sind. Wenn Ihr Umsatzvolumen klein ist. Wenn Sie keine Konkurrenz haben. Wenn Sie sich keine Position im Kopf des Adressaten aufbauen wollen. Wenn Sie überhaupt keine Werbung betreiben.

Tatsache ist, viele Produkte werden verkauft, wenige positioniert.

Das heißt, der Käufer greift zu einer Dose Erbsen, ohne daß eine bestimmte Marke Erbsen bei ihm von vornherein den Vorzug oder eine Position hat. In diesem Fall ist jeder gut bekannte Markenname besser als irgendein unbekannter Name.

Und wenn Sie für eine Firma mit Tausenden von Produkten geringer Stückzahlen arbeiten (3M ist ein typisches Beispiel), können Sie ganz offensichtlich nicht jedes mit einem neuen Namen belegen.

Wir geben Ihnen daher ein paar Regeln an die Hand, die Ihnen sagen, wann Sie den Hausnamen verwenden sollen und wann nicht.

1. **Voraussichtliches Umsatzvolumen.** Produkte geringen Umsatzvolumens sollten den Hausnamen tragen. Ein potentieller Renner nicht.
2. **Konkurrenz.** Auf einem Gebiet mit dichtem Gedränge sollte die Marke den Hausnamen tragen. In einem Vakuum nicht.
3. **Unterstützung durch Werbung.** Marken mit kleinem Werbeetat sollten den Hausnamen tragen. Solche mit großem Etat nicht.
4. **Signifikanz.** Grundstoffprodukte wie Chemikalien sollten den Hausnamen tragen. Produkte, die einen Durchbruch darstellen, nicht.

5. Vertrieb. Artikel, die über Verkaufspersonal abgesetzt werden, sollten den Hausnamen tragen. Artikel, die per Selbstbedienung verkauft werden, nicht.

14 Positioning einer Firma: Xerox

Man kann alles positionieren. Eine Person, ein Produkt, einen Politiker. Sogar eine Firma.

Warum sollte jemand eine Firma positionieren wollen? Wer kauft eine Firma? Und warum sollte eine Firma sich verkaufen wollen? An wen? (Zum Schutz gegen unliebsame Übernahmen würden sich die meisten Firmen am liebsten unsichtbar machen.)

Firmen kaufen und verkaufen

Tatsächlich werden Firmen ständig ge- und verkauft. Man nennt es nur anders.

Wenn ein neuer Angestellter einen Posten annimmt, „kauft" er die Firma. (Mit ihren Programmen zum Anwerben neuer Mitarbeiter verkauft sich eine Firma eigentlich.)

Für welche Firma würden Sie lieber arbeiten? Für General Electric oder für die Schenectady Electrical Works?

Jedes Jahr kämpfen Firmen aus allen Teilen des Landes um die Spitzenabsolventen der führenden Universitäten. Wer, glauben Sie, schöpft hier den Rahm ab?

Richtig. Die Firmen, die in den Köpfen der potentiellen Angestellten die besten Positionen besitzen. Die General Electrics, die Procter & Gambles.

Und wenn man in Aktien investiert, zahlt man in Wirklichkeit für einen Anteil an der Position dieser Firma in der Gegenwart und in der Zukunft.

Wieviel man für die Aktie zu zahlen bereit ist (das Sechs- oder Sechzigfache der Dividende), hängt davon ab, wie stark diese Position im Kopf des Käufers ist.

Positioning einer Firma bringt in der Tat eine Menge Vorteile mit sich, wenn Sie zufällig ein Funktionär oder Direktor dieses Unternehmens sind. Allerdings ist das nicht leicht.

Wieder das Problem mit dem Namen

Allem voran der Name. Und ganz besonders der Name. Hätten Sie gedacht, daß Pullman im Geschäft mit Eisenbahnwaggons keine große Rolle mehr spielt?

Und daß das Busgeschäft nur einen kleinen Teil des gesamten Umsatzes bei Greyhound ausmacht?

Sowohl Pullman als auch Greyhound haben sich drastisch gewandelt. Doch hat das ihr Erscheinungsbild in der Öffentlichkeit kaum geändert. Ihre Namen ketten sie fest an ihren Ruf aus der Vergangenheit.

Beide haben versucht, etwas dagegen zu tun. Besonders Greyhound gab Millionen Dollar aus, um der Finanzwelt mitzuteilen, daß sie „mehr als ein Busunternehmen" sind.

Doch solange diese Busse mit den langgestreckten, schlanken Hunden auf der Seite die Autobahnen entlangflitzen, ist diese Unternehmenswerbung eine teure Fehlinvestition. Wenn Greyhound mehr als ein Busunternehmen sein will, brauchen sie einen neuen Namen. Einen „Mehr-als-ein-Busunternehmen"-Namen.

Aber auch mit dem richtigen Namen ist die Aufgabe, das Unternehmen zu positionieren, noch nicht erledigt. Der Name Ihrer Firma muß in Ihrer Branche für irgend etwas stehen, eine eigene Bedeutung haben.

Für etwas stehen

Betrachten Sie Ford. Jeder weiß, daß Ford eine Automobilfirma ist. Aber was für eine Art Auto ist ein Ford?

Ford kann keine Unternehmensposition auf einem bestimmten Fahrzeugtyp aufbauen, da man sie in allen Typen und Größen, LKW eingeschlossen, herstellt. (Ob die Firma das tun sollte oder nicht, sei dahingestellt.)

Die Frage des Positioning reduziert sich damit auf eine Eigenschaft, die man in allen Fahrzeugen der Produktpalette findet.

Die Firma entschied sich für „innovativ" als das Schlüsselattribut eines Fahrzeugs von Ford. Das Ergebnis: die Kampagne „Ford hat eine bessere Idee".

Nicht schlecht, aber viele Firmenprogramme gehen nach einem banalen und abgedroschenen Ansatz vor. Der banalste und abgedroschenste davon ist wohl der auf der Basis der Belegschaft.

„Unsere Leute sind unsere größte Stärke."

„Die Leute von Gulf: Sie stellen sich der Herausforderung."

„Grumman: Wir sind stolz auf unsere vielen Produkte. Aber der Stolz auf die Leute, die sie machen, ist noch größer."

Ist denn die Qualität der Belegschaft in den Firmen unterschiedslos gleich?

Natürlich nicht. Doch ist es eine ganz andere Sache, eine Position auf der besseren Belegschaft aufzubauen.

Die meisten Leute glauben, die größere, erfolgreichere

Firma habe auch die besseren Leute. Und die kleineren, weniger erfolgreichen Firmen beschäftigen das, was übrigbleibt.

Wenn also Ihre Firma den Spitzenplatz der Produktleiter im Kopf des Adressaten besetzt, können Sie sicher sein, daß er ebenfalls annimmt, Ihre Firma habe die besten Leute.

Sind Sie aber nicht an der Spitze und Sie erzählen dem Adressaten, sie haben die besseren Leute..... Nun, dergleichen Widersprüche schlagen gewöhnlich nicht zu Ihren Gunsten aus.

Wenn Ford wirklich die besseren Ideen hat, warum nutzt man sie dann nicht auf dem Markt, um General Motors zu überflügeln, anstatt mit ihnen in der Werbung die Leute zu beeindrukken.

Das ist keine Frage der Fakten. (Ford könnte die besseren Ideen haben und dennoch an zweiter Stelle stehen.) Diese Frage erhebt sich lediglich im Kopf des Adressaten.

Und Ihre Werbung muß, wenn sie Erfolg haben soll, diese Frage beantworten.

Diversifikation ist keine Lösung

Nach den „Leuten" ist „Diversifikation" das verbreitetste Thema beim Positioning von Unternehmen. Firmen wollen als vielseitige Hersteller einer großen Zahl verschiedener Qualitätsprodukte bekannt sein.

Doch Diversifikation ist als Ansatz zur Unternehmenswerbung nicht effektiv. Tatsächlich liegen Welten zwischen den Konzepten Positioning und Diversifikation.

Es ist eine unumstößliche Tatsache, daß starke Positionen im Kopf des Adressaten auf größeren Leistungen beruhen. Nicht auf breiten Produktpaletten.

General Electric ist bekannt als der größe Elektrokonzern

der Welt. Nicht als Hersteller vielfältiger Güter und Geräte für Haushalt, Industrie, Transportwesen und Chemie.

Obwohl General Electric Tausende von Gebrauchs- und Industriegütern herstellt, waren die meisten der erfolgreichen Produkte der Firma elektrotechnischer Natur. Die meisten der erfolglosen Produkte waren nicht elektrotechnischer Natur. Wie zum Beispiel Computer.

IBM genießt den Ruf des größten Computerherstellers der Welt. Nicht den eines vielseitigen Herstellers aller Arten von Büromaschinen.

Eine Firma mag mittels Diversifikation mehr Geld verdienen. Doch sollte sie es sich zweimal überlegen, auf dieser Grundlage eine Position aufbauen zu wollen.

Auch an der Börse sind Konglomerate wie ITT und Gulf & Western konstant unterbewertet. (Viele Firmen sind als Einheit weniger wert als aufgesplittert in Teile.)

Manchmal glauben Firmen, sie konzentrierten ihre kommunikativen Anstrengungen, wenn dies in Wirklichkeit gar nicht der Fall ist. Das Positioning-Konzept geht so sehr in die Breite, daß es fast völlig nichtssagend wird.

Welche Firma pflegte sich selbst als „Entwickler und Hersteller von Informationssystemen für Beruf, Schule und Unterhaltung“ zu bezeichnen?

Würden Sie glauben, es war Bell & Howell? Doch, es war Bell & Howell.

Wie entwickelt man eine wirksame Position für eine Firma? Werfen wir einen Blick auf Xerox, eine Firma, die schon eine Position zu haben scheint.

Was geht im Kopf von Xerox vor?

Warum sollte Xerox eine Position anstreben? Xerox hat eine Position. Xerox ist die Coca-Cola bei Kopierern.

Schnell, nennen Sie einen anderen Anbieter von Kopierern. Im ersten Moment fällt einem nichts ein, nicht wahr? Sicher, nach einer Weile werden Sie sich wahrscheinlich erinnern, daß Sharp, Savin, Ricoh, Royal und Canon Kopierer herstellen.

Aber niemand besitzt die Kopiererposition so wie Xerox. Das ist beim Verkauf von Kopierern ein enormer Vorteil. Wenn Sie glauben, Ihre Firma benötigt einen weiteren Kopierer, ist Ihr erster Gedanke Xerox, und höchstwahrscheinlich werden Sie zuerst bei Xerox anrufen.

Wo also ist das Problem? Xerox sieht, daß der Markt für Büromaschinen zu Systemen tendiert, besonders zu Informationssystemen auf Computerbasis. Also kaufte Xerox die Firma Scientific Data Systems und änderte danach deren Namen zu Xerox Data Systems.

„Unsere Absicht beim Kauf von SDS war“, sagte der Vorsitzende, „Informationssysteme auf breiterer Basis anzubieten. Wir glauben, wenn wir die weltweit vorhandenen Gelegenheiten zur informationellen Versorgung wirklich ergreifen wollen, müssen wir über grafische Verfahren hinaus expandieren, so wie IBM auf das Gebiet grafischer Verfahren expandiert. Wer in den siebziger Jahren zu den Kunden sagen kann: ‚Wir decken Ihren gesamten informationellen Bedarf, ob Faksimileübertragung, Grafik oder was auch immer‘, wird einen enormen Vorteil haben.“

Sechs Jahre später war Xerox Data Systems am Ende. Doch hielt der Verlust von XDS Xerox nicht davon ab, die Produktpalette zu erweitern. Xerox war immer noch auf den Plan fixiert, über Kopierer hinaus zu expandieren.

In den folgenden Jahren ließ Xerox eine Parade von Produkten zur Büroautomatisierung aufmarschieren. Das XTEN Netzwerk, das Ethernet Netzwerk, die Star Workstation, den 820 Personalcomputer. „Jetzt dürfte jeder in der Industrie unser Geheimnis kennen“, sagte ein Vizepräsident von Xerox, „wir wollen auf diesem Markt die Nr. 1 werden.“

Was geht im Kopf des Adressaten vor?

Wenn man bei Xerox einmal in die Köpfe der Adressaten hineinschaute, würde man schnell erkennen, daß ein Vordringen auf das Gebiet der Büroinformationssysteme nicht zur Debatte steht.

Die Handelszeitschrift *Information Week* befragte kürzlich eine Auswahl ihrer Abonnenten. (Die Zeitschrift hat 100000 Abonnenten, davon repräsentieren achtzig Prozent Firmen mit mehr als 1000 Angestellten. Man sollte meinen, daß dies der Kern des Markts für Büroautomation ist.)

Hier die Antworten der Abonnenten auf die Frage: „Welche Hersteller von Büroinformationssystemen interessieren Sie am meisten?“

IBM	81%
Wang	40%
Digital Equipment	36%
AT&T	22%
Hewlett-Packard	21%

Xerox fehlt in dieser Hitliste.

Was kann Xerox tun? Unsere Botschaft an Xerox ist: Hört auf, gegen Kopierer anzukämpfen. Man kann nicht ändern, was der Adressat im Kopf hat.

Fangt an, Kopierer zu nutzen. Sie könnten euer stärkster

Trumpf sein. Ein Trumpf in einem strategischen Krieg mit IBM und AT&T.

Die Strategie des dritten Beins

Ein gangbarer Weg für Xerox ist, das Erbe zu nutzen. Wie so oft bei Strategien ist es hilfreich, einen Schritt zurückzugehen und sich ein Gefühl dafür zu verschaffen, wie sich der Markt bisher entwickelt hat.

Werfen wir zunächst einen Blick auf das Büro von gestern. Damals waren die Dinge einfach. Als Ausstattung kaufte man ein Telefon von AT&T, eine Schreibmaschine von IBM und einen Kopierer von Xerox.

Nun betrachten Sie das Büro von heute. Alle Veränderungen betrafen das Bein Schreibmaschine. An die Stelle der Schreibmaschinen traten Computer. Das zweite und dritte Bein, das Telefon und der Kopierer, blieben davon praktisch unberührt.

Wie steht es mit dem Büro der Zukunft? Wenn man alles glaubt, was man liest, wird das Büro der Zukunft nur ein einziges Bein haben, ein Büroautomationssystem von einem einzigen Anbieter. Natürlich setzt jeder dabei auf IBM.

Als Folge davon jagt jeder Computerhersteller, der etwas auf sich hält, dieser Idee vom „einzigen Anbieter" nach.

Aber Systeme verkaufen sich nicht immer gut. Für Hi-Fi-Stereoanlagen gab es niemals nur einen Anbieter, da die Verbraucher sich die Verstärker, Plattenspieler und Bandmaschinen heraussuchten, die sie haben wollten.

Dasselbe galt für das häusliche Video-Center und den Traum, GE könnte der einzige Lieferant für alle Küchengroßgeräte werden. Die Dame des Hauses suchte sich die Marken heraus, die ihr gefielen.

Außerdem, selbst wenn das Büro der Zukunft sich als ein großes System von einem einzigen großen Hersteller erweisen sollte, dürfte Xerox dabei kaum ein gewichtiges Wort mitreden können.

Deshalb hat man bei Xerox nichts zu verlieren und alles zu gewinnen, wenn man auf ein anderes Szenario setzt.

Das Szenario des „dritten Beins" sieht das Büro der Zukunft anders. Danach wird das Büro der Zukunft immer noch auf drei Beinen stehen. Das Telefonbein von AT&T wird zu einem Kommunikationsbein mit den Zusätzen Voicebox und Faksimilegerät.

Das Schreibmaschinenbein von IBM wird zu einem Eingabe- oder Datenverarbeitungsbein mit dem Zusatz von Computern, Workstations und Netzwerken.

Bleibt die Frage, was kann Xerox zum Kopiererbein hinzufügen?

Einige Schwierigkeiten mit „gekreuzten Beinen"

Es gibt eine ganze Menge Indizien dafür, daß das Zusammenlegen von Beinen nicht der Weg in die Zukunft ist. Die Geschichte kennt viele Beispiele für die Schwierigkeiten, „Beine zu kreuzen".

Nehmen wir Xerox gegen IBM. (1) Xerox hatte wenig Erfolg mit Computern, Workstations oder lokalen Netzen, die sämtlich zu dem Bein gehören, das IBM besitzt. (2) Auf der anderen Seite war IBM nicht besonders erfolgreich mit Kopierern, einem Bein oder einer Position, die Xerox gehört.

Nehmen wir Xerox gegen AT&T. (1) Niemand, Xerox eingeschlossen, hat mit Faksimilegeräten, einem Bein, das AT&T besitzt, viel erreicht. (2) Voicebox und Faksimilegeräte werden groß herauskommen, sobald AT&T sich dahinterstellt.

Nehmen wir AT&T gegen IBM. (1) AT&T wird mit Computern nicht viel Erfolg haben, da dieses Bein IBM gehört. (2) Andererseits werden IBM und Rolm beim Telefon nicht viel herausholen; dieses Bein besitzt AT&T. (Satellite Business Systems macht pro Jahr 100 Millionen Dollar Verlust.)

Auch seit Scientific Data Systems hat Xerox versucht, die Lücke zwischen Kopierern und Computern zu überbrücken. Langfristig könnte sich die Lücke Kopierer/Computer nicht als Hindernis, sondern als Xerox' stärkster Verbündeter erweisen.

Chancen beim „dritten Bein"

Wenn das Telefonbein von AT&T zum Kommunikationsbein und das Schreibmaschinenbein von IBM zum Input- und Verarbeitungsbein wird, was soll dann aus dem Kopiererbein von Xerox werden?

Die offensichtliche Antwort ist, es wird das Output-Bein. Das „dritte Bein" bietet viele Möglichkeiten für Xerox, wenn Computerdrucker, Klarschriftleser und Speichergeräte sich als Ergänzung zu den Kopierern im Büro hinzugesellen.

Außerdem hält gerade eine hochinteressante neue Technologie auf der Output-Seite des Büros Einzug – die Lasertechnologie. Da gibt es Laserdrucker, Laser-Setzmaschinen, Laser-Speichersysteme.

Ferner macht sich der Laser auf vielen anderen Gebieten einen Namen. In der Kommunikation beginnt der Laser Satelliten zu ersetzen. Im Krankenhaus revolutioniert der Laser die Herzchirurgie. Im Supermarkt finden Sie Laser-Registrierkassen.

Bei McDonnell/Douglas spricht man von einem Laser, der „den gesamten Inhalt einer 24bändigen Enzyklopädie in einer Sekunde übermitteln kann". United Telecom baut an einem landesweiten Lasernetzwerk. AT&T verlegt eine transatlantische Laserverbindung. GTE reflektiert Laserstrahlen am Mond.

Auf dem Konsumsektor gibt es die Laser-Videoplatte und den CD-Player, der ebenfalls mit Laserabtastung arbeitet. Und die Universal-Laserdisk, die sowohl Fernsehbilder als auch Musik abspielen kann.

Ein Rockmusik-Spektakel, das etwas auf sich hält, ist ohne Lasershow nicht mehr denkbar. Auch Ronald Reagans SDI-Satelliten sollen mit nuklear gespeisten Laserwaffen ausgestattet werden.

Die vierte Technologie

In den letzten dreißig Jahren fegten drei Technologien durch das Büro und die Wörterbücher. Die erste war die *Thermographie* von 3M, ein Fotokopierverfahren, das mit Infrarotstrahlen eine Kopie auf Spezialpapier erzeugte.

Die zweite war die *Xerographie* von Xerox, ein Kopierverfahren, das Lichtwirkung benutzt, um Kopien auf Normalpapier zu erzeugen.

Die dritte war die Technologie des *Mikroprozessors*, die von Computerfirmen wie IBM beherrscht wird.

Xerox hat eine Chance, einen weiteren technologischen Begriff in eine zukünftige Ausgabe des Lexikons zu bringen.

Die vierte Technologie würde „Lasographie" heißen. Man könnte sie als das Verfahren definieren, mittels Laserstrahlen und optischen Fasern zu kommunizieren, zu drucken, Zeichen zu lesen und optische oder gedruckte Nachrichten zu speichern.

Ein Wort kann eine Menge aussagen

Xerox ist eine 9-Milliarden-Dollar-Firma mit mehr als 100000 Angestellten. Es sollte unmöglich sein, ein so großes und vielfältiges Unternehmen mit einem einzigen Wort zu positionieren.

Doch in einer kommunikationsüberfluteten Gesellschaft ist im Gehirn nicht mehr Platz. Heute steht Xerox gerade für ein Wort – Kopierer. Morgen könnte Xerox sich mit der Lasographie eine breitere geistige Position verschaffen.

Lasographie besagt neu und anders, und die Geschäftswelt liebt das Neue und andere.

Lasographie klingt nach einer Basistechnologie, die irgend etwas mit Xerographie zu tun hat. Mit anderen Worten, es erinnert an Xerox' letzte große technologische Leistung.

Lasographie von Xerox, der Firma im „.....ographie"-Geschäft.

Lasographie arbeitet mit Lasern, die als Spitzentechnologie gelten.

Lasographie ist das Konzept, das die Position von Xerox ausnutzt und sie auf die nächste Produktgeneration ausweitet.

Im Positioning-Spiel können Sie sich nicht ruhig hinsetzen. Sie müssen ständig auf Draht sein und Ihre Position auf die Probleme von heute und die Märkte von heute ausrichten.

15 Positioning eines Landes: Belgien

Mit dem Absinken der Flugpreise auf ein relativ niedriges Niveau werden wir schnell zu einer Welt des Tourismus.

In der Vergangenheit waren Interkontinentalreisen auf ältere, wohlhabende Leute beschränkt. Heute ist das alles anders. Früher einmal war das Flugpersonal jung und die Reisenden alt. Jetzt sind die Reisenden jung, und das Flugpersonal ist alt.

Die Situation von Sabena

Eine der vielen Fluggesellschaften auf der Nordatlantikroute, die sich um diese Reisenden zwischen den Kontinenten rangeln, ist die Sabena Belgian World Airlines. Doch nicht alle Konkurrenten kämpfen auf gleicher Basis. TWA und Pan Am zum Beispiel hatten vor einiger Zeit eine große Vielzahl verschiedener Zielflughäfen sowohl in Europa als auch in den USA.

Sabena hingegen fliegt nonstop von Amerika zu nur einer einzigen Stadt in Europa: nach Brüssel. Wenn nicht gerade ein Entführer an Bord war, landete jede Maschine von Sabena in Belgien.

Obwohl Sabena den Löwenanteil des Flugverkehrs nach Belgien abwickelt, war das Geschäft doch ausgesprochen mager. Nicht allzu viele Leute flogen in dieses kleine Land. Nur einer von fünfzig Nordatlantik-Reisenden fliegt nach Belgien.

Auf der Länderleiter im Kopf des potentiellen Reisenden stand Belgien auf einem der unteren Ränge, wenn überhaupt.

Ein Blick auf die Lage ließ sofort klar erkennen, was mit Sabenas Werbung nicht stimmte. Sabena arbeitete mit der klassischen Strategie der Fluggesellschaften. Verkaufe das Essen und den Service.

„Muß man ein Bonvivant sein, um mit Sabena zu fliegen?" war die Aussage einer typischen Anzeige. Doch auch das herrlichste Essen der Welt wird Sie nicht dazu bringen, mit einer Fluggesellschaft zu fliegen, die nicht dorthin fliegt, wohin Sie wollen.

Positioniere das Land, nicht die Fluggesellschaft

Die produktivste Strategie für Sabena war offenbar, nicht die Fluggesellschaft, sondern das Land zu positionieren. Mit anderen Worten, das zu tun, was KLM für Amsterdam getan hat.

Sabena mußte Belgien zu einem Ort machen, an dem der Reisende einige Zeit verbringen wollte. Also weg vom Image einer Durchreisestation für andere Ziele. Außerdem scheint hier eine Moral klar und deutlich durch. Egal, ob Sie Bier, Betriebe oder Belgien verkaufen. Aus dem Sinn, aus dem Geschäft.

Die meisten Amerikaner wußten sehr wenig über Belgien. Sie hielten Waterloo für einen Vorort von Paris, und das wichtigste belgische Produkt waren Waffeln. Viele wußten nicht einmal, wo das Land liegt.

„Wenn es Dienstag ist, dann muß das Belgien sein" war der Titel eines populären Films.

Aber wie findet man eine Position für ein Land? Nun, wenn

man darüber nachdenkt, stellt man fest, die erfolgreichsten Länder haben alle ein starkes Image.

Bei „England“ denkt man an die Queen, Big Ben und den Tower von London.

Bei Italien denkt man an das Colosseum, an St. Peter und an Kunstwerke.

Bei Amsterdam an Tulpen, Rembrandt und an die wunderschönen Grachten.

Bei Frankreich an die französische Küche, den Eiffelturm und die sonnenüberflutete Riviera.

Vor Ihrem geistigen Auge ziehen Städte und Landschaften gleich Ansichtskarten vorbei. In Ihrer Vorstellung ist New York wahrscheinlich eine Skyline von Wolkenkratzern. Bei San Francisco denken Sie an Cable Cars und die Golden Gate Bridge. Cleveland ist ein grauer Ort mit vielen Fabrikschloten.

Augenscheinlich stehen London, Paris und Rom allesamt an der Spitze der Reisezielleiter für Leute, die das erste Mal nach Europa kommen. Sabena hatte kaum Chancen, diese Reisenden für sich zu gewinnen.

Doch gibt es in den USA ein großes Marktsegment erfahrener Reisender, die sich für die nächste Stufe von Reisezielen interessieren. Länder wie Griechenland mit seinen Ruinen. Die Schweiz mit ihren Bergen.

Sobald sich die Zielrichtung klar abzeichnete, war es nicht mehr allzu schwierig, eine Position zu finden.

Schönes Belgien

Belgien ist ein schönes Land mit vielen Dingen, die dem erfahrenen Europareisenden attraktiv erscheinen. Wie interessante Städte, historische Schlösser, Museen, Kunstgalerien.

Merkwürdigerweise schätzen viele Belgier ihr Land als Touristenattraktion nicht gerade hoch ein. Diese Einstellung kommt in einem Schild zum Ausdruck, das man am Brüsseler Flughafen sehen konnte. Darauf stand: „Willkommen in Belgien. Wetter: mild, aber es regnet durchschnittlich an 220 Tagen im Jahr."

Als Folge davon bestand die bevorzugte Strategie Belgiens zur Touristenwerbung darin, Brüssel wegen seiner zentralen Lage als „Tor" zu anderen Zielen herauszustellen und zu betonen, wie leicht man sie erreichen könne. Andere Ziele wie London, Paris und Rom. (Wenn Sie New York besuchen wollen, dann fliegen Sie nach Philadelphia, denn es liegt ganz in der Nähe.)

Hier ist ein wichtiger Punkt, den man sich merken muß. Die Einwohner nehmen einen Ort häufig ganz anders wahr als die Besucher.

Viele New Yorker können New York nicht als Touristenattraktion sehen. Sie denken an Streiks der Müllabfuhr und vergessen die Freiheitsstatue. Doch New York zieht jährlich 16 Millionen Besucher an, die alle die Wolkenkratzer sehen wollen.

Drei-Sterne-Städte

Aber obwohl „schön" eine gute Position ist, reicht das als Thema für Touristenwerbung nicht aus. Um ein Land als Touristenattraktion zu positionieren, brauchen Sie Sehenswürdigkeiten, die den Reisenden zumindest für ein paar Tage festhalten.

Niemand hält Monaco für ein bedeutendes Ziel, weil man die Attraktion Nummer eins, das Spielcasino, an einem Abend besichtigen kann.

Offenbar spielt die Größe eines Landes eine wesentliche Rolle. Große Länder haben eine Menge Sehenswürdigkeiten. Kleine Länder sind hier im Nachteil. (Verliefe der Grand Canyon durch Belgien, bliebe nicht mehr viel Land zum Besichtigen übrig.)

Die Antwort auf das gesamte Positioning-Problem fanden wir in einem jener Michelin-Führer. Vielleicht wußten Sie nicht, daß Michelin außer Restaurants auch noch Städte bewertet.

Die Benelux-Ausgabe von Michelin führte sechs „Drei-Sterne-Städte“ an, die einen besonderen Besuch wert sind. Fünf davon lagen in Belgien: Brügge, Gent, Antwerpen, Brüssel und Tournai.

Die wirkliche Überraschung aber war, daß Holland, die große Touristenattraktion im Norden, nur eine Drei-Sterne-Stadt aufzuweisen hatte, nämlich Amsterdam.

Die Anzeige, die sich daraus ergab, trug die Überschrift: „Im schönen Belgien gibt es fünf Amsterdams“. Fünf schöne Vierfarbbilder der Drei-Sterne-Städte Belgiens ergänzten den Prospekt.

Diese Werbung rief eine enorme Zahl von Anfragen über ein Land hervor, das die meisten Touristen bislang nur aus dem Zugfenster kennengelernt hatten, als sie von Amsterdam nach Paris fuhren.

Eine der Anfragen kam in Form eines Anrufs vom holländischen Fremdenverkehrsminister an seinen Kollegen in Belgien. Natürlich war ein wütender Holländer am Apparat, der diese Werbung am liebsten in der Versenkung verschwinden sehen wollte, zusammen mit den Leuten, die sie erfunden hatten.

Die Strategie mit den „Drei-Sterne-Städten“ hatte drei wesentliche Vorzüge. Erstens setzte sie Belgien zu Amsterdam in Beziehung, ein Ziel, das bereits im Kopf der Reisenden verankert ist. In jedem Positioning-Programm bringt es Sie beim Aufbau Ihrer eigenen Position einen großen Schritt voran, wenn Sie von einer fest verankerten Vorstellung ausgehen können.

Zweitens verlieh der Michelin-Führer, eine weitere Größe, die der Reisende bereits kennt, dem Konzept Glaubwürdigkeit.

Drittens machten die „fünf sehenswerten Städte“ Belgien zu einem Reiseziel erster Klasse.

Schließlich brachte man das Konzept „Die Drei-Sterne-Städte im schönen Belgien" ins Fernsehen. Die Reaktion war beachtlich.

Ein Werbespot im Fernsehen, mit seiner Möglichkeit, in Bild und Ton zu kommunizieren, kann Bilder eines Landes weit schneller ins Gehirn einhämmern als Werbung auf Papier.

Dabei besteht aber auch die Gefahr, das Medium Fernsehen falsch einzusetzen. Nämlich wenn Ihre Bilder den Bildern anderer Länder ähneln.

Denken Sie an die Inseln in der Karibischen See. Können Sie all die Palmenstrände im Kopf auseinanderhalten? Erscheint vor Ihrem geistigen Auge immer dieselbe Ansichtskarte, wenn jemand Nassau, die Jungferninseln oder Barbados erwähnt? Gibt es keinen Unterschied, wirft das Gehirn all diese Bilder in einen Topf mit der Aufschrift karibische Inseln und schaltet ab.

Dasselbe kann mit diesen malerischen europäischen Dörfern passieren. Oder mit den fröhlichen, Maßkrüge schwenkenden Einheimischen. Wir lösten das Problem, indem wir die Michelin-Sterne benutzten, als wären sie Kirchenglocken, die erklangen, als sie über die belgischen Stadtbilder darübergeblendet wurden.

Was geschah?

Nun mögen Sie sich fragen, warum Sie trotzdem nicht viel von Belgien und seinen Drei-Sterne-Städten gesehen haben.

Eine Reihe von Umständen hinderte dieses Programm am Start. Jeder einzelne ist lehrreich für Leute, die am Anfang eines Positioning-Programms stehen.

Ein neues Management, das sich nicht für das Programm engagierte, trat auf den Plan, und als übergeordnete Stellen in Brüssel die Strategie ändern wollten, fügte man sich rasch.

Die Lehre hier ist, daß ein erfolgreiches Positioning-Programm von den Beteiligten über längere Zeit größeres Engagement erfordert. Egal ob es sich um den Kopf einer Firma, eine Kirche, eine Fluggesellschaft oder ein Land handelt.

In einer Umgebung mit ständigem politischem Wechsel läßt sich das nur schwer erreichen.

16 Positioning einer Insel: Jamaica

Als Edward Seaga den sozialistischen Premierminister Jamaicas, Michael Manley, ablöste, öffnete er laut und vernehmlich die Tore für Kapitalinvestitionen.

Das beeindruckte David Rockefeller so sehr, daß er eine Gruppe von 25 amerikanischen Industriekapitänen zusammenrief, eigens um Jamaica zu entwickeln. Im weiteren Verlauf der Dinge engagierte Jamaica uns auf Anregung der Rockefellergruppe, eine Position für die Insel Jamaica zu entwickeln.

Industrialisierung oder Tourismus?

Zu jener Zeit hatte Jamaica beides nötig. Doch was sollte zuerst in Angriff genommen werden?

Offenbar leisten Investitionen in die Industrialisierung nicht viel für den Fremdenverkehr. Allerdings sind viele Touristen Angestellte großer Firmen. Wenn sie von Jamaica mit positiven Eindrücken zurückkehren, könnten Sie Ihre Firmen zu Investitionen auf der Insel anregen. In den Führungsetagen dieser Firmen schätzt man es, in touristisch attraktive Plätze zu investieren. Deshalb wird in der Karibik so viel und in Alaska so wenig investiert.

Wer fährt schon gern im Winter nach Fairbanks, um das Werk zu inspizieren?

Die Konkurrenz

Betrachtet man die Karibik mit den Augen eines Touristen, so gibt es vier Hauptkonkurrenten für Jamaica: die Bahamas, Puerto Rico, die US Virgin Islands (amerikanische Jungferninseln) und Bermuda. Jedes dieser Ziele zieht jährlich mehr Besucher an als Jamaica.

Was fällt einem sofort ein, wenn man eine dieser karibischen Inseln erwähnt? Mit einer Ausnahme hat man durchgehend das Bild von einem Paar vor Augen, das im Badeanzug unter Palmen am Strand liegt. (Dieses Bild von Sand, Strand und Surfen ist für die Karibik zum visuellen Klischee geworden.)

Die Ausnahme ist freilich Bermuda. Jahre der Werbung mit jenen Motorrädern, die neben dem rosa Sand parken, haben im Kopf einen starken visuellen Eindruck hinterlassen.

Und auch einen effektiven. Unsere Nachforschungen ergaben, daß Bermuda auf der Wunschliste der Leute hinter US Virgin Islands die zweitgrößte Attraktivität genießt. Gäbe es nicht den Faktor Wetter (Bermuda liegt beträchtlich weiter nördlich als die anderen Inseln), stünde Bermuda an erster Stelle.

Das Positioning-Problem Jamaicas ähnelt dem Belgiens. Wie bringt man eine geistige Ansichtskarte in den Kopf des potentiellen Karibikreisenden?

Die Suche nach der Ansichtskarte

Der erste Ansatz war, Tausende von Ansichtskarten nach dem einen perfekten Bild der Insel Jamaica abzusuchen. Dieses ließ sich aber nicht finden.

Aus gutem Grund. Gäbe es ein Bild, das das Wesen der Insel einfängt, wäre es bereits jemand anderem aufgefallen und schon benutzt worden. Mit anderen Worten, es hätte bereits ein Bild existiert, das zumindest in ein paar Köpfe eingebrannt war.

Der zweite Versuch war, Jamaica zu besuchen und Hunderte oder Tausende von Fotos zu schießen, um auf diese Weise zu der ominösen geistigen Ansichtskarte zu kommen. Wie fast zu erwarten, ergab sich nichts wirklich Passendes.

Der dritte Weg war der, den man zuerst hätte beschreiten sollen. Nämlich der Blick in den Kopf des Adressaten, um zu erkennen, welche geistigen Bilder bereits existierten. Und dann das eine auszuwählen, in das man Jamaica einbinden konnte.

Mit welchen Worten kann man das Wesen Jamaicas beschreiben? In einer alten Werbeanzeige konnte man lesen: „Jamaica, die große grüne Insel in der Karibik mit verlassenen Stränden, kühlen Bergen, Weideland, freien Ebenen, Flüssen, Stromschnellen, Wasserfällen, Teichen, gutem Trinkwasser und Urwald im Inneren."

Kommt Ihnen das bekannt vor? Erinnert Sie das an ein sehr beliebtes Reiseziel im Pazifik?

Das Hawaii der Karibik

Richtig, Hawaii. Die meisten Leute haben ein Bild der großen, grünen Vulkanberge im Kopf, die zum blauen Ozean hin abfallen.

Dieser Anblick bietet sich Ihnen auch, wenn Sie sich der Insel Jamaica, dem Hawaii der Karibik, nähern.

„Das Hawaii der Karibik“ wird sogar zu einem noch schlagkräftigeren Konzept, wenn Sie Jamaica mit seinen vier Hauptkonkurrenten vergleichen. Die folgende Tabelle zeigt den jeweils höchsten Punkt jedes Reiseziels.

Bermuda	79 Meter
Bahamas	122 Meter
US Virgin Islands	474 Meter
Puerto Rico	1338 Meter
Jamaica	2256 Meter

Mit 2256 Metern ist der Blue Mountain auf Jamaica höher als die höchste Erhebung in den USA östlich des Mississippi.

Ein weiterer wichtiger Vergleich betrifft die Größe der Reiseziele. Die Tabelle zeigt die Länge der größten Insel jedes Ziels.

Bermuda	6,4 Kilometer
Bahamas	13 Kilometer
US Virgin Islands	12 Kilometer
Puerto Rico	80 Kilometer
Jamaica	100 Kilometer

Wiederum ist Jamaica beträchtlich größer als jeder seiner Konkurrenten. Jamaica hat Hunderte Kilometer Strand und zwei vulkanische Gebirgsketten, die zu einer Höhe von mehr als 2200 Metern aufragen. Das unterstreicht Vorzüge der Art „Mehr zu sehen, mehr zu tun“, die man auch mit Hawaii verbindet.

Mit diesem Ansatz erweckt man beim Touristen die Vorstellung, daß all die Dinge, für die er sonst die weite Reise bis nach Hawaii auf sich nimmt (Naturschönheit, große, grüne Berge, herrliche Strände, ganzjährig schönes Wetter), weit näher der Heimat zu finden sind, in der Karibik.

Jamaica könnte sogar einen der erfolgreichsten Werbetricks

Hawaiis kopieren und die Touristen am Flughafen mit Blumen empfangen.

Jamaica hat wunderschöne Blumen, und diese Geste würde zusätzlich unterstreichen, daß Jamaica nicht nur ein schöner, sondern auch ein gastfreundlicher Ort ist.

Die Vorzüge der „Hawaii"-Position

„Das Hawaii der Karibik" liefert eine schnelle bildliche Analogie. Jamaica kann sich den Luxus nicht leisten, dieses Image über Jahre hinweg aufzubauen. Durch die Übernahme der geistigen Ansichtskarte Hawaiis spart man enorm viel Zeit und Geld.

Außerdem setzt das Konzept Jamaica deutlich von den anderen Zielen in der Karibik ab.

Ein Plakat mit dem Titel „Die Karibik aus der Sicht des Kartographen" führte diesen Punkt plastisch vor Augen. Jeder der Zielorte war maßstabsgetreu dargestellt. (Bermuda hätten Sie mit der Lupe suchen müssen.)

Ein weiterer Hauptvorteil der Analogie zu Hawaii ist die Grundlage, die es für Werbeaktionen in Europa bietet. Für einen Europäer liegt Hawaii sehr weit entfernt.

Wenn Sie sich wundern, warum Sie nicht viel vom Hawaii der Karibik gehört haben, müssen Sie Herrn Seaga fragen. Er gilt vielfach als der Ronald Reagan der Karibik, doch in Wirklichkeit ist er, wie es ein Berater Rockefellers gegenüber dem *Wall Street Journal* ausdrückte, „der Jimmy Carter von Jamaica". „Er ist ein Mensch, der sich mit jeder Kleinigkeit auseinandersetzt und sich über jedes Thema den Kopf zermartert."

Vermutlich zermartert er sich über dieses Thema immer noch den Kopf.

17 Positioning eines Produkts: Milk Duds

Die Marke heißt Milk Duds, ein Produkt von Switzer Clark. Milks Duds gehört zu den Süßwaren und ist in einer kleinen gelben und braunen Schachtel verpackt. Milk Duds gilt als „Kino-Candy" für Teenager, doch die Firma wollte ihr Geschäft mit Milk Duds auch auf Jüngere ausdehnen.

Ein Blick in die Köpfe

Der erste Schritt jedes Positioning-Programms ist ein Blick in die Köpfe der Adressaten.

Wer sind die Adressaten für Milk Duds? Nein, nicht Kinder, die nicht bis drei zählen können. Nachforschungen deuten darauf hin, der beste Adressat für Milk Duds ist der anspruchsvolle Süßwarenkäufer, der einschlägige Geschäfte mindestens schon Hunderte Male betreten hat.

Der durchschnittliche Adressat für Milk Duds ist zehn Jahre alt. Ein vorsichtiger, mißtrauischer, gewitzter Einkaufsprofi, der stets auf den Gegenwert für sein Geld bedacht ist.

Die meisten Positioning-Programme sind nicht mehr und nicht weniger als eine Suche nach dem Offensichtlichen. Doch das Offensichtliche ist leicht zu übersehen, wenn man sich allzu schnell auf das Produkt selbst einschießt. (Wie bei dem „Entwendeten Brief" von Edgar Allan Poe ist das Offensichtliche häufig schwer zu finden, weil es zu leicht zu sehen, zu offensichtlich ist.)

Was taucht beim Thema Süßigkeiten im Kopf des Adressaten auf? Nicht Milk Duds, obwohl ein durchschnittlicher Zehnjähriger schon etwas von der Marke gehört haben dürfte.

Bei den meisten Zehnjährigen beschwört der Drang nach Süßem sofort den Gedanken an Schokoladenriegel herauf.

Schokoriegel wie Hersheys, Nestlés, Mounds, Almond Joys, Reeses, Snickers, Milky Ways. Dies natürlich wegen der Millionen Dollar an Werbung, die man für diese und andere Marken Schokoriegel aufgewendet hat.

Repositioning der Konkurrenz

Da Milk Duds nur ein Bruchteil dieser Werbemillionen zur Verfügung stand, wäre es hoffnungslos, eine eigene Identität für die Marke aufbauen zu wollen. Die einzige Möglichkeit, mit Milk Duds in die Köpfe der Kinder vorzustoßen, war, einen Weg zu finden, die Kategorie der Schokoriegel zu repositionieren.

Mit anderen Worten, es galt einen Weg zu finden, die Millionen Dollar Werbeausgaben der Konkurrenz für Milk Duds arbeiten zu lassen, indem man die Marke als Alternative zum Schokoriegel aufbaute. (Mit einfach nur einem weiteren Namen im überladenen Gehirn wäre wenig gewonnen gewesen.)

Zum Glück hatte die Schokoriegelkonkurrenz eine eklatante Schwäche, die sich ausnutzen ließ. Und die Schwäche liegt auf der Hand, wenn man einmal Größe, Form und Preis eines heutigen Hershey-Riegels betrachtet.

Ein Schokoriegel hält einfach nicht lange vor. Ein Kind kann einen Hershey-Riegel für 50 Cent in 2,3 Sekunden glatt aufessen.

Da gibt es eine Menge unterschwellige Unzufriedenheit bei Amerikas Schokoriegelliebhabern. Und weil die Schokoriegel immer kleiner wurden, wuchs diese Unzufriedenheit noch an.

„Bei Schokoriegeln komme ich mit meinem Taschengeld nicht weit."

„Entweder esse ich schneller, oder die Riegel werden kleiner."

„Heutzutage kann man sich einen Schokoriegel furchtbar schnell reinziehen!"

Das sind die schokoladenen Weichteile der Schokoriegelkonkurrenz.

Milk Duds sind anders. Sie sind in einer Schachtel, nicht einfach in Papier verpackt. Das Kind erhält fünfzehn einzelne, langsam zergehende, schokoladenüberzogene Karamelbonbons.

Im Vergleich zu einem Schokoriegel hält eine Schachtel Milk Duds eine lange Zeit. (Wer versucht, sich eine ganze Schachtel auf einmal in den Mund zu stopfen, verklebt sich sämtliche Zähne.) Und genau deshalb ist das Produkt in Kinos so beliebt.

Was also ist die neue Position für Milk Duds?

Die langlebige Alternative

Ja, das ist Amerikas langlebige Alternative zu Schokoriegeln.

Wenn Ihnen das offensichtlich erscheint, für die Leute, die bislang die Werbung für Milk Duds machten, war es das nicht. Während der etwa fünfzehn Jahre Fernsehwerbung für Milk Duds wurde nicht ein einziges Mal auf die Idee der Langlebigkeit Bezug genommen.

Machen wir einmal einen geistigen Spaziergang durch einen dreißig Sekunden langen Werbespot, und sehen wir uns an, wie die Idee der Langlebigkeit für den Zehnjährigen versüßt wurde.

1. Es war einmal ein Kind, das hatte einen großen Mund ..... (Ein Kind steht neben einem riesigen Mund.)
2. ..... der liebte Schokoriegel. (Das Kind schaufelt einen Schokoriegel nach dem anderen in den Mund.)
3. ..... aber sie hielten nicht lange. (Dem Kind gehen die Riegel aus, und der Mund wird sehr ärgerlich.)
4. Dann entdeckte er Milk Duds, Karamelbonbons mit Schokoladenüberzug. (Das Kind hält die Milk Duds hoch, und der Mund leckt sich erwartungsvoll die Lippen.)
5. Der Mund hatte die Milk Duds sehr gern, da sie lange Zeit hielten.(Das Kind rollt die Milk Duds einen nach dem anderen über die Zunge des Mundes.)
6. (Dann singen das Kind und der Mund im Duett die Werbemelodie.) Wenn ein Schokoriegel nur noch Erinnerung ist, genießt du immer noch deine Milk Duds.
7. Hol deinem Mund ein paar Milk Duds. (Strahlendes Lächeln sowohl beim Kind als auch beim Mund.)

Hat es funktioniert?

Die Fernsehwerbung konnte nicht nur einen Abwärtstrend beim Absatz umkehren, sondern in den folgenden Monaten verkaufte die Firma mehr Milk Duds als jemals zuvor.

Wenn aus dem Beispiel Milk Duds eine bedeutsame Lehre gezogen werden kann, so ist es dies: Die Lösung eines Positioning-Problems findet man in der Regel im Kopf des Adressaten, nicht im Produkt.

18 Positioning einer Dienstleistung: Mailgram

Wie unterscheidet sich das Positioning eines Produkts (wie Milk Duds) vom Positioning eines Service (wie Mailgram von Western Union)?

Nicht sehr, besonders vom strategischen Standpunkt her. Die meisten Unterschiede sind mehr technischer Natur.

Visuell gegen verbal

Bei einer Produktwerbung ist in der Regel das Bild das dominierende Element. Bei einer Werbung für eine Dienstleistung stehen gewöhnlich Worte, das verbale Element, im Vordergrund. (Wenn Sie eine Anzeige mit einem großen Bild eines Automobils sehen, nehmen Sie automatisch an, daß für das Auto und nicht für einen Mietwagenservice geworben wird.)

Bei einem Produkt wie Milk Duds war das Fernsehen, ein visuell orientiertes Medium, das primäre Transportmittel.

Bei einer Dienstleistung wie Mailgram war das Radio, ein verbal orientiertes Medium, das primäre Transportmittel.

Freilich gibt es zahlreiche Ausnahmen von diesem Prinzip. Wenn jeder weiß, wie das Produkt aussieht, bringen Druck,

Fernsehen und andere Formen visueller Medien keinen Vorteil.

Umgekehrt, wenn ein Service ein visuelles Symbol wirksam einsetzen kann (O. J.Simpson, ein in den USA bekannter Sportler, für Hertz zum Beispiel), können visuelle Medien häufig ergiebig sein.

Trotz der Ausnahmen gilt diese Wort-Bild-Regel erstaunlich oft. In einem viergleisigen Test von Zeitungen, Zeitschriften, Radio und Fernsehen für Mailgram erwies sich das Radio als das effektivste Medium. Bevor wir die Strategie erörtern, sollten wir uns ansehen, wie das System funktioniert.

Elektronische Post

Mailgram, eine Gemeinschaftsentwicklung mit der staatlichen Post der USA, wurde 1970 auf einer begrenzten experimentellen Basis eingeführt und war der erste elektronische Postdienst in den USA.

Wer ein Mailgram absenden wollte, rief Western Union an, die die Nachricht auf elektronischem Weg an ein Postamt in der Nähe des Empfängers übermittelte. Das Mailgram wird dann am nächsten Geschäftstag zugestellt.

Außer über Telefon kann der Kunde ein Mailgram auch über Telex, TWX, Magnetband, Computer, Faksimilegeräte oder Fernschreiber versenden.

Warum auf den technischen Details herumreiten? Warum die komplizierten Einzelheiten des Mailgram-System erörtern?

Um einen wichtigen Punkt herauszustellen. Die meisten Werbeprogramme gehen niemals über die Einzelheiten des angebotenen Produkts oder Service hinaus. Und je interessanter und komplizierter die Dienstleistung ist, um so wahrscheinlicher ist das. Die für die Einführung des Produkts verantwortlichen Marketingleute gehen ganz in dem neuen Service auf und vergessen völlig den Kunden. Tatsächlich wäre der traditionelle Ansatz gewesen, Mailgram als etwas in der Art von „ein neuer, automatisierter, computerisierter, elektronischer Postdienst" vorzustellen. (Western Union gab allein für Computerprogramme Millionen aus, von den enormen Investitionen in Bodenstationen, Satelliten und so weiter ganz zu schweigen.)

Das Telegramm zum niedrigen Preis

Egal, wieviel Geld Sie investieren, egal, wie interessant Ihr Service in technischer Hinsicht ist, wenn Sie in den Kopf des Adressaten eindringen wollen, müssen Sie an etwas bereits Bestehendes anknüpfen. Sie können sich nicht einfach von Ihrer Position im Kopf des Adressaten entfernen.

Und was ist dort im Kopf des Adressaten? Das Telegramm natürlich.

Immer wenn Sie Western Union erwähnen, wird im Gehirn des amerikanischen Durchschittsbürgers der Gedanke an das Telegramm auftauchen. Und der „gram"-Teil in Mailgram verstärkt diese Vorstellung nur noch.

Was also ist der Unterschied zwischen dem alten und dem neuen „gram(m)"?

Nun, der Hauptunterschied ist der Preis. Beide haben dasselbe telegrafische Format. Beide verlangen sofortige Aufmerksamkeit. Aber die gelbe Telegrammnachricht kostet dreimal soviel wie die neue blau-weiße Mailgram-Nachricht.

Damit hatten wir ein einfaches Positioning-Thema für Mailgram: „Mailgram: Die Wirkung eines Telegramms zu einem Bruchteil des Preises."

An dieser Stelle kam der Einwand: „Moment. Warum Mailgram gegen das Telegramm positionieren, das auch ein Service von Western Union ist? Warum sollen wir uns selbst Konkurrenz machen?"

„Außerdem ist der Telegrammdienst ein schwindendes Geschäft. Warum einen neuen, modernen Dienst wie Mailgram mit einem alten vergleichen, der seinen Zenit schon überschritten hat? Das Telegramm spielt immer noch eine wichtige Rolle, aber es ist keine Wachstumsbranche."

Die Logik ist tadellos. Doch wie so oft, ist Logik nicht unbedingt die beste Strategie im Umgang mit dem menschlichen Gehirn. Dennoch war die Logik so fundiert, daß man das Konzept noch einmal überdenken sollte. Um so mehr, als es noch eine andere Positioning-Strategie gab, die auch ihre Vorzüge hatte.

Der Schnellbrief

Eigentlich legt der Name Mailgram selbst einen zweiten Positioning-Ansatz nahe. Wir könnten Mailgram mit US mail (Post) verknüpfen.

Denn wenn Western Union will, daß Mailgram einem anderen Service Geschäft entzieht, sprechen auch die Zahlen dafür, den Dienst gegen die reguläre Post zu positionieren.

In einem der vergangenen Jahre wurden in den USA 68 Milliarden bevorzugt zu befördernde Briefe in die Briefkästen geworfen. Das sind 815 bevorzugte Briefe pro Haushalt und Jahr.

Das Telegramm erreicht nur einen winzigen Bruchteil dieses Aufkommens.

Also wurde ein zweites Thema entwickelt: „Mailgram: Ein neuer Schnelldienst für wichtige Nachrichten."

Welcher Ansatz ist besser? Trotz der Gegenargumente deutet die Positioning-Theorie darauf hin, daß das „billige Telegramm" ein besserer Weg ist als der „Schnellbrief". Doch war Mailgram für Western Union zu wichtig, um die Entscheidung allein auf der Basis von Überlegungen zu treffen. Also führte man mit beiden Werbekampagnen ein Testmarketing durch und verfolgte die Ergebnisse mittels Computer.

Billig gegen schnell

Der Test selbst war groß angelegt. Kleine Märkte wie Peoria wurden nicht einmal in Betracht gezogen. Die sechs Teststädte für Mailgram waren Boston, Chicago, Houston, Los Angeles, Philadelphia und San Francisco. Allesamt große, bedeutende Kommunikationszentren.

Wer hat gewonnen? Eigentlich waren beide Kampagnen effektiv. Hier die Daten für den Volumensanstieg von Mailgram in den Teststädten während des 13wöchigen Programms:

Schnellbrief-Städte	plus 73%
Billigtelegramm-Städte	plus 100%

Diese Zahlen allein genügten, die Überlegenheit der „Billig-Telegramm-Position" nachzuweisen. Wirklich entschieden wurde die Sache aber durch den Bekanntheitsgrad des Produkts in den Teststädten, der sowohl vor als auch nach der Durchführung des Programms gemessen wurde.

Hier die Zahlen der Leute, die vor dem Start der Werbung in Print- und Funkmedien korrekt beschreiben konnten, was ein Mailgram ist:

Schnellbrief-Städte	27%
Billigtelegramm-Städte	23%

Statistisch gesehen kein großer Unterschied. Das deutet darauf hin, daß die Testmarktstädte ziemlich ausgeglichen gewählt worden waren. Mit anderen Worten, etwa einem Viertel des Marktes war der Mailgram-Service bereits bekannt.

Nach der Werbekampagne zeigte sich jedoch ein großer Unterschied in den beiden Städtegruppen. Hier der Bekanntheitsgrad von Mailgram dreizehn Wochen später:

Schnellbrief-Städte	25%
Billigtelegramm-Städte	47%

So unglaublich es scheinen mag, der Bekanntheitsgrad ging in den Schnellbrief-Städten tatsächlich zurück. Von 27 auf 25 Prozent. (Eigentlich statistisch nicht signifikant.)

Woher kam dann aber das gesteigerte Volumen in den Schnellbrief-Städten? Offenbar von Leuten, die wußten, was ein Mailgram war, und die die Werbung daran erinnerte, den Dienst zu nutzen.

In den Billigtelegramm-Städten sah es ganz anders aus. Der Bekanntheitsgrad von Mailgram stieg auf mehr als das Doppelte. Von 23 auf 47 Prozent.

Das war nicht nur ein großer Sprung, sondern die Zahlen ließen auch erwarten, daß das Mailgram-Volumen über lange Zeit steigen würde.

Western Union verfolgte auch das Telegrammaufkommen in den Teststädten vor, während und nach der Werbekampagne. Man stellte fest, daß das Aufkommen ziemlich konstant blieb. Tatsächlich hatte die Firma den Eindruck, daß die Werbung für Mailgram als Billigtelegramm dem Telegrammaufkommen eher nützte als schadete.

Und wie ging es seit der Entwicklung der Werbestrategie mit Mailgram weiter? Die Zahlen über das Aufkommen sprechen für sich:

1972	6 Millionen
1973	11 Millionen
1974	20 Millionen
1975	23 Millionen
1976	25 Millionen
1977	28 Millionen
1978	33 Millionen
1979	37 Millionen
1980	39 Millionen
1981	41 Millionen

Nach zehn Jahren des Erfolgs beschloß man bei Western Union, die Mailgram-Strategie zu ändern. Anstelle von „Wirkung" betonte die neue Strategie „Zustellung am nächsten Tag". Man engagierte also eine neue Werbeagentur, die das neue Programm entwickeln sollte.

Wiederum sprechen die Zahlen für sich:

1981	41 Millionen
1982	37 Millionen
1983	30 Millionen
1984	22 Millionen

Selten findet man ein so sonnenklares Beispiel für den Unterschied zwischen guter und schlechter Werbestrategie. (In den meisten Beispielen vernebeln andere Faktoren den Unterschied.) Doch im Fall von Mailgram ging das Volumen augenblicklich zurück, als man die Strategie änderte.

Ihre Aufgabe ist nicht nur, eine gute Strategie zu entwickeln. Gleichermaßen wichtig ist der notwendige Mut, Jahr für Jahr für dasselbe Thema zu trommeln.

19 Positioning einer Bank auf Long Island

Wie Western Union verkaufen Banken eine Dienstleistung, kein Produkt. Doch anders als der landesweite Service Mailgram ist der Bankservice immer noch eine regionale Dienstleistung.

Tatsächlich hat das Positioning einer Bank viel mit dem Positioning eines Kaufhauses, eines Geschäfts für Elektrogeräte oder irgendeines anderen Unternehmen des Einzelhandels gemein. Will man ein Einzelhandelsgeschäft erfolgreich positionieren, muß man das Territorium kennen.

Die Situation des Bankgeschäfts auf Long Island

Damit Sie verstehen, wie wir eine Position für die Long Island Trust Company entwickelten, sollten Sie ein wenig über das Territorium erfahren.

Viele Jahre lang war die Long Island Trust die führende Bank auf der Insel. Sie war die größte Bank mit den meisten Filialen, und sie verdiente das meiste Geld.

Doch in den siebziger Jahren änderte sich die Konkurrenzsituation bei Banken dramatisch. Ein neues Gesetz erlaubte es, im Staat New York unbeschränkt Bankfilialen zu eröffnen.

Seitdem haben sich viele der Großbanken aus New York City auf Long Island eingenistet. Banken wie Citibank, Chase Manhattan und Chemical Bank.

Auch pendeln eine beträchtliche Anzahl Leute aus Long Island zwischen ihrem Wohnort und New York City und wickeln einen Teil ihrer Bankgeschäfte bei ebendiesen Banken ab.

Allerdings war das Eindringen der Großstadtbanken in das Territorium von Long Island Trust nur ein Teil des Problems. Das Territorium, das wirklich zählt, liegt in den Köpfen der potentiellen Bankkunden. Und ein wenig Forschung förderte eine Menge schlechte Überraschungen zutage.

Das Gehirn des Adressaten vermessen

Inzwischen können Sie einschätzen, wie wichtig es ist, einen Einblick in den Kopf des Adressaten zu haben. Nicht nur, was Ihr Produkt oder Ihren Service angeht, sondern ebenso, was die Angebote der Konkurrenz betrifft.

Häufig läßt sich der Einblick intuitiv gewinnen. Niemand braucht ein Forschungsprogramm für 20000 Dollar, um herauszufinden, daß Western Union stark mit dem Telegramm identifiziert wird. Noch war viel Forschung nötig, um die Positionen von Milk Duds, Belgien und Xerox zu bestimmen.

Doch in der Mehrzahl der Fälle kann es außerordentlich hilfreich sein, das Gehirn des Adressaten durch formale Positioning-Forschung zu vermessen. Hilfreich nicht nur beim Entwickeln der Strategie, sondern auch beim Verkaufen der Strategie an das Topmanagement. (Der Chefmanager, der schon seit dreißig Jahren bei einer Firma ist, sieht diese Firma augenscheinlich anders als ein potentieller Kunde, dessen gesamte Berührung mit der Firma über dieselben dreißig Jahre in Minuten oder sogar Sekunden gemessen werden kann.)

Zum „Vermessen des Gehirns des Adressaten“ setzt man gewöhnlich ein Forschungsverfahren namens „semantische Differenzierung“ ein. Mit diesem Verfahren entwickelten wir ein Positioning-Programm für die Long Island Trust Company.

Bei dem Forschungsverfahren der semantischen Differenzierung legt man dem Adressaten eine gewisse Zahl von Attributen vor und bittet ihn dann, jeden Teilnehmer an der Untersuchung nach einer Skala, gewöhnlich von 1 bis 10, zu bewerten. Eines der Attribute könnte zum Beispiel der Preis sein. Bei Automobilen landete Cadillac hierbei offenbar am oberen, Chevette am unteren Ende.

Im Bankgeschäft gibt es praktisch kein Preisbewußtsein. Es wurden daher andere Attribute gewählt. In diesem Fall waren das: (1) viele Filialen, (2) umfassender Service, (3) Qualität des Service, (4) Kapitalgröße, (5) nützt den Einwohnern von Long Island, (6) nützt der Wirtschaft von Long Island.

Die ersten vier Attribute bilden die herkömmlichen Gründe, seine Geschäfte mit einer bestimmten Bank abzuwickeln. Die letzten beiden sind spezifisch für die Situation von Long Island.

Was die traditionellen Gründe betrifft, sah die Lage für Long Island Trust düster aus. Bei allen vier Attributen setzten die potentiellen Kunden die Bank auf den letzten Platz:

Viele Filialen

Chemical	7,3
National Bank of North America	6,7
European American	6,6
Chase Manhattan	6,4
Citibank	6,1
Long Island Trust	5,4

Umfassender Service

Chemical	7,7
Citibank	7,7
Chase Manhattan	7,6
National Bank of North America	7,4
European American	7,3
Long Island Trust	7,0

Qualität des Service

Chemical	7,2
Citibank	7,0
National Bank of North America	7,0
European American	6,8
Long Island Trust	6,7

Kapitalgröße

Chemical	8,2
Chase Manhattan	8,2
Citibank	8,1
National Bank of North America	7,8
European American	7,7
Long Island Trust	7,1

Bei Attributen, die Long Island selbst betrafen, waren die Positionen jedoch umgekehrt.

Hier die Einstufung der sechs Banken bei diesen Attributen:

Nützt den Einwohnern von Long Island

Long Island Trust	7,5
National Bank of North America	6,6
European American	5,2
Chemical	5,1
Chase Manhattan	4,7
Citibank	4,5

Nützt der Wirtschaft von Long Island

Long Island Trust	7,3
National Bank of North America	6,7
European American	5,4
Chemical	5,4
Citibank	5,3
Chase Manhattan	4,9

Betrafen die Attribute Long Island, lag die Long Island Trust Company klar an der Spitze. Keine allzu große Überraschung, wenn man die Macht des Namens bedenkt.

Entwickeln der Strategie

Wie sollte Long Island Trust vorgehen? Konventionelle Klugheit rät, die eigenen Stärken zu goutieren und sich dem Ausbessern der Schwächen zuzuwenden. Mit anderen Worten, die Werbung sollte den Adressaten auf den großartigen Service, das freundliche Personal und so weiter hinweisen.

Konventionelle Klugheit ist kein Positioning-Denken. Die Theorie des Positioning besagt, Sie müssen davon ausgehen, was der Adressat Ihnen bereits freiwillig gibt.

Und das einzige, was der Adressat Long Island Trust gab, war die „Long-Island-Position". Durch Akzeptieren dieser Position konnte die Bank die Invasion der Großstadtbanken zurückschlagen. Die erste Werbeanzeige stellte das Thema vor.

> Warum sollten Sie Ihr Geld in die Stadt fließen lassen, wenn Sie auf der Insel wohnen?
>
> Es ist nur vernünftig, wenn Sie Ihr Geld nahe der Heimat halten. Nicht bei einer Großstadtbank. Sondern bei Long Island Trust. Wo es für Long Island arbeitet.
>
> Schließlich konzentrieren wir uns auf den Fortschritt auf Long Island.

Nicht auf Manhattan Island. Oder irgendeiner Insel vor Kuwait.

Hand aufs Herz. Wer, glauben Sie, kümmert sich mehr um die Zukunft Long Islands?

Eine kürzlich zugewanderte Bank mit Hunderten anderer Filialen im Umland NewYorks und Niederlassungen in fünf Kontinenten?

Oder eine Bank wie wir, die seit mehr als fünfzig Jahren hier besteht und 33mal auf Long Island vertreten ist?

Eine zweite Anzeige zeigte ein Foto von Palmen vor einem Gebäude mit dem Emblem der Citibank N.A.

Bei einer Großstadtbank bedeutet eine Filiale in Nassau nicht unbedingt Ihr Nassau auf Long Island.

Wahrscheinlich ist es das Nassau auf den Bahamas. Einer der beliebtesten Plätze der Großstadtbanken. Tatsächlich haben sich multinationale Institutionen mit Krediten in Höhe von 75 Milliarden Dollar auf den Bahamas und den Cayman-Inseln engagiert.

Dagegen ist nichts einzuwenden. Außer daß Sie nicht viel davon haben, wenn Sie auf Long Island wohnen.

Long Island ist nicht nur unser bevorzugter Standort, es ist unser einziger Standort. Wir haben 18 Filialen in Nassau (das heißt Bezirk Nassau) und 16 in Queens und Suffolk.

Und wir sind schon eine lange Zeit hier, mehr als ein halbes Jahrhundert. Unser finanzielles Engagement und unser Service gelten zu 95 Prozent den Einwohnern von Long Island und ihren Häusern, Schulen und Geschäften.

Andere Anzeigen der Kampagne hatten ähnliche Themen:

„Die Stadt ist ein großartiger Ort für einen Besuch, aber würden Sie Ihre Bankgeschäfte gern dort abwickeln?“

„Die einzige Insel, die für eine Großstadtbank wirklich zählt, ist Manhattan.“ (Eine winzige Zeichnung von Long Island steht zwergenhaft neben einer riesigen Zeichnung von Manhattan.)

„Werden die Großstadtbanken in schwierigen Zeiten hier bleiben? (Oder sich in die Stadt zurückziehen.)“

Fünfzehn Monate später wiederholten wir dieselbe Befragung. Beachten Sie, wie sich die Position von Long Island Trust bei jedem Attribut verbesserte:

Viele Filialen

Long Island Trust	7,0
National Bank of North America	6,8
Chemical	6,6
Citibank	6,5
Chase Manhattan	6,1
European American	6,1

Vom letzten auf den ersten Platz bei „viele Filialen". Trotz der Tatsache, daß Chemical Bank zum Beispiel mehr als doppelt so viele Filialen auf Long Island unterhält.

Umfassender Service

Citibank	7,8
Chemical	7,8
Chase Manhattan	7,6
Long Island Trust	7,3
National Bank of North America	7,3
European American	7,2

Bei „umfassender Service" konnte sich Long Island Trust um zwei Plätze verbessern. Vom sechsten auf den vierten Platz.

Qualität des Service

Citibank	7,8
Chemical	7,6
Chase Manhattan	7,5
Long Island Trust	7,1
National Bank of North America	7,1
European American	7,0

Auch bei „Qualität des Service“ rückte Long Island Trust vom sechsten auf den vierten Platz nach oben:

Kapitalgröße

Long Island Trust	7,0
Chemical	6,7
Citibank	6,7
National Bank of North America	6,6
Chase Manhattan	6,6
European American	6,4

Bei „Kapitalgröße“ rückte Long Island Trust vom letzten auf den ersten Platz.

Die Ergebnisse zeigten sich nicht nur in der Befragung, sondern auch in den Filialen. „Mit Unterstützung der Werbeagentur, die das weithin anerkannte Konzept des Positioning aus der Taufe hob“, hieß es im Jahresbericht der Bank, „wurde unsere führende Bank, Long Island Trust, zu *der* Long Island Bank für die Leute auf Long Island. Die Kampagne wurde sofort erfreut angenommen.“

Sie werden denken, es läge auf der Hand, daß eine Bank für das Gebiet wirbt, in dem sie ihren Service anbietet. Und das stimmt auch.

Aber die besten Positioning-Ideen sind so einfach und offensichtlich, daß die meisten Leute sie übersehen.

20 Positioning einer Bank in New Jersey

Die Bank, um die es hier geht, heißt United Jersey und hat im Staat New Jersey 116 Niederlassungen.

United Jersey ist in einer anderen Lage als Long Island Trust. (Es gibt kein Positioning-Patentrezept.) Zwischen den beiden Banken gibt es zahlreiche Unterschiede. Der wichtigste von ihnen: Im Gegensatz zu Long Island Trust ist United Jersey nicht die größte Regionalbank ihres Geschäftsbereichs. (Dieses Prädikat kommt First Fidelity zu; an zweiter Stelle steht Midlantic und an dritter United Jersey.)

Suche nach einer realisierbaren Position

Eine Sache haben United Jersey und Long Island Trust gemeinsam: die Marketingumgebung. Beide Banken operieren im Schatten von Citibank, Chase Manhattan, Chemical, Manufacturers Hanover und den anderen New Yorker Großbanken. Dies gilt für den nördlichen Teil des Geschäftsbereichs.

Im Süden operiert United Jersey im Schatten großer Banken aus Philadelphia (Mellon, First Pennsylvania).

Das Problem, eine realisierbare Position für die Geschäfte

der Bank zu finden, wurde kompliziert durch die Tatsache, daß United Jersey ähnliche Dienste anbietet wie ihre Konkurrenten. Bundes- und Landesbestimmungen sorgen dafür.

Der einzige erfolgversprechende Ansatz ist die Tylenol-Methode. Die Antwort auf die Frage „Wie positioniere ich die Bank?“ finden Sie nicht, indem Sie die Bank studieren. Sie finden sie, indem Sie die Konkurrenz studieren, so wie Tylenol die Probleme von Aspirin studierte.

An einem Ende kämpft United Jersey in einem Marketingdschungel namens Großraum New York.

Und es ist wirklich ein Bankendschungel. Allein in Manhattan gibt es 389 Banken. Ganz zu schweigen von Brooklyn, Queens, der Bronx, Staten Island und dem ganzen Staat New Jersey.

König und Königin des Dschungels sind Citibank und Chase Manhattan. Das sind große Banken. Allein in Manhattan hat Citibank 74 Niederlassungen.

Wie findet man eine Schwäche bei Citibank, die fast so viele Vizepräsidenten hat wie United Jersey Angestellte?

Der Nachteil der Größe

Das Problem, einen bedeutsamen Vorzug für United Jersey aufzuspüren, kann man dadurch angehen, daß man die Nachteile ihrer Großstadtkonkurrenten untersucht.

Warum United Jersey gegen die großen Banken positionieren? Warum nicht gegen kleine Geldinstitute antreten? Der Grund: Die großen Banken sind es, die der Adressat schon im Kopf hat. Positioning heißt stets, sich mit dem zu befassen, was schon im Kopf ist.

Der Nachteil der Größe ist langsamer Service. Eine Anzeige von Avis drückte es einmal so aus: „Mieten Sie bei uns. Bei uns sind die Schlangen kürzer." Auch Banken sollten die Kunden nicht warten lassen. So entwickelten wir für United Jersey eine Positioning-Strategie mit dem Motto „Die schnelle Bank". Diese Strategie hat zwei Schlüsselaspekte.

A. Ausnutzen der einzigen wirklichen Schwäche der New Yorker Großbanken: ihre Trägheit.

B. Ermuntern des Managements bei United Jersey, die Leistung der Bank den Versprechungen in der Werbung gerecht werden zu lassen. Daraus ergaben sich sieben Schlüsselverpflichtungen.

1. **Dezentrale Entscheidungen.** United Jersey verlegte die Entscheidungsgewalt auf die lokale Ebene. (Eines ihrer Kreditteams kann über die Vergabe von Krediten bis zu zehn Millionen Dollar befinden, und dieses Team trifft sich täglich.) In zehn Bankhandelszentren im ganzen Staat können andere leitende Funktionäre im Haus schnell über Unternehmerkredite entscheiden.
2. **Universelles Training.** United Jersey trainiert ihre Mitarbeiter nicht nur in speziellen, sondern in allen Sparten ihres Bankgeschäfts. Hat ein Kunde eine Frage, muß er daher nicht auf die Antwort warten, während die Frage an jemand anders weitergeleitet wird.
3. **Verstärkter Einsatz von EDV.** United Jerseys landesweites System von Bankschalterautomaten ist das größte private Netzwerk im Bundesstaat. United Jerseys Firmenkunden können direkt mit den Computern der Bank verbunden werden, um Kontoabfragen und andere tägliche Vorgänge abzuwickeln.
4. **Schneller Schließfachdienst.** Die Mitarbeiter von United Jersey holen die Schecks während der Woche sechsmal täglich und an Wochenendtagen viermal täglich ab. Ihre Schließfachzentrale in Newark hat sogar eine eigene Postleitzahl. Leerung der Schließfächer und Auffüllen der Kundenkonten voll-

zieht sich bei United Jersey mit größtmöglicher Geschwindigkeit.

5. **FACT-Terminals.** (Fast Authorization of Cashless Transaction = schnelle Freigabe bargeldloser Transaktionen.) Mit diesen jetzt installierten Terminals profitieren Kaufleute von der schnellen, vollautomatischen Freigabe von Transaktionen. Und schnellere Freigabe bei einem Minimum an Risiko bedeutet verbesserten Cash-flow.
6. **Aufgeschlossenheit.** Ob es darum geht, als erster ein neues Produkt einzuführen oder zur Konkurrenz aufzuschließen, United Jersey verpflichtet sich, auf die finanziellen Bedürfnisse ihrer Kunden einzugehen.
7. **Zentrale Lage.** United Jersey baute ihre neue Zentrale in Princeton. Im geographischen Mittelpunkt des Bundesstaats ist United Jersey von jedem ihrer Kunden weniger als eine Autostunde entfernt und mit dem Hubschrauber sogar noch schneller erreichbar.

Werben für die schnelle Bank

Als die Leistungen der Bank den erforderlichen Stand erreicht hatten, begann die Werbung ihre Versprechungen zu machen. Natürlich mit den Schwächen der Konkurrenz als Hauptzielrichtung.

Jeder Fernsehspot setzte die Bankleute von United Jersey in Kontrast zu ihren Gegenstücken bei einer Bank mit dem scherzhaften Namen „Lethargic National Bank“. In einem der Spots schien die Freigabe eines Firmenkredits bei der Lethargic National ewig zu dauern. In einem zweiten Spot sah man, wie ein Angestellter der Lethargic National verschwand, als ein Kunde eine schnelle Antwort auf seine Fragen benötigte. Und im dritten Spot mußte ein Ehepaar zusehen, wie sich die Mitarbeiter bei Lethargic zeitlupenhaft mit einem einfachen Ratenkredit beschäftigten.

Die humorvollen Vignetten machten überzeugend klar, daß United Jersey „Ihrer Zeit ebensoviel Wert beimißt wie Ihrem Geld".

Auch gedruckte Anzeigen transportierten das Thema „schnell". „Zeitgewinn ist Geldgewinn" und „Eine Bank sollte die Kunden nicht warten lassen" waren zwei typische Schlagzeilen.

An alle Bankfunktionäre von United Jersey wurden Schilder verteilt mit der Aufschrift „Zeit ist Geld", eine deutliche Erinnerung, die Kunden nicht neben ihrem Schreibtisch sitzen und warten zu lassen.

Hat es funktioniert?

Die Strategie der schnellen Bank war in jeder Hinsicht ein voller Erfolg für United Jersey. Zum Beispiel verdreifachte sich der bloße Bekanntheitsgrad in etwas mehr als einem Jahr.

Geschäft und Profite stiegen an. Ein Jahr nach dem Start des Programms meldete United Jersey eine Gewinnzunahme von 30 Millionen Dollar, eine Steigerung von 26 Prozent gegenüber dem Vorjahr.

Ein noch wichtigerer Indikator für den Wandel war die Einstellung der Beschäftigten. Ein Funktionär von United Jersey berichtete: „Die Imagewerbung ist großartig, aber das Beste, was ich gesehen habe, ist, daß unsere Mitarbeiter hinter dem Schalter etc. sich bemühen, dem Versprechen „schnell" gerecht zu werden ... und sie sind wirklich schnell! Seit dem Beginn der Kampagne hat sich die Einstellung ganz enorm gewandelt. Freigaben kommen schneller. Die Mitarbeiter sitzen nicht mehr auf den Dingen."

Das Wesentliche an einer guten Positioning-Strategie ist, daß sie jeden Aspekt der Firma durchdringt. Sie wissen, Sie haben einen Volltreffer, wenn Sie ihn an der Fahnenstange der Firma hissen und jeder salutiert.

21 Positioning eines Skiortes: Stowe

In Amerika gibt es mehr als tausend Skigebiete mit einem „Namen“. Da der durchschnittliche Skifahrer davon nur einen Bruchteil im Kopf behalten kann, ist es unter Umständen schwierig, einen Skiort zu positionieren.

Heißt der Skiort Stowe, vereinfacht sich das Problem außerordentlich. Stowe ist bereits wohlbekannt. „Stowe ist für mich *der* Skiort im Osten“, sagte James Brady, Kolumnist bei *Advertising Age*, „ebenso wie Aspen im Westen, Val d'Isère in Frankreich oder Kitzbühel in Österreich.“

Warum eine Position für Stowe?

Warum braucht Stowe angesichts seines Rufs eine Position? Genügt es nicht, für Stowe zu werben und den Skifahrer das Bild von Stowe heraufbeschwören zu lassen?

Bis zu einem gewissen Grad, ja. Der Ruf eines Produkts wie Steinway oder eines Ortes wie Stowe erzeugt eine Mundpropaganda, die den Ruf Jahr für Jahr weiterträgt. Doch kann sauberes Positioning die Mundpropaganda verstärken und so den ganzen Prozeß fördern. Im wesentlichen liefert das Positioning den Stoff zum Reden.

Worüber sprechen Skifahrer? James Brady traf es am besten. Sie sprechen über Skiorte, über Orte wie Aspen, Val d'Isère und Kitzbühel.

Mit diesem Hintergrund im Kopf begann die Suche nach einer Position für Stowe. Die Situation schien nach einem außenstehenden Experten zu verlangen, der die Glaubwürdigkeit liefern konnte, um eine Behauptung über den vergleichsweisen Rang Stowes aufzustellen.

Die Top ten der Skiorte in der Welt

Die bekannte Ski- und Reiseschriftstellerin Abby Rand lieferte diese Glaubwürdigkeit. In *Harper's Bazaar* brachte sie eine Liste der Top-ten-Skiorte der Welt. Einer davon war Stowe, Vermont. Die anderen: Aspen, Colorado; Courchevel, Frankreich; Jackson Hole, Wyoming; Kitzbühel, Österreich; Portillo, Chile; St. Christoph, Österreich; St. Moritz, Schweiz; Sun Valley, Idaho; Vail, Colorado. (Keine schlechte Liste.)

Die Positioning-Werbung für Stowe benutzte Ortsembleme zur Darstellung der Skigebiete. „Von den Top-ten-Skigebieten der Welt", hieß es in der Anzeige, „liegt nur eines im Osten."

„Sie müssen nicht in die Alpen, die Anden oder in die Rocky Mountains fahren, um die Skiferien Ihres Lebens zu verbringen", ging es weiter. „Kommen Sie in die Ski-Hauptstadt des Ostens: Stowe, Vermont."

Die Skifahrer sprachen auf die neue Strategie für Stowe an. Als Reaktion auf die Werbeanzeige forderten sie Tausende von Broschüren an. Auch brachen sie in dem Skigebiet alle Besucherrekorde.

Man könnte meinen, es sei einfach, in einem Ort wie Stowe das Geschäft zu steigern, doch hat die Konkurrenz einen bedeutsamen Vorteil. Orte wie Stratton, Sugarbush, Big Bromley und

Mt. Snow liegen alle südlich von Stowe. Der Skifahrer, der von einem großen Ballungsgebiet (New York City) anreist, hat daher bis Stowe eine oder zwei Stunden länger zu fahren. Eine der Aufgaben der Werbung ist, dem Skifahrer zu versprechen, daß sich die längere Reise lohnt.

„Ein Skiort der Top ten in der Welt“ ist eine klassische Positioning-Strategie. Das nutzt die Neigung des Gehirns, in komplizierten Fällen eine Liste aufzustellen. „Die Sieben Weltwunder“ ist eines der ältesten Beispiele für diese Methode.

Außerdem kann man die Top-ten-Strategie augenscheinlich beliebig lange benutzen. Es gibt keinen Grund, sie zu ändern. Ist eine bessere Strategie denkbar, als einen Ort oder ein Produkt in einer Liste der besten der Welt genannt zu haben?

Wenn Sie Ihrem Produkt oder Service über eine anerkannte Autorität Glaubwürdigkeit verleihen, schöpfen Sie aus einem fundamentalen Aspekt der menschlichen Natur. Es gibt Sicherheit, wenn man sich nicht auf das eigene Urteil verlassen muß.

Allen Funt, der Vater von *Candid Camera* („versteckte Kamera“), hat die Schattenseite dieser Tendenz, sich der Autorität zu unterwerfen, untersucht. „Das größte Übel, und ich habe es wieder und wieder beobachtet“, sagte Funt, „ist die leichte Lenkbarkeit der Leute durch eine bestimmte Autorität oder auch nur durch den geringsten Anschein von Autorität.“

„Wir stellten ein Schild an der Straße auf *Delaware heute gesperrt*“, berichtete Funt, „und die Autofahrer hatten keinerlei Zweifel. Statt dessen fragten sie: ‚Ist New Jersey frei?‘“

22 Positioning: Die katholische Kirche

Man hätte dieses Buch anstatt über Werbung ebensogut über Religion schreiben können.

Zu weit hergeholt?

Eigentlich nicht. Das Entscheidende bei jeder Religion ist Kommunikation. Von der Gottheit über den Klerus zur Gemeinde.

Die Schwierigkeiten ergeben sich nicht aus einer vollkommenen Gottheit und einer unvollkommenen Gemeinde, sondern aus dem Klerus.

Wie der Klerus die Kommunikationstheorie in die Praxis umsetzt, hat einen bedeutsamen Einfluß auf die Stellung der Religion in der Gemeinde.

Eine Identitätskrise

Vor einigen Jahren wurde Positioning-Denken auf die katholische Kirche angewandt. Mit anderen Worten, die Kommunikationsprobleme dieser riesigen Organisation wurden so behandelt, als wären es die einer größeren Firma.

Dieser Wunsch kam nicht vom Papst oder einem Bischofskomitee. Er kam von einer Gruppe von Laien, die tief besorgt war über das, was ein berühmter Theologe eine „gewisse Identitätskrise“ getauft hatte, die im Gefolge der Reformen des Zweiten Vatikanischen Konzils aufgetreten war.

Es zeigte sich rasch, daß die Kommunikation in der katholischen Kirche bestenfalls planlos war.

Während man mit großer Anstrengung die Verbesserung der Techniken verfolgte, fehlte den Programmen ein starkes zentrales Thema und jegliche Kontinuität. (Ein besonders ernstes Problem in einer Zeit elektronischer Kommunikationsüberflutung.)

Die Lage erinnerte an General Motors, wo es auch keine firmenumspannenden Werbeprogramme gibt. Sämtliche Kommunikation kam von den örtlichen Händlern. Manche gut, die meiste schlecht.

Ein gerüttelt Maß der Schwierigkeiten konnte auf das Zweite Vatikanische Konzil zurückgeführt werden.

Vor dieser „Öffnung nach außen“ besaß die Amtskirche eine klar umrissene Position im Kopf des Gläubigen. Für die meisten war die Kirche der Lehrmeister für Recht und Unrecht. Der Schwerpunkt lag auf Regeln, Belohnung und Strafe. Die Kirche trat Jungen und Alten gleichermaßen konsistent gegenüber. Das Zweite Vatikanische Konzil bewegte die katholische Kirche weg von dieser Position von Recht und Ordnung. Viele Regeln und Regelungen wurden als überflüssig verworfen. Änderungen in Liturgie und Zeremonie wurden alltäglich. Flexibilität löste die strenge Regelauslegung ab.

Leider war in Rom kein Werbemanager zur Hand, als man diese schwerwiegenden Änderungen vornahm. Keiner, um das Wesentliche der neuen Entwicklungen herauszudestillieren und ein Programm zu entwerfen, das in einfacher Sprache die neue Richtung wies.

Nach Jahren ohne Bedarf an einem „unternehmerischen“

Kommunikationsprogramm ist es leicht zu verstehen, daß die katholische Kirche das Ausmaß des vorliegenden Problems nicht erkannte.

Nachlassender Einfluß

Was so schmerzlich fehlte, war eine klare Präsentation der neuen Kirche.

Der Gläubige fragte sich im stillen: „Wenn du nicht mehr der Lehrmeister für Recht und Unrecht bist, was bist du dann?“

In den Jahren nach dem Zweiten Vatikanischen Konzil gab es darauf keine einfache Antwort. Keinen Versuch, die Kirche in den Köpfen der Laien zu repositionieren. Eigentlich auch nicht in den Köpfen des Klerus.

Und da Antworten fehlten, machte sich Konfusion breit, und viele Leute kehrten der Kirche den Rücken.

Zum ersten Mal fiel der Anteil der Katholiken, die regelmäßig die Messe besuchten, unter fünfzig Prozent. Das entspricht einem Rückgang von zwanzig Prozent, während der Kirchenbesuch auf protestantischer Seite bemerkenswert stabil blieb.

Heute gibt es zwanzig Prozent weniger Priester, Nonnen und Mönche als noch vor zehn Jahren. Berufungen gingen um sechzig Prozent zurück.

Eine letzte Statistik ist besonders bezeichnend. Die katholische Kirche bildet gegenwärtig die „größte Gemeinschaft moralischer Autorität in der amerikanischen Gesellschaft“. (Ein Titel, den ihr der protestantische Theologe Peter Berger verlieh.)

Doch als *U.S. News & World Report* eine Gruppe von 24000 höchst einflußreichen Managern ersuchte, den Einfluß größerer Institutionen zu bewerten, rangierten die Kirche und andere religiöse Organisationen ganz unten.

Die moralische Autorität der katholischen Kirche wurde offenbar nicht sehr gut vermittelt.

Welche Rolle für die Kirche?

„Welche Rolle spielt die katholische Kirche in der modernen Welt?“

Diese Frage stellte man dem Klerus, den Bischöfen und den Laien. Stets erhielt man eine andere Antwort.

Manche sagen, es gibt keine einfache Antwort. Manche sagen, hier gibt es mehr als eine Antwort. (Man beachte die Jedermann-Falle.)

Firmenmanager haben auf derartige Fragen gewöhnlich Antworten parat. Wenn Sie die Topmanager bei General Motors fragen, werden sie höchstwahrscheinlich ihre Rolle als die des weltgrößten Automobilherstellers sehen. Firmen wenden Millionen auf, das Wesen ihrer Produkte zu bestimmen und es mit Worten wie „weißer als weiß“ oder „Crest, das heißt Kampf gegen Karies“ zu vermitteln.

Die Kirche mußte diese offene Frage einfach und klar beantworten. Und sie mußte diese Antwort in ein total integriertes Kommunikationsprogramm einbinden. Schließlich mußte sie dieses Programm ihrer Gemeinde auf neue und aufregende Weise nahebringen.

Zur Ausarbeitung eines Identitätsprogramms für ein Unternehmen gehört gewöhnlich, den Weg so lange zurückzuverfolgen, bis man auf die grundlegende Tätigkeit der Firma stößt. Das erfordert genaues Studium alter Pläne und Programme. Um zu sehen, was funktioniert hat und was nicht.

Im Fall der katholischen Kirche muß man 2000 Jahre zurückgehen und die Entwicklung der Kirche verfolgen. Anstatt auf alte Geschäftsberichte muß man sich auf die Heilige Schrift verlassen.

Auf der Suche nach einer einfachen, direkten Darstellung der Rolle der Kirche stößt man im Evangelium auf zwei explizite Aussagen, die die Antwort enthalten könnten.

Erstens, wie Matthäus in seinem Evangelium berichtet (Matt. 17,5), wies Gott während der irdischen Mission Jesu Christi die Menschen an, auf die Worte seines geliebten Sohnes zu hören.

Zweitens befahl Christus bei seiner Himmelfahrt seinen Jüngern, hinauszugehen in die Welt und sein Wort unter allen Völkern zu verbreiten (Matt. 28,19-20).

Aus der Heiligen Schrift geht klar hervor, daß Christus die Rolle der Kirche als „Lehrmeister des Wortes" sah.

Da er „Gottes Sohn" ist, muß man davon ausgehen, daß sein Wort für alle Zeiten gültig ist. Die Gleichnisse Christi galten nicht nur für die Leute damals, sondern auch für heute.

Daher müssen sie so universell aufgebaut sein, daß sie stets als zeitlos angesehen werden können. Sie sind einfach und tief. In ihnen gibt Jesus den Menschen aller Zeitalter Stoff zum Nachdenken und zum Handeln.

Daher darf man annehmen, daß diejenigen, die die Botschaft heute verkünden, die alte Botschaft vermitteln sollten, in einer neuen Form, nach ihrer eigenen Örtlichkeit, ihrer eigenen Zeit und auf ihre eigene Weise.

So führte also das schrittweise Zurückverfolgen zu dieser Rolle der Kirche: Sie sollte Christus in den Köpfen jeder neuen Generation lebendig erhalten und sein Wort zu den Problemen ihrer Zeit in Bezug setzen.

In vieler Hinsicht schien das Zweite Vatikanische Konzil der Kirche einen Weg nach rückwärts, nicht nach vorwärts zu weisen. Vom Lehrmeister von „Recht und Unrecht" zum „Lehrmeister des Worts".

Dies mag als eine sehr simplistische, fast offensichtliche Antwort auf ein kompliziertes Problem erscheinen.

Und das stimmt. Die Erfahrung hat gezeigt, daß ein Positioning-Manöver eine Suche nach dem Offensichtlichen ist. Dies sind die am leichtesten vermittelbaren Konzepte, da sie für den Empfänger einer Botschaft am besten einsichtig sind.

Leider sind offensichtliche Konzepte gleichzeitig am schwersten zu erkennen und zu verkaufen.

Der menschliche Geist bewundert gern das Komplizierte und verwirft das Offensichtliche als zu einfach. (Beispielsweise bewundern viele Kleriker die Definition der Rolle der Kirche, die ein berühmter Theologe namens Avery Dulles hervorgebracht hat. Seine Antwort: Die Kirche hat nicht nur eine Rolle. Sie hat sechs verschiedene Rollen zu spielen.)

Implementieren der Position

Nachdem das offensichtliche Konzept herauspräpariert war, galt es als nächstes, die Methoden zu dessen Umsetzung in die Tat zu entwickeln.

Am Anfang und allem voran stand das Kanzeltraining. Um die Rolle des „Lehrmeisters des Worts" auszufüllen, mußten die Kleriker weit bessere Redner werden und weit bessere Predigten halten. (Die besten Religionssprecher findet man heute nicht in der Kirche, sondern Sonntag vormittags im Fernsehen.)

Zusätzlich zum Kanzeltraining wurde ein einführender Film mit dem Titel *Zurück zu den Anfängen* vorgeschlagen.

Der Start einer größeren Maßnahme in Sachen Kommunikation erfordert oft irgendeine Art Drama, um die Aufmerksamkeit der Leute zu wecken. Die Emotionalität des Mediums Film ist für diesen Zweck ideal geeignet. (Aus demselben Grund ist das Fernsehen ein so mächtiges Werkzeug bei der Einführung neuer Produkte.)

Eine breite Palette anderer Programmelemente wurde vorgeschlagen, allesamt sorgsam um die Rolle der Kirche als „Lehrmeister des Worts“ herumkonstruiert.

Der entscheidende Punkt hier ist, sobald eine Positioning-Strategie steht, bestimmt sie die Richtung für alle Aktivitäten der Organisation. Selbst die einer so großen und vielfältigen wie der katholischen Kirche.

Was geschah?

Nichts.

Es war äußerst schwierig, das Management der katholischen Kirche davon zu überzeugen, diese Lösung ihrer Probleme in die Tat umzusetzen.

Zum einen lehnen Bischöfe es ab, daß Laien ihnen sagen, wie sie ihre Kirche führen sollen, und zum anderen erschien ihnen die Lösung auch viel zu offensichtlich, um akzeptabel zu sein. Die Einfachheit ist nicht so attraktiv wie die Komplexität.

Und wie die meisten großen Probleme, verschwindet auch dieses nicht von selbst. Wenn Sie die Zeitungen verfolgt haben, wird Ihnen wahrscheinlich aufgefallen sein, daß der Papst dabei ist, eine weitere Synode einzuberufen, die die Resultate des Zweiten Vatikanischen Konzils auswerten soll. Im Presseorgan des Vatikans, dem *l'Osservatore Romano*, war zu lesen, der Zweck der Synode sei, die Konfusion zu lösen, die in den zwanzig Jahren nach dem Ende des Zweiten Vatikanischen Konzils entstanden ist.

Wollen sie schließlich und endlich das Problem der Konfusion zur Kenntnis nehmen? Werden sie ihre „Identitätskrise“ lösen und ein Kommunikationsprogramm entwickeln, das die Kirche in der modernen Welt positioniert? Wird dieses Programm die sich weitende Kluft zwischen liberalen und konservativen Katholiken wieder schließen?

Da können Sie lange warten.

23 Positioning: Sie selbst und Ihre Karriere

Wenn man mit Positioning-Strategien ein Produkt voranbringen kann, warum sie dann nicht auch dazu einsetzen, sich selbst voranzubringen?

Nichts spricht dagegen.

Betrachten wir also die Theorie des Positioning unter dem Gesichtspunkt Ihrer eigenen Karriere.

Definieren Sie sich selbst

Was sind Sie? Leute leiden an derselben Krankheit wie Produkte. Sie wollen es allen recht machen.

Das Problem dabei ist das Gehirn des Adressaten. Es ist schon schwierig genug, ein Konzept mit jedem Produkt zu verknüpfen. Bei zwei oder mehr Konzepten ist das praktisch unmöglich.

Der schwierigste Teil des Positioning ist die Wahl des einen bestimmten Konzepts, an das Sie Ihren Hut hängen. Doch bleibt Ihnen nichts anderes übrig, wenn Sie die Mauer der Indifferenz durchbrechen wollen, die den Adressaten umgibt.

Was sind Sie? Was ist Ihre eigene Position im Leben? Können

Sie Ihre eigene Position in einem einzigen Konzept zusammenfassen? Wenn ja, können Sie Ihre Karriere so steuern, daß Sie diese Position etablieren und ausbeuten?

Die meisten Leute haben zu viele Skrupel, um ein einziges Konzept für sich aufzustellen. Sie schwanken. Sie erwarten, daß andere das für sie übernehmen.

„Ich bin der beste Rechtsanwalt in Dallas."

Wirklich? Wie oft würde Ihr Name genannt werden, wenn wir in den juristischen Kreisen von Dallas eine Umfrage vornähmen?

„Ich bin der beste Rechtsanwalt in Dallas" ist eine Position, die sich mit einigem Talent, einigem Glück und einer Menge Strategie erreichen läßt. Und der erste Schritt ist, das Konzept herauszuschälen, das Sie zum Aufbau dieser Langzeitposition einsetzen wollen. Das ist nicht leicht. Es kann sich aber gewaltig auszahlen.

Machen Sie Fehler

Ist etwas wert, getan zu werden, lohnt es sich auch, es schlecht zu tun. Falls es sich nicht lohnt, hätten Sie gleich die Finger davon lassen sollen.

Andererseits, wenn etwas wert ist, getan zu werden, und Sie warten, bis Sie es perfekt tun können, wenn Sie es vor sich her schieben, dann laufen Sie Gefahr, es gar nicht zu tun. Niemals.

Daher: Ist etwas wert, getan zu werden, lohnt es sich auch, es schlecht zu tun.

Ihr Ansehen in der Firma wird wahrscheinlich besser sein, wenn Sie bei vielen Versuchen manchmal Erfolg haben, als wenn Sie Fehlschläge fürchten und nur sichere Sachen anpacken.

Die Leute erinnern sich immer noch an Ty Cobb, der bei 134 Versuchen 96mal erfolgreich das Mal erreichte (70 Prozent).

Max Carey aber haben sie vergessen, obwohl er bei 53 Versuchen 51mal Erfolg hatte (96 Prozent).

Eddie Arcaro, der vielleicht größte Jockey, der jemals im Sattel saß, hatte 250 glatte Versager, bevor er seinen ersten Sieger bestieg.

Achten Sie auf Ihren Namen

Wer ist Leonard Slye? Nur wenige wußten es, bis er seinen Namen zu Roy Rogers änderte. Ein bedeutsamer Schritt auf dem Weg zu einem Filmstar.

Oder wer ist Marion Morrison? Ein wenig feminin für einen männlich-harten Cowboy. Also änderte er seinen Namen zu John Wayne.

Oder Issur Danielowitsch? Zuerst geändert in Isadore Demsky und dann zu Kirk Douglas.

Oder um mit Oliver Wendell Holmes jr. zu sprechen: „Das Schicksal versuchte, ihn zu verstecken, indem es ihm den Namen Smith gab."

Nach amerikanischem Gesetz haben Sie das Recht, jeden beliebigen Namen anzunehmen, sofern damit nicht Betrug oder Täuschung verbunden ist. Ändern Sie also Ihren Namen nicht zu McDonalds, um dann einen Hamburger-Stand zu eröffnen.

Ebenso, denken Sie sich als Politiker nichts dabei, Ihren Namen in „Keiner der Obigen" zu ändern. Luther D. Knox, ein Kandidat der Gouverneurswahlen in Louisiana, hatte seinen Namen rechtmäßig genau dazu geändert. Allerdings veranlaßte ein Bundesrichter, daß der Name des Herrn Keiner der Obigen von der Liste gestrichen wurde, da dieser Schritt eine Täuschung beinhaltete.

Hüten Sie sich vor der No-name-Falle

Viele Leute des Wirtschaftslebens fallen sowohl persönlich als auch in bezug auf die Firma der Initialitis zum Opfer.

Als junge Führungskräfte sehen sie, daß die Topmanager gewöhnlich Initialen verwenden: J. S. Smith, R. H. Jones. Also tun sie das auch. Auf Memos und auf Briefen.

Das ist ein Fehler. Sie können sich so etwas nur leisten, wenn jeder weiß, wer Sie sind. Befinden Sie sich auf dem Weg nach oben und versuchen, Ihren Namen in die Köpfe des Topmanagements einzubrennen, brauchen Sie einen echten Namen, keine Folge von Initialen. Genau aus denselben Gründen wie Ihre Firma. Schreiben Sie Ihren Namen nieder, und schauen Sie ihn an. Roger P. Dinkelacker.

Dieser Name wirkt auf das Management psychologisch so: Wir sind so eine große Firma, und Sie haben so eine unbedeutende Aufgabe, daß Sie das „P“ unbedingt brauchen, um sich von den anderen Roger Dinkelackers im Mitarbeiterstab abzuheben.

Doch wohl kaum.

Wenn Sie einen Namen tragen wie John Smith oder Mary Jones, dann brauchen Sie die mittlere Initiale eventuell wirklich, um sich von den anderen John Smiths und Mary Joneses abzuheben.

In diesem Fall brauchen Sie aber eigentlich einen neuen Namen. Konfusion ist der Feind erfolgreichen Positionings. Einen Allerweltsnamen können Sie nicht „einbrennen“. Wie werden andere Leute John T. Smith und John S. Smith auseinanderhalten?

Gar nicht. Sie werden Sie einfach zusammen mit dem Rest vergessen. Und die No-name-Falle hat wieder einmal zugeschnappt.

Hüten Sie sich vor der Line-Extension-Falle

Angenommen, Sie haben drei Töchter, würden Sie sie dann Mary 1, Mary 2 und Mary 3 nennen? Oder, Spaß beseite, würden Sie sie Maria, Marianne und Margarete nennen? Wie auch immer, Sie erzeugen damit lebenslange Verwechslungen.

Wenn Sie ein junior an den Namen Ihres Sohnes anhängen, tun Sie ihm damit keinen Gefallen. Er braucht eine eigene Identität.

Im Showgeschäft, wo Sie eine glasklare Identität in die Köpfe der Leute einbrennen müssen, sollte man wahrscheinlich nicht einmal einen berühmten Familiennamen benutzen.

Liza Minnelli ist heute ein größerer Star, als Ihre Mutter, Judy Garland, jemals war. Als Liza Garland wäre sie schon von Beginn an gehandikapt gewesen. Frank Sinatra jr. ist ein Beispiel für einen besonders schweren Fall eines Line-Extension-Namens. Er startet buchstäblich mit zwei Toren im Rückstand.

Bei einem Namen wie Frank Sinatra jr. sagt sich das Publikum: „Er wird nie so gut singen wie sein Vater."

Natürlich nicht, da man hört, was man erwartet.

Suchen Sie sich ein Zugpferd

Manchmal finden sich ehrgeizige und intelligente Leute in Situationen gefangen, wo ihre Zukunft trostlos aussieht. Was tun sie dann im allgemeinen?

Sie strengen sich mehr an. Sie versuchen, zum Ausgleich länger, härter und angestrengter zu arbeiten. Das Geheimnis des Erfolgs ist, sich hart ins Zeug zu legen, seine Arbeit besser zu machen als die anderen, und Ruhm und Reichtum werden sich einstellen, richtig?

Falsch. Größere Anstrengungen sind selten der richtige Weg zum Erfolg. Der bessere Weg ist mehr Raffinesse.

Es ist wieder die alte Geschichte von den Heinzelmännchen. Allzu oft verstehen es Managementleute nicht, Ihre eigene Karriere zu managen.

Ihre persönliche Strategie des Vorwärtskommens basiert häufig auf der naiven Vorstellung, daß Befähigung und harte Arbeit alles ist, was zählt. Und so knien sie sich hinein, arbeiten härter und warten auf den Tag, an dem ihnen jemand mit dem Zauberstab auf die Schulter klopft.

Doch so ein Tag kommt selten.

Die Wahrheit ist, daß man die Straße zu Ruhm und Reichtum selten in sich selbst findet. Der einzig sichere Weg zum Erfolg ist, sich ein Zugpferd zu suchen. Ihr Ego mag das vielleicht nicht ohne weiteres akzeptieren, aber Erfolg im Leben beruht mehr auf dem, was andere für Sie tun können, als auf eigenen Möglichkeiten.

Kennedy irrte. Fragen Sie sich nicht, was Sie für Ihre Firma tun können. Fragen Sie sich, was Ihre Firma für Sie tun kann. Wenn Sie die Chancen, die Ihre Karriere Ihnen bietet, maximal ausschöpfen wollen, müssen Sie daher die Augen offen halten und sich ein Pferd suchen, das Sie für sich einspannen können.

Das erste Zugpferd ist Ihre Firma. Wohin entwickelt sich Ihre Firma? Oder weniger höflich gefragt, entwickelt sie sich überhaupt?

Allzu viele gute Leute haben sich mitsamt ihren guten Zukunftsaussichten in eine Lage manövriert, wo sie zum Scheitern verurteilt sind. Doch das Scheitern gibt Ihnen zumindest eine zweite Chance. Schlimmer noch ist eine Firma mit unterdurchschnittlichen Wachstumsaussichten.

Egal wie brillant Sie auch sind, es bringt niemals etwas, sein Schicksal an einen Verlierer zu binden. Auch der beste Offizier auf der Titanic landete mit dem schlechtesten in demselben Rettungsboot. Und das auch nur mit genügend Glück.

Sie können es nicht allein schaffen. Wenn Ihre Firma keine Zukunft hat, dann suchen Sie sich eine andere. Zwar können Sie sich nicht immer eine IBM oder eine Xerox auswählen, aber etwas deutlich über dem Durchschnitt sollte sich finden lassen.

Setzen Sie auf Wachstumsbranchen. Auf Produkte der Zukunft wie Computer, Elektronik, Optik, Kommunikation.

Und vergessen Sie nicht, daß Dienstleistungen aller Art weit schneller wachsen als der Produktionsbereich. Fassen Sie also Banken, Leasing, Versicherungen und Firmen im Bereich Gesundheit, Finanz- und Beratungswesen ins Auge.

Denken Sie daran, daß Ihre Erfahrung mit Produkten von gestern Ihren Blick für die Möglichkeiten in völlig anderen Produktbereichen und insbesondere für den Dienstleistungssektor verstellen kann.

Und wenn Sie zu einer zukunftsorientierten Branche wechseln, fragen Sie nicht nur, wieviel man Ihnen heute zahlt.

Fragen Sie auch, wieviel man Ihnen eventuell morgen zu zahlen bereit ist.

Das zweite Zugpferd ist Ihr Chef. Stellen Sie sich dieselben Fragen über Ihren Chef.

Hat er eine Zukunft? Wenn nicht er, wer dann? Versuchen Sie stets, für die tüchtigste, intelligenteste, kompetenteste Person zu arbeiten, die Sie finden können.

Wenn Sie sich die Biographien erfolgreicher Leute ansehen, werden Sie staunen,wie viele die Erfolgsleiter geradewegs hinter jemand anders hinaufgeklettert sind. Von ihrer ersten Tätigkeit als Wasserträger bis zu ihrer letzten als Vorstandsvorsitzender oder Topmanager einer großen Firma.

Doch manche arbeiten gern für inkompetente Leute. Ich nehme an, sie glauben, daß eine frische Blume besser dasteht, wenn sie von welken umgeben ist. Sie vergessen dabei, daß das Topmanagement gern den ganzen Strauß wegwirft, wenn es mit einer Abteilung nicht zufrieden ist.

Es gibt zwei Typen von Stellenbewerbern.

Der eine ist außerordentlich stolz auf seine speziellen Fähigkeiten. Er wird häufig sagen: „Sie brauchen mich wirklich. Sie sind auf meinem Spezialgebiet schwach."

Der andere Typ sagt genau das Gegenteil: „Sie sind auf meinem Spezialgebiet stark. Sie leisten Hervorragendes, und ich möchte mit den Besten arbeiten."

Welcher Typ wird die Stelle eher bekommen? Richtig, der letztere.

Andererseits, so seltsam es scheinen mag, trifft der Topmanager häufiger den ersten Typ. Die Person, die ein Experte sein will. Vorzugsweise mit einem passenden großen Titel und Gehalt.

„Hängen Sie Ihren Wagen an einen Star", sagte Ralph Waldo Emerson. Ein guter Rat damals, ein noch besserer Rat heute.

Wenn Ihr Chef eine Zukunft hat, stehen auch Ihre Chancen gut.

Das dritte Zugpferd ist ein Freund. Viele Leute des Wirtschaftslebens haben eine riesige Zahl persönlicher Freunde, aber keine Geschäftsfreunde. Und obwohl persönliche Freunde eine ganz wunderbare Sache sind und Ihnen manchmal einen Fernsehapparat oder Zahnspangen für die Kinder billiger verschaffen können, sind sie gewöhnlich nicht sehr nützlich, wenn es darum geht, eine bessere Stellung zu finden.

Die meisten großen Durchbrüche in der Karriere einer Person gehen auf die Empfehlung durch einen Geschäftsfreund zurück.

Je mehr Geschäftsfreunde außerhalb Ihres Unternehmens Sie finden können, desto wahrscheinlicher werden Sie es zu einer bedeutenden, hochdotierten Stellung bringen.

Freundschaften schließen allein genügt nicht. Sie müssen dieses Freundschaftspferd hin und wieder ausführen und trainieren. Tun Sie das nicht, dann werden Sie es nicht vorspannen können, wenn es darauf ankommt.

Wenn ein alter Geschäftsfreund, von dem Sie seit zehn Jahren nichts gehört haben, Sie anruft und mit Ihnen essen gehen will, dann können Sie sich auf zwei Dinge einstellen: (1) Sie werden für das Essen bezahlen, und (2) Ihr Freund sucht einen Job.

Wenn Sie einen Job brauchen, ist es für eine derartige Taktik in der Regel zu spät. Sie pflegen das Freundschaftspferd richtig, wenn Sie regelmäßig mit allen Geschäftsfreunden in Kontakt bleiben.

Schicken Sie ihnen Zeitungsausschnitte mit Artikeln, die sie interessieren könnten oder in denen sie erwähnt werden, und gratulieren Sie ihnen brieflich, wenn man sie befördert.

Und glauben Sie nicht, daß die Leute keine Artikel übersehen, in denen sie erwähnt sind. Sie tun es. Und sie schätzen es stets, wenn ihnen jemand einen solchen Artikel schickt, der ihnen entgangen ist.

Das vierte Pferd ist eine Idee. In der Nacht vor seinem Tod schrieb Victor Hugo in sein Tagebuch: „Nichts, nicht alle Armeen der Welt können eine Idee aufhalten, wenn ihre Zeit gekommen ist."

Jeder weiß, daß man mit einer Idee schneller an die Spitze gelangen kann als mit irgend etwas sonst. Doch erwarten die Leute manchmal zuviel von einer Idee. Sie wollen eine Idee, die nicht nur großartig ist, sondern die auch jedermann für großartig hält.

Solche Ideen gibt es nicht. Wenn Sie warten, bis eine Idee allgemein akzeptabel wird, ist es zu spät. Ein anderer wird Ihnen bereits zuvorgekommen sein.

Oder in der In-out-Sprache von vor ein paar Jahren: „Alles, was hundertprozentig in ist, ist schon halb out.“

Um das „Idee“-Pferd zu reiten, müssen Sie bereit sein, sich Spott und Streit auszusetzen. Sie müssen gewillt sein, gegen den Strom zu schwimmen.

Sie können mit einer neuen Idee oder einem neuen Konzept nicht der erste sein, ohne den Kopf hinzuhalten. Und ohne viel einzustecken. Und ohne auszuharren, bis Ihre Zeit reif ist.

Nach dem Psychologen Charles Osgood gilt: „Ein Zeichen für die Gültigkeit eines Prinzips sind die Vehemenz und Ausdauer, mit denen es bekämpft wird.“ – „Auf jedem Gebiet“, so Charles Osgood weiter, „neigen die Leute dazu, ein Prinzip zu ignorieren, wenn es offenbar unsinnig und leicht zu widerlegen ist. Läßt sich das Prinzip aber nur schwer widerlegen und zwingt es sie, einige ihrer eigenen Grundannahmen, mit denen eventuell ihr Name verknüpft ist, in Frage zu stellen, dann müssen sie alle Hebel in Bewegung setzen, etwas Falsches daran zu entdecken.“

Scheuen Sie niemals Konflikte.

Wo wäre Winston Churchill ohne Hitler gewesen? Die Antwort darauf ist bekannt. Nachdem Adolf Hitler beseitigt war, entzog die britische Öffentlichkeit Winston Churchill bei der ersten Gelegenheit sofort das Amt.

Und Sie werden sich erinnern, was Liberace über die schlechten Kritiken sagte, die eines seiner Konzerte erhielt: „Auf dem ganzen Weg zur Bank kamen mir die Tränen.“

Eine Idee oder ein Konzept ohne das Element des Konflikts ist keine Idee, sondern Friede, Freude, Eierkuchen.

Das fünfte Pferd ist Zutrauen. Zutrauen zu anderen und ihren Ideen. Wie wichtig es ist, sich nach außen zu wenden, sein Glück außerhalb seiner selbst zu suchen, beleuchtet die Geschichte eines Mannes, dessen Leben die meiste Zeit aus Fehlschlägen bestand.

Sein Name war Ray Kroc, und er war wesentlich älter als die meisten und obendrein ein Versager, als er zwei Brüder traf, die sein Leben verändern sollten.

Zwar hatten die Brüder eine Idee, aber kein Zutrauen. So verkauften sie ihre Idee zusammen mit ihrem Namen an Ray Kroc für relativ billiges Geld.

Ray Kroc wurde zu einem der reichsten Männer Amerikas. Hunderte Millionen Dollar schwer.

Die Brüder? Es waren die Brüder McDonald, und jedesmal wenn Sie einen ihrer Hamburger essen, dann denken Sie daran, es war der Außenseiter mit seiner Vision, mit Courage und Ausdauer, der die McDonalds-Kette zu einem Erfolg machte. Nicht zwei Burschen namens McDonald.

Das sechste Pferd sind Sie selbst. Da gibt es noch ein Pferd. Ein hinterhältiges, schwieriges, unberechenbares Tier. Doch versuchen es die Leute häufig mit ihm. Mit sehr wenig Erfolg.

Dieses Pferd sind Sie selbst. Es ist möglich, im Geschäft oder im Leben ganz allein erfolgreich zu sein. Doch ist das nicht leicht.

Wie das Leben selbst, ist das Geschäft eine soziale Aktivität. Ebensosehr Zusammenarbeit wie Konkurrenz.

Nehmen wir zum Beispiel den Verkauf. Zu einem Verkaufsabschluß gehören immer mindestens zwei. Schließlich muß jemand das kaufen, was Sie verkaufen.

Denken Sie daher daran, die siegreichsten Jockeys sind nicht unbedingt die leichtesten, klügsten oder stärksten. Nicht der beste Jockey gewinnt das Rennen.

Das Rennen gewinnt gewöhnlich der Jockey mit dem besten Pferd.

Suchen Sie sich also ein Pferd, und holen Sie aus ihm heraus, was nur geht.

Positioning: Ihr Geschäft

Wie beginnt man ein Positioning-Programm?

Das ist nicht einfach. Denn man ist versucht, an der Lösung zu arbeiten, ohne das Problem vollständig durchdacht zu haben. Es ist viel besser, wenn Sie systematisch über Ihre Situation nachdenken, bevor Sie voreilig zu einem Schluß kommen.

Als Hilfe bei diesem Denkprozeß geben wir Ihnen sechs Fragen an die Hand, die Sie sich selbst vorlegen können, um Ihren Geist in Schwung zu bringen.

Lassen Sie sich nicht täuschen. Die Fragen sind leicht gestellt, aber schwer zu beantworten. Sie werfen oft Themen der Gewissensprüfung auf, die einen Prüfstein für Ihren Mut und Ihre Überzeugungen darstellen können.

1. Welche Position haben Sie?

Positioning heißt denken in umgekehrter Richtung. Anstatt bei sich selbst anzufangen, beginnen Sie mit dem Kopf des Adressaten.

Anstatt zu fragen, was Sie sind, fragen Sie nach der Position, die Sie bereits im Kopf des Adressaten besitzen.

In unserer kommunikationsüberfluteten Gesellschaft ist es extrem schwierig, Meinungen zu ändern. Es ist viel leichter, mit dem zu arbeiten, was schon vorhanden ist.

Wenn Sie die Gegebenheiten im Kopf des Adressaten feststellen, müssen Sie darauf achten, daß Ihnen kein Firmenego in die Quere kommt. Die Antwort auf die Frage „Welche Position haben wir?“ gibt Ihnen nicht der Marketing-Manager, sondern der Markt selbst.

Wenn dafür etwas Forschungsaufwand notwendig ist, dann sei es. Geben Sie das Geld aus. Es ist besser, gleich zu wissen, woran man ist, als dies später zu erfahren, wenn nichts mehr zu machen ist.

Seien Sie nicht engstirnig. Sie müssen das große Bild betrachten, nicht die Details.

Sabenas Problem ist nicht Sabena, die Fluggesellschaft, sondern Belgien, das Land.

Das Problem von Seven-Up ist nicht die Einstellung der Adressaten gegenüber Limonaden, sondern der überwältigende Anteil, den Colas im Gehirn besetzen. „Eine Limo, bitte“ heißt für viele Leute ein Coke oder ein Pepsi.

Das Betrachten des großen Bildes half Seven-Up, sein erfolgreiches Uncola-Programm zu entwickeln.

Die meisten heutigen Produkte sind wie Seven-Up vor der Uncola-Kampagne. Sie haben schwache oder nicht vorhandene Positionen in den Köpfen der meisten Adressaten.

Sie müssen sich einen Zugang zum Gehirn des Adressaten suchen, indem Sie Ihr Produkt, Ihren Service oder Ihr Konzept an etwas aufhängen, was bereits dort ist.

2. Welche Position wollen Sie besitzen?

Hier ist die Stelle, wo Sie Ihre Kristallkugel hervorholen und versuchen herauszufinden, welche Position Sie langfristig gesehen am besten besitzen sollten. Das Schlüsselwort hier heißt „besitzen". Zu viele Programme legen es darauf an, eine Position zu vermitteln, die nicht besetzbar ist, weil sie bereits jemand anders besitzt.

Ford konnte den Edsel nicht erfolgreich positionieren. Ein Grund war, es gab im Kopf des Autokäufers einfach keinen Platz mehr für einen weiteren, stark verchromten Wagen der Mittelklasse.

Andererseits, als man bei Richardson Merril versuchte, gegen Contac und Dristan einen Einstieg in den Markt der Erkältungsmittel zu positionieren, mied man klug die direkte Konfrontation. Man ließ die beiden die Sache für tagsüber ausfechten und besetzte mit Nyquil als erster die Position „Erkältungsmedizin für die Nacht".

Nyquil erwies sich als das erfolgreichste neue Produkt, das die Firma in den letzten Jahren eingeführt hatte.

Manchmal können Sie sich zuviel vornehmen. Sie können eventuell eine zu breite Position anstreben. Eine Position, die sich im Kopf des Adressaten nicht etablieren läßt. Und selbst wenn das möglich wäre, ließe sie sich nicht gegen die Angriffe von Produkten mit scharf begrenzter Basis wie Nyquil verteidigen.

Dies freilich ist die Jedermann-Falle, und ein Beispiel dafür ist die berühmte Kampagne für ein Bier namens Rheingold. Diese Brauerei wollte die Arbeiterschaft New Yorks als Zielgruppe gewinnen. (Keine schlechte Wahl, wenn man die große Zahl starker Biertrinker in dieser Gruppe bedenkt.)

Also produzierte man einige wundervolle Werbesendungen, die Rheingold trinkende Italiener, Schwarze, Iren, Juden und so weiter zeigten.

Nun, anstatt jedem zu gefallen, gefiel man schließlich niemandem. Der Grund lag auf der Hand. Da Voreingenommenheit zu den Grundeigenschaften der Menschen zählt, beeindruckte der Umstand, daß eine ethnische Gruppe Rheingold trank, die anderen ethnischen Gruppen nicht gerade.

Tatsächlich war die einzige Leistung der Kampagne, die ethnischen Gruppen in New York untereinander zu entfremden.

In Ihrer eigenen Karriere können Sie sehr leicht denselben Fehler begehen. Wenn Sie versuchen, jedem zu gefallen, stehen Sie am Ende mit leeren Händen da. Es ist besser, das Spektrum Ihrer Fähigkeiten enger zu fassen. Sich eine unverwechselbare Position als Spezialist aufzubauen, statt sich als Hansdampf in allen Gassen zu „profilieren".

Der Stellenmarkt heute gehört den Leuten, die sich als Spezialisten darstellen und positionieren können.

3. Wen müssen Sie abschießen?

Falls Ihre angestrebte Position ein frontales Vorgehen gegen einen Marktführer verlangt, vergessen Sie sie. Es ist besser, ein Hindernis zu umgehen, als es zu überklettern. Stecken Sie zurück. Versuchen Sie, eine Position zu wählen, die niemand sonst fest im Griff hat.

Sie müssen die Situation ebensolange aus der Sicht Ihrer Konkurrenten überdenken wie aus der eigenen.

Adressaten kaufen nicht, sie wählen. Unter Automarken, unter Biermarken, unter Computermarken. Fehlende oder vorhandene Vorzüge Ihrer Marke sind nicht annähernd so wichtig wie Ihre Position gegenüber dem, was sonst zur Wahl steht.

Für den Aufbau einer lebensfähigen Position ist es häufig nötig, eine andere Marke oder sogar eine ganze Produktkategorie zu repositionieren. Wie das beispielsweise Tylenol mit Aspirin gemacht hat.

Beachten Sie, was geschieht, wenn Sie sich nicht mit der Konkurrenz auseinandersetzen. Bristol-Myers gab 35 Millionen Dollar aus, um Nuprin einzuführen, und American Home Products wandte 40 Millionen Dollar für den Start von Advil auf. Beide Produkte enthalten Ibuprofen, ein in Amerika neues Schmerzmittel.

Doch beide Kampagnen konnten Tylenol, das marktbeherrschende Kopfschmerzmittel, nicht repositionieren. Als Folge davon gelang es keinem der Produkte, mehr als einen winzigen Marktanteil zu erobern.

Das wesentlichste Problem in den meisten Marketingsituationen ist, die Konkurrenz in den Griff zu bekommen.

4. Haben Sie genug Geld?

Ein großes Hindernis für erfolgreiches Positioning ist der Versuch, das Unmögliche zu erreichen. Es kostet Geld, sich einen Anteil am Gehirn aufzubauen. Und es kostet Geld, eine einmal aufgebaute Position zu halten.

Der Geräuschpegel heute ist fürchterlich hoch. Es gibt einfach zu viele Ich-auch-Produkte und zu viele Ich-auch-Firmen, die um das Gehirn des Adressaten wetteifern. Bemerkt werden heißt zu härteren Mitteln greifen.

Während eines einzigen Jahres ist das menschliche Gehirn etwa 200000 Werbebotschaften ausgesetzt. Wenn man in Rechnung stellt, daß 30 Werbesekunden während einer Sportübertragung mit Spitzeneinschaltquote 500000 Dollar kosten und nur einen dieser 200000 Eindrücke hinterlassen können, stehen die Chancen für den Werbenden außerordentlich schlecht.

Deshalb ist eine Firma wie Procter & Gamble ein so furchtbarer Gegner. Wenn sie auf ein neues Produkt setzt, schiebt sie

50 Millionen Dollar über den Tisch, blickt in die Runde der Konkurrenten und sagt: „Ihr Einsatz."

Wenn Sie zu wenig ausgeben und nicht über den Geräuschpegel hinauskommen, geben Sie den Procter & Gambles dieser Welt Gelegenheit, Ihr Konzept an sich zu reißen. Eine Möglichkeit, mit dem Problem des Geräuschpegels fertig zu werden, ist, sich geographisch zu beschränken. Neue Produkte oder neue Ideen erst auf dem einen Markt, dann auf dem nächsten und nicht sofort national oder gar international einzuführen.

Es ist besser, von einem festen Budget in einer Stadt zu viel aufzuwenden als in mehreren Städten zu wenig. Haben Sie an einem Ort Erfolg, können Sie das Programm immer noch auf andere Orte ausdehnen. Vorausgesetzt, der erste Ort ist geeignet.

Gelingt es Ihnen, in New York bei Scotch die Nr. 1 zu werden (hier wird der meiste Scotch getrunken), können Sie mit dem Produkt getrost auf die gesamten Vereinigten Staaten expandieren.

5. Können Sie daran festhalten?

Sie können sich unsere kommunikationsüberflutete Gesellschaft als einen Schmelztiegel ständigen Wandels vorstellen. In verwirrendster Weise jagt eine Idee die andere.

Wenn Sie den Wandel in den Griff bekommen wollen, ist es wichtig, auf lange Sicht zu planen. Ihre Grundposition zu bestimmen und dann dabei zu bleiben.

Positioning ist ein kumulatives Konzept. Es nutzt die langfristige Wirkung der Werbung.

Sie müssen jahraus, jahrein am Ball bleiben. Die meisten erfolgreichen Firmen ändern kaum je ein Erfolgsrezept. Wie viele Jahre haben Sie jene Marlboro-Männer der untergehenden

Sonne entgegenreiten sehen? Crest bekämpft Karies schon bei der zweiten Generation von Kindern. Wegen des Wandels muß eine Firma noch mehr strategisch denken als ohnehin.

Abgesehen von seltenen Ausnahmen sollte eine Firma ihre grundlegende Positioning-Strategie niemals ändern. Nur ihre Taktik, das heißt die kurzfristigen Manöver, mit denen eine langfristige Strategie in die Tat umgesetzt werden soll.

Die Kunst besteht darin, die grundlegende Strategie ständig zu verbessern. Neue Wege zu finden, sie in Szene zu setzen. Neue Wege, den Faktor Langeweile zu vermeiden. Mit anderen Worten, neue Wege, Clementine die Wäsche noch reiner waschen zu lassen.

Der Besitz einer Position im Gehirn ist wie der Besitz einer wertvollen Immobilie. Geben Sie sie einmal auf, müssen Sie eventuell feststellen, daß Sie sie nicht mehr zurückbekommen können.

Die Line-Extension-Falle ist ein gutes Beispiel. Wenn Sie Line-Extension betreiben, schwächen Sie in Wirklichkeit Ihre Grundposition. Und wenn diese einmal verloren ist, dann treiben Sie haltlos dahin.

Nach Line-Extension zu Freizeitkleidung mußte man bei Levi's feststellen, daß die eigene Position bei Jeans durch „Designer-Label"-Jeans unterminiert wurde.

6. Paßt die Position zu Ihnen?

Kreative Leute lehnen Positioning-Denken häufig ab, weil sie glauben, es beschränke ihre Kreativität.

Und wissen Sie was? Das stimmt. Positioning-Denken beschränkt die Kreativität wirklich.

Eine der großen Kommunikationstragödien spielt sich ab, wenn eine Organisation ein Manöver sorgfältig plant, Schritt für

Schritt und komplett mit Tabellen und Graphen, und dann die Strategie an die „Kreativen" zur Durchführung weiterleitet. Diese ihrerseits wenden ihre Kunst an, und die Strategie löst sich in einer Wolke von Methoden auf und ist nicht wiederzuerkennen.

In diesem Fall wäre die Organisation sehr viel besser beraten, die Entwurfsmappe mit der Strategie darin als Werbung zu fahren als die Anzeige mit Tausenden von Dollars hineingesteckter Kreativität.

„Avis ist nur die Nr. 2 bei Mietwagen, warum also mit uns fahren? Wir geben uns mehr Mühe." Das klingt nicht nach einer Werbeanzeige. Es klingt wie die Präsentation der Marketingstrategie. Tatsächlich ist es beides.

Paßt Ihre Werbung zu Ihrer Position? Zeigt zum Beispiel Ihre Kleidung jedem, daß Sie ein Bankier oder ein Rechtsanwalt oder ein Künstler sind?

Oder tragen Sie kreative Kleidung, die Ihre Position untergräbt?

Kreativität für sich allein ist wertlos. Nur wenn sie sich der Zielrichtung des Positioning unterordnet, kann Kreativität wirklich etwas beitragen.

Die Rolle des Außenstehenden

Manchmal taucht die Frage auf: Machen wir es selbst, oder engagieren wir jemanden, der uns positioniert?

Der Jemand, der häufig engagiert wird, ist eine Werbeagentur. Eine Werbeagentur? Wer braucht Hilfe von diesen Reklamefritzen der Madison Avenue?

Jeder. Aber nur Reiche können es sich leisten, eine Werbeagentur zu engagieren. Alle anderen müssen lernen, es selbst zu tun. Müssen lernen, den unschätzbaren Beitrag einzubringen, den nur ein Außenstehender leisten kann.

Und was leistet ein Außenstehender? Einen Beitrag namens Unkenntnis. Mit anderen Worten: Objektivität.

Da der Außenstehende nicht weiß, was in einer Firma vorgeht, kann er besser wahrnehmen, was auf der externen Seite geschieht. Im Gehirn des Adressaten.

Der Außenstehende neigt von Natur aus zu Extern-intern-Denken, während der Insider sich mit Intern-extern-Denken wohler fühlt.

Objektivität ist der Schlüsselbeitrag, den die Werbe- oder Marketing- oder PR-Agentur leistet.

Was der Außenstehende nicht leistet

Kurz gesagt, Zauberei. Manche Manager glauben, daß die Rolle einer Werbeagentur darin besteht, einen Zauberstab zu schwingen, und die Kunden werden ausströmen und das Produkt kaufen.

Der Zauberstab heißt natürlich „Kreativität", eine Sache, die bei Neulingen in der Werbung hoch im Kurs steht.

Die gängige Meinung ist, daß eine Werbeagentur „kreiert". Und daß die besten Agenturen durchtränkt sind mit einer Substanz namens „Kreativität", die sie buchstäblich auf ihre Werbelösungen aufträufeln.

In Werbekreisen kursiert die Geschichte von einer Agentur, die sehr kreativ war. So kreativ, daß sie tatsächlich Stroh zu Gold spinnen konnte.

Wahrscheinlich haben Sie von ihr gehört, denn sie trägt einen sehr kreativen Namen. Rumpelstilzchen GmbH.

Die Legende lebt fort. Sogar heute glauben manche Leute, Werbeagenturen sind so kreativ, daß sie Stroh zu Gold spinnen können.

Falsch. Werbeagenturen können kein Stroh zu Gold spinnen.

Könnten sie es, wären sie nicht in der Werbebranche, sondern im Geschäft der Strohspinnerei.

Kreativität ist heute tot. Das Spiel an der Madison Avenue heißt Positioning.

25 Das Positioning-Spiel

Manche Leute haben Schwierigkeiten, das Positioning-Spiel zu spielen, weil sie sich an Worte klammern.

Sie nehmen fälschlicherweise an, daß Worte eine Bedeutung haben. Sie lassen sich ihr Leben vom Lexikon diktieren.

Sie müssen die Rolle der Worte verstehen

Vertreter der allgemeinen Semantik sagen es seit Jahrzehnten: Worte enthalten keine Bedeutung. Die Bedeutung liegt nicht in den Worten. Sie liegt in den Leuten, die die Worte benutzen.

Wie eine Zuckerdose, die leer ist, bis jemand sie mit Zucker füllt, so hat ein Wort keine Bedeutung, bis jemand es benutzt und es mit Bedeutung füllt.

Wenn Sie Zucker in eine undichte Zuckerdose gießen, werden Sie nicht weit kommen. Dasselbe gilt, wenn Sie versuchen, ein undichtes Wort mit Bedeutung anzureichern. Viel besser ist es, das undichte Wort zu verwerfen und ein anderes zu benutzen.

Das Wort „Volkswagen“ würde das Konzept eines Luxuswagens der Mittelklasse nicht tragen, daher wirft man diese Zuckerdose weg und benutzt eine andere, „Audi“, die das Konzept besser trägt. Man besteht nicht darauf, daß es ein Volkswagen sein muß, nur weil er in einem Volkswagenwerk produziert wird. Geistige Unbeweglichkeit verhindert erfolgreiches Positioning.

(Während der Absatz von Volkswagen auf dem amerikanischen Markt stockt, erlebt Audi einen Boom. Gegenwärtig liegt Audi an Verkaufszahlen vor BMW und sitzt bereits Mercedes-Benz im Nacken.)

Wer heute erfolgreich Positioning betreiben will, braucht ein hohes Maß an geistiger Beweglichkeit. Sie müssen Worte wählen und verwenden können mit ebensoviel Rücksichtslosigkeit gegenüber den Geschichtsbüchern wie gegenüber dem Lexikon.

Nicht, daß allgemein anerkannte Bedeutungen unwichtig wären. Ganz im Gegenteil. Sie müssen die Worte wählen, die die Bedeutungen auslösen, die Sie etablieren wollen.

Aber, ist das ethisch korrekt? Denken Sie daran, Worte haben keine Bedeutung. Sie sind leere Hüllen, bis Sie sie mit einer Bedeutung füllen. Wenn Sie ein Produkt, eine Person oder ein Land repositionieren wollen, müssen Sie oft zunächst die Hülle wechseln.

In gewissem Sinne ist jedes Produkt oder jeder Service eine „abgepackte Ware". Wird es ohne Schachtel verkauft, wird der Name zur Schachtel.

Sie müssen wissen, wie Worte auf die Menschen wirken

Worte sind Auslöser. Sie lösen die Bedeutungen aus, die im Gehirn gespeichert sind.

Freilich, wenn dies den Menschen klar wäre, brächte es keinerlei Vorteil, ein Produkt umzubenennen oder emotionale Worte wie Mustang für ein Automobil zu wählen.

Es ist ihnen aber nicht klar. Die meisten Menschen sind „ungeistig". Sie sind nicht hundertprozentig geistig gesund, und sie sind nicht völlig geisteskrank. Sie bewegen sich irgendwo dazwischen.

Wodurch unterscheiden sich geistig gesunde und geistig kranke Menschen? Was genau machen Geisteskranke? Alfred Korzybski, der das Konzept der allgemeinen Semantik entwikkelte, führt aus, daß Geisteskranke versuchen, die Realität ihrer geistigen Welt anzugleichen.

Der Geisteskranke, der glaubt, Napoleon zu sein, verzerrt seine Umwelt so, daß sie zu dieser Vorstellung paßt.

Der geistig Gesunde analysiert fortwährend die reale Welt und ändert seine geistigen Vorstellungen den Tatsachen entsprechend ab.

Für die meisten Menschen ist das furchtbar schwierig. Abgesehen davon, wer will schon dauernd seine Meinung ändern, damit sie mit den Tatsachen übereinstimmt?

Es ist sehr viel leichter, die Tatsachen so abzuändern, daß sie den eigenen Vorstellungen entsprechen.

Ungeistige Menschen bilden sich ihre Meinung und suchen sich dann die Tatsachen, die ihre Meinung „bestätigen". Oder sogar noch häufiger, sie übernehmen die Meinung des „Experten", die ihrer eigenen am nächsten steht. Denn dann brauchen sie sich überhaupt nicht mehr um die Tatsachen zu kümmern.

Man sieht also, wie mächtig der psychologisch richtige Name ist. Das Gehirn sorgt dafür, daß die Realität dem Namen entspricht. Ein Ford Mustang sieht sportlicher, rasanter und schneller aus als derselbe Wagen mit dem Namen Ford Schildkröte.

Sprache ist das Arbeitsmedium des Gehirns. Um begrifflich zu denken, manipuliert man Worte. Mit der richtigen Wortwahl können Sie den Denkprozeß selbst beeinflussen. (Zum Beweis dafür, daß das Gehirn „mit Worten denkt" und nicht mit abstrakten Gedanken, betrachten Sie, wie man eine Sprache lernt. Richtig fließend werden Sie in einer Fremdsprache wie etwa Französisch nur sprechen, wenn Sie lernen, auf französisch zu denken.)

Doch gibt es auch Grenzen. Liegt ein Wort zu weit abseits der Realität, lehnt das Gehirn es einfach ab, das Wort zu benutzen. Zwar steht „groß" auf der Zahnpastatube, aber jeder außer dem Hersteller nennt sie klein. Zwar steht „Familienpackung" auf der Schachtel, aber jeder nennt sie „groß".

Die Volksrepublik China wird gewöhnlich „Rot-China" genannt, da niemand glaubt, daß es eine „Volksrepublik" ist. (Innerhalb des Landes ist Volksrepublik China zweifellos ein effektiver Name.)

Sie müssen mit Änderungen vorsichtig sein

Je mehr sich die Dinge ändern, desto mehr bleiben sie dieselben. Doch heute sind die Menschen in der Illusion des Wandels gefangen. Tagtäglich scheint sich die Welt schneller zu drehen.

Vor Jahren konnte ein erfolgreiches Produkt fünfzig Jahre leben, bevor es allmählich verschwand. Heute ist der Lebenszyklus eines Produkts viel kürzer. Manchmal kann man ihn in Monaten statt Jahren messen.

Ständig werden neue Produkte, neue Dienstleistungen, neue Märkte, sogar neue Medien geboren. Sie wachsen heran und gleiten dann in die Vergessenheit ab. Und ein neuer Zyklus beginnt.

Gestern erreichte man die Massen über Massenblätter. Heute ist es das Fernsehen. Morgen könnte es das Kabel sein. Das einzige von Dauer ist heute scheinbar der Wandel. Das Kaleidoskop des Lebens dreht sich immer schneller. Neue Muster tauchen auf und vergehen.

Der Wandel wurde für viele Firmen zum Lebensstil. Aber, ist

Wandel das richtige Mittel, um mit dem Wandel Schritt zu halten? Genau das Gegenteil scheint der Fall zu sein.

Die Landschaft ist übersät mit den Trümmern von Projekten, in die Firmen sich gestürzt haben, um mit dem Wandel Schritt zu halten. Singers Versuch, am Boom bei Haushaltsgeräten teilzuhaben. RCAs Fehlschlag bei Computern. General Foods Mißerfolg, den Boom bei Schnellrestaurants zu nutzen. Gar nicht zu reden von den Hunderten von Firmen, die ihre Firmenidentitäten wegwarfen, um der flüchtigen Initialen-Mode nachzujagen.

Unterdessen waren die Programme derjenigen, die dabei blieben, was sie am besten konnten, und ihr Terrain verteidigten, außerordentlich erfolgreich. Maytag beim Verkauf ihrer zuverlässigen Haushaltsgeräte. Walt Disney beim Verkauf von Phantasie und Vergnügen. Die Avon-Beraterin.

Sie brauchen Weitblick

Wandel ist eine Welle auf dem Ozean der Zeit. Kurzfristig verursachen die Wellen Aufregung und Verwirrung. Auf lange Sicht sind die darunterliegenden Strömungen weitaus bedeutsamer. Um mit dem Wandel zurechtzukommen, müssen Sie auf lange Sicht planen. Ihre Geschäftsgrundlage bestimmen und dabei bleiben.

Die Richtung einer großen Firma zu ändern gleicht dem Versuch, einen Flugzeugträger zu wenden. Erst nach einem Kilometer rührt sich überhaupt etwas. Und wenn es die falsche Richtung war, dauert es sogar noch länger, wieder auf den richtigen Kurs zu kommen.

Wer in dem Spiel erfolgreich sein will, muß entscheiden, nicht was seine Firma im nächsten Monat oder nächsten Jahr, sondern was sie in fünf oder zehn Jahren tun wird. Mit anderen Worten, anstatt das Steuer nach jeder neuen Welle zu drehen, muß eine Firma den richtigen geradlinigen Kurs steuern.

Sie brauchen Weitblick. Es hat keinen Sinn, eine Position auf einer zu beschränkten Technologie aufzubauen. Oder auf einem Produkt, das allmählich veraltet. Oder auf einem mangelhaften Namen. Vor allem aber müssen Sie in der Lage sein zu erkennen, was funktionieren wird und was nicht.

Klingt einfach, ist es aber nicht. Wenn die Welle ansteigt, scheint alles zu funktionieren. Wenn die Welle ausläuft, funktioniert scheinbar nichts.

Sie müssen lernen, wie Sie Ihre Bemühungen von der allgemeinen Wirtschaftsbewegung abkoppeln. Viele Marketingexperten sind mit einer außerordentlich glücklichen Hand gesegnet. Vorsicht! Das Hula-Hoop-Marketinggenie von heute könnte der Sozialhilfeempfänger von morgen sein.

Haben Sie Geduld. Die Sonne scheint morgen auf diejenigen, die heute die richtigen Entscheidungen treffen.

Hat sich eine Firma in der richtigen Richtung positioniert, wird sie auf den Strömen des Wandels schwimmen können und bereit sein, die passenden Gelegenheiten zu ergreifen. Doch wenn sich eine Chance ergibt, dann muß eine Firma beweglich sein und schnell reagieren.

Sie brauchen Mut

Wenn Sie die Geschichte des Aufbaus von Führungspositionen verfolgen, von Hershey bei Schokolade bis Hertz bei Mietwagen, dann finden Sie als gemeinsame Linie nicht geschicktes Marketing oder gar Produktinnovationen. Die gemeinsame Linie ist, die Initiative zu ergreifen, bevor die Konkurrenz eine Chance hat, sich zu etablieren. Der Führer pumpte gewöhnlich Geld ins Marketing, als die Situation noch im Fluß war.

Hershey zum Beispiel etablierte eine derartig starke Position bei Schokolade, daß man glaubte, gar keine Werbung mehr betreiben zu müssen. Diese Überzeugung war ein Luxus, den sich Konkurrenten wie Mars nicht leisten konnten.

Schließlich beschloß man bei Hershey doch, Werbung zu treiben. Aber nicht rechtzeitig. Heute ist Hersheys Milchschokolade nicht die meistgekaufte. Sie zählt nicht einmal zu den ersten fünf.

Wie Sie sehen, hängt der Aufbau einer Führungsposition nicht nur von Glück und Timing ab, sondern auch von der Bereitschaft zuzupacken, wenn andere zurückhaltend abwarten.

Sie brauchen Objektivität

Für Erfolg im Zeitalter des Positioning müssen Sie schonungslos offen sein. Sie müssen versuchen, jegliches Ego aus dem Entscheidungsprozeß herauszuhalten. Es vernebelt nur das Problem.

Einer der wesentlichsten Aspekte des Positioning ist die Fähigkeit, Produkte objektiv zu bewerten und zu erkennen, wie Kunden und Adressaten sie sehen.

Sie dürfen auch nicht vergessen, daß Sie nicht Eishockey spielen können ohne eine Bande. Sie brauchen jemanden, der Ihre Ideen reflektiert. Sobald Sie glauben, Sie haben die einfache Idee zur Lösung Ihres Problems gefunden, haben Sie etwas verloren.

Sie haben Ihre Objektivität verloren. Sie brauchen die andere Person, damit sie einen ungetrübten Blick auf Ihre Resultate wirft. Und umgekehrt.

Wie Pingpong ist Positioning ein Spiel, das man am besten zu zweit spielt. Es ist kein Zufall, daß dieses Buch zwei Autoren hat. Nur in einer Atmosphäre des Gebens und Nehmens lassen sich Ideen verfeinern und perfektionieren.

Sie brauchen Einfachheit

Nur einfache Ideen funktionieren heute. Das überwältigende Ausmaß der Kommunikation hindert alles andere am Erfolg.

Doch das Offensichtliche ist gar nicht immer so offensichtlich. „Boss“ Kettering plazierte ein Schild an der Wand des Forschungsgebäudes von General Motors in Dayton: „Dieses Problem wird einfach sein, wenn es gelöst ist.“

„Rosinen aus Kalifornien. Das Bonbon der Natur.“

„Saftige, fleischige Gainsburger. Das Dosenhundefutter ohne Dose.“

„Bubble Yum, die Nummer yum bei Bubble Gum.“

Das sind die Art einfache Ideen, die heute zünden. Einfache Gedanken, ausgedrückt mit einfachen, direkten Worten.

Oft ist die Lösung eines Problems derart einfach, daß Tausende von Menschen sie betrachtet haben, ohne sie zu sehen. Bei raffinierten oder komplizierten Ideen sollte man jedoch mißtrauisch sein. Sie werden wahrscheinlich nicht funktionieren, weil sie nicht einfach genug sind.

Die Geschichte der Wissenschaft ist eine Geschichte der Ketterings dieser Welt, die einfache Lösungen für komplexe Probleme fanden.

Der Chef einer Werbeagentur bestand einmal darauf, daß seine verantwortlichen Mitarbeiter die Marketingstrategie auf die Rückseite jedes Entwurfs klebten.

Wenn dann der Klient fragte, was die Anzeige bezwecken sollte, konnte die verantwortliche Person den Entwurf umdrehen und die Strategie ablesen.

Doch ein Entwurf sollte so einfach sein, daß er die Strategie selbst verkörpert.

Die Agentur machte einen Fehler. Sie warb mit der falschen Seite des Entwurfs.

Sie brauchen Feinfühligkeit

Anfänger im Positioning-Spiel sagen oft: „Wie leicht! Man findet einfach eine Position, die man seine eigene nennen kann."

Einfach, ja. Aber leicht, nein.

Die Schwierigkeit ist, eine freie Position zu finden, die auch effektiv ist. In der Politik beispielsweise ist es leicht, eine Position am rechten Rand des Spektrums (eine konservative Position) oder eine Position ganz links (eine sozialistische Position) zu etablieren. Sie werden in der jeweiligen Position zweifellos den anderen zuvorkommen.

Sie werden aber auch verlieren.

Sie müssen eine Nische in der Nähe der politischen Mitte finden. Sie müssen ein wenig konservativ auf einem Gebiet der Liberalen oder ein wenig liberal auf einem Gebiet der Konservativen sein.

Das verlangt große Beherrschung und Feinfühligkeit. Die großen Gewinner in der Wirtschaft und im Leben sind jene, die freie Positionen in der Nähe der Mitte des Spektrums gefunden haben. Nicht am Rand.

Gelegentlich kann man mit dem Positioning Erfolg und mit dem Verkauf Mißerfolg haben. Man könnte dies in die Kategorie „Rolls-Royce-Denken" einordnen.

„Wir sind die Rolls-Royce unserer Branche", ist ein Anspruch, den man in der Geschäftswelt heute oft zu hören bekommt.

Wissen Sie, wie viele Rolls-Royce jährlich in Amerika verkauft werden?

Etwa eintausend oder 0,01 Prozent des Markts. Cadillac andererseits verkauft mehr als 300000.

Sowohl Cadillac als auch Rolls-Royce sind Luxuswagen, aber die Kluft zwischen ihnen ist riesig. Für den durchschnittlichen

Autokäufer ist der Rolls-Royce mit 100000 Dollar und mehr außer Reichweite.

Cadillac, wie Michelob und andere First-class-Produkte, nicht. Das Geheimnis beim Etablieren einer erfolgreichen Position ist, zwei Dinge auszubalancieren: (1) Die einzigartige Position mit (2) einer nicht zu begrenzten Attraktivität.

Sie müssen zu Opfern bereit sein

Das Wesen des Positioning ist das Opfer. Sie müssen bereit sein, etwas aufzugeben, um diese einzigartige Position zu etablieren.

Nyquil, die Erkältungsmedizin für die Nacht, gab den Markt für „tagsüber“ auf.

Das Ziel der meisten Marketingaktionen ist genau das Gegenteil. Man strebt nach Möglichkeiten, die Märkte durch Line-Extension, durch Vermehrung der Größen- und Aromavarianten, durch mehrfache Vertriebswege zu erweitern. All dies führt gern kurzfristig zu einem Anstieg der Verkaufszahlen und langfristig zu einer Aushöhlung der Position.

Beim Positioning ist kleiner oft besser. In der Regel ist es günstiger, sich nach kleinen Zielen umzusehen, die Sie exklusiv in Besitz nehmen können, als größere Märkte anzupeilen, die Sie sich mit drei oder vier anderen Marken teilen müssen.

Sie können es nicht allen recht machen und gleichzeitig eine starke Position behaupten.

Sie brauchen Geduld

Nur die wenigsten Firmen können es sich leisten, ein Produkt landesweit einzuführen.

Gewöhnlich sucht man nach Orten, an denen die Marke Erfolg haben dürfte. Und expandiert dann mit ihr in andere Märkte.

Eine Möglichkeit ist geographische Expansion. Sie bauen das Produkt in einem Markt auf und greifen dann auf einen anderen über. Von Nord nach Süd. Oder umgekehrt.

Eine andere Möglichkeit ist die demographische Expansion. Philip Morris baute Marlboro zur Zigarette Nr. 1 an den Universitäten aus, lange bevor sie landesweit zur Marke Nr. 1 wurde.

Die dritte Möglichkeit ist die chronologische Expansion. Sie bauen die Marke in einer bestimmten Altersgruppe auf und expandieren dann auf andere. „Die Pepsi-Generation" half Pepsi-Cola, das Produkt unter den Jüngeren zu etablieren, um dann die Vorteile zu ernten, als sie älter wurden.

Vertrieb ist eine weitere Expansionstechnik. Die Wella-Produktlinie wurde zunächst über Schönheitssalons verkauft. Als das Produkt etabliert war, verkaufte man auch über Drogerie- und Supermärkte.

Sie brauchen einen globalen Überblick

Übersehen Sie nicht die Bedeutung weltweiten Denkens. Einer Firma, die ihr Augenmerk nur auf Tom, Dick und Harry richtet, wird Pierre, Hans und Yoshio entgehen.

Marketing wird schnell zu einem weltumspannenden Spiel. Eine Firma, die in dem einen Land eine Position besitzt, stellt heute unter Umständen fest, daß sie diese Position nutzen kann, in ein anderes vorzudringen. IBM hält etwa 60 Prozent des deutschen Computermarkts. Ist das überraschend? Kaum. IBM macht mehr als die Hälfte der Gewinne außerhalb der Vereinigten Staaten.

Wenn Firmen beginnen, weltweit zu operieren, stoßen sie häufig auf Schwierigkeiten mit ihrem Namen.

Ein typisches Beispiel ist U.S. Rubber, eine multinationale Firma, die viele Produkte vermarktete, die nicht aus Gummi waren. Der Namenswechsel zu Uniroyal schuf eine neue Firmenidentität, die man weltweit verwenden konnte.

Was Sie nicht brauchen

Sie brauchen keinen Ruf als Marketinggenie. Tatsächlich könnte das eine entscheidende Schwäche sein.

Allzu oft macht der Marktführer den fatalen Fehler, seinen Erfolg auf geschicktes Marketing zurückzuführen. Als Folge davon glaubt er, er könne dieses Geschick auf andere Produkte oder Marketingsituationen übertragen.

Denken Sie zum Beispiel an die enttäuschenden Leistungen von Xerox bei Computern.

Und im Mekka des Marketing-Know-how, bei International Business Machines Corporation, hat man auch nicht viel mehr erreicht. Bislang konnte IBMs Normalpapierkopierer kaum etwas von Xerox' Geschäft abzwacken. Touché.

Die Regeln des Positioning gelten für alle Arten von Produkten. Im Bereich Fertigwaren zum Beispiel versuchte Bristol-Myers, Crest Zahnpasta mit Fact anzugreifen. (Fact verschwand, nachdem man fünf Millionen Dollar für Werbung ausgegeben hatte.) Dann hatte man es auf Alka-Seltzer abgesehen, mit einem Produkt namens Resolve (ebenfalls zurückgezogen nach einem Werbeaufwand von elf Millionen Dollar). Dann wollte man Bayer ausstechen mit Dissolve. Resultat: weitere finanzielle Kopfschmerzen.

Der selbstmörderische Trieb von Firmen, die frontal gegen etablierte Konkurrenz angehen, ist schwer zu verstehen.

Doch Hoffnung keimt beständig in des Menschen Brust. In neun von zehn Fällen ist der unter „ferner liefen", der zum frontalen Schlag gegen den Führer ausholt, auf dem besten Weg in die Katastrophe.

Noch einmal, die Regel Nummer eins des Positioning lautet: Wer die Schlacht um das Gehirn gewinnen will, darf nicht frontal gegen eine Firma angehen, die eine starke, etablierte Position besitzt. Sie können um sie herum, unter ihr hindurch oder über sie hinweg gehen, aber niemals frontal gegen sie.

Der Führer besitzt die strategische Höhe. Die Position Nr. 1 im Kopf des Adressaten. Die oberste Sprosse der Produktleiter. Um auf der Leiter emporzuklimmen, müssen Sie den Regeln des Positioning folgen.

In unserer kommunikationsüberfluteten Gesellschaft heißt das Spiel heute Positioning.

Und nur die besseren Spieler werden überleben.

Positioning auf deutschen Märkten

Von Prof. Dr. Armin Töpfer

Da Produkte immer ähnlicher werden, da Produkttechnologien zum erheblichen Teil ausgereift sind und echte technologische Produktinnovationen in vielen Branchen seltener werden, erhält eine wirkungsvolle Kommunikationsstrategie einen steigenden Stellenwert. Die Werbung wird somit zu einem wesentlichen Faktor und u. U. zum entscheidenden strategischen Wettbewerbsvorteil, um mit einer unverwechselbaren Werbebotschaft die anvisierten Zielgruppen zu erreichen und durch den vermittelten Produktnutzen zum Kauf zu stimulieren.

Wesentlich ist dabei nicht nur der funktionale Grundnutzen des Produktes, sondern heute immer mehr auch der damit verbundene Zusatznutzen. Es gilt also, homogene Produkte durch einen heterogenen Zusatznutzen im Bewußtsein der Käufer unterscheidbar und präferierbar zu machen. Um so wichtiger wird demnach, den in dieser Hinsicht mit dem Produkt verbundenen Erlebenswert zu kommunizieren.

Schaffung einer UCP

Positioning setzt bei der Kommunikation als wesentlichem Marketing-Mix-Faktor an, bedingt aber auch die strategische Ausrichtung und aufeinander abgestimmte Gestaltung der anderen Submix-Bereiche. Es bedeutet die erfolgreiche Positionierung einer Marktleistung, also i. d. R. eines Produktes oder einer Dienstleistung, gegenüber Wettbewerbern auf einem umkämpften Markt. Insbesondere dann, wenn man sich auf einen Preiskampf nicht einlassen will. Oder wenn die genutzten Vertriebskanäle keine Konkurrenzvorteile mit sich bringen und der mit dem Produkt verbundene Service keinen zusätzlichen Erfolgsfaktor ausmacht.

Entscheidend ist nicht nur die objektive Qualität des Produktes, sondern die subjektiv vom Käufer bzw. Verwender empfundene Qualität. Auch ein gutes Produkt verkauft sich im allgemeinen nicht von allein, sondern braucht die Unterstützung einer Werbekampagne. Voraussetzung für eine erfolgreiche Kommunikationsstrategie sind vor allem auch Produktdesign, Logo und Slogan. Flankierende Maßnahmen sind die Unternehmensidentität sowie das durch das Unternehmensverhalten und die Unternehmensaktitivitäten bewirkte Produkt- und Unternehmensimage.

Im Rahmen einer Kommunikationsstrategie müssen also die verschiedenen Wechselwirkungen zwischen den einzelnen Komponenten berücksichtigt werden. Zusätzlich sind „Spill-Over-Effekte“ zu anderen Produkten, dem gesamten Produktprogramm bzw. dem Unternehmen bewußt einzukalkulieren. Entsprechendes gilt für zeitliche „Carry-Over-Effekte“ in den einzelnen Phasen der Kommunkationsstrategie.

Erst durch eine in dieser Weise widerspruchsfreie Konzeption läßt sich eine USP (Unique Selling Proposition) erreichen, die dann vor allem in einer UCP, also „Unique Communication Position“ als „einzigartiger“ Unternehmens- bzw. Produktwerbung, begründet ist.

Zehn Fehler beim Positioning

Werden Fehler bei der Zielgruppendefinition und -ansprache gemacht, so ist im eigentlichen Wortsinn kein Positioning gegeben. Bei den aufgelisteten zehn Fehlern entsteht das Problem dann, wenn im Unternehmen eine interne „Nabelschau“ statt einem Denken in Kundenproblemen vorherrscht und damit auch statt der Ausrichtung der Produkte als Angebote zur Lösung von Kundenproblemen. Dann fehlt auch die Grundlage für Kompetenz, um Wirkungsvolles von Nutzlosem zu unterscheiden, also auch die Basis für eine Strategie. Steht diesen Defiziten eine starke und innovative Konkurrenz gegenüber, ist ein Flop fast unvermeidlich. Nach einer aktuellen Untersuchung scheitern von 100 neuen Produkten bis zu 85 am Markt.

1. Ansprüche der Zielgruppe nicht bekannt
2. Denken in Produkttechnologie statt in Kundenproblemen und in Kundennutzen
3. Zu wenig Kundennähe
4. Keine zielgruppenspezifische Konzeption und klare Linie
5. Keine Kontinuität und Nachhaltigkeit
6. Produktnutzen und Erlebniswert nicht herausgestellt
7. Keine Stimuli und keine Aktivierung
8. Filter statt Verstärker bei der Produktpräsentation
9. Unterschätzen des innovativen Potentials der Konkurrenz
10. Also: Me-Too-Positionierung ohne eigenständiges unverwechselbares Profil

Veränderte Anforderungen

Für eine erfolgreiche Positionierung sind neben Fortschritten der Kommunikationstechnik zusätzlich insbesondere folgende neue Entwicklungen im Verbraucherverhalten und Erkenntnisse der Verbraucherforschung zu berücksichtigen:

Wertewandel beim Verbraucher
In ökologischer und ökonomischer Hinsicht hat sich die Einstellung der Konsumenten verändert. Umweltschutz wird heute als eines der wichtigsten gesellschaftlichen Probleme angesehen. Allerdings zieht diese Einstellung nicht automatisch ein generell verändertes Kaufverhalten nach sich. Anbieter von umweltbelastenden Produkten, wie z. B. die Waschmittel- oder Autoindustrie, gehen in zunehmendem Maße dazu über, die „Umweltfreundlichkeit" bzw. geringere Umweltbelastung ihrer Produkte in der Kommunikationsstrategie herauszustellen und absatzfördernd zu nutzen. Dies macht z. B. Henkel mit dem „Persil phosphatfrei". Daimler-Benz hat beispielsweise 1985 ganze 4% der Benzinmodelle mit Katalysator ausgerüstet, für 1986 sind fast 40% Katalysatorfahrzeuge geplant. Einschließlich der Dieselautos stellt Daimler dann 70% seiner Pkw-Produktion mit umweltschonenden Modellen her. Es besteht die Absicht, in naher Zukunft alle Fahrzeuge umweltfreundlich auszustatten.

Des weiteren zeigt sich ein Trend zu einem stärkeren Freizeit- und Gesundheitsbewußtsein, so daß sich diese Einstellung auch kommunikativ ansprechen und nutzen läßt.

Kritischere Konsumenten
Erkennbar ist die Tendenz zum mündigen Verbraucher, der eine kritischere Einstellung zu Produkten und Produktinformationen hat. Sie äußert sich in verschiedener Hinsicht: Zum einen in dem hohen Stellenwert, den vergleichende Produkttests neutraler In-

stitutionen einnehmen; sie werden in zunehmendem Maße als Grundlage für Kaufentscheidungen herangezogen. Zum anderen in dem nicht übersehbaren, wenn auch nicht steigenden Markterfolg von „No-Name-Produkten“. Der Käufer unterstellt, daß bei diesen Gattungsprodukten die Qualität ausreichend hoch ist und legt keinen Wert auf Marke und Werbung. Beim ökonomisch kritischeren Verbraucher ist dann erfolgreiches Positioning konkurrierender Markenprodukte primär über den Preis erreichbar, wie Erfahrungen der Zigarettenindustrie belegen.

Veränderungen der sozio-demographischen und sozialen Struktur

Im Rahmen der schrumpfenden Bevölkerung nimmt der Anteil an Senioren zu, bei Jugendlichen ist die Kaufkraft gestiegen, und die Anzahl der Single-Haushalte hat sich vergrößert. Der Bildungsgrad der Bevölkerung hat sich insgesamt erhöht, und der Anteil der berufstätigen Frauen ist gewachsen. Zielgruppen haben sich also teilweise verändert, und neue sind hinzugekommen.

Neue Kommunikationstechniken im Marketing

Die interne Informationsgewinnung wird durch den Einsatz von Scanning entscheidend verbessert. Hierdurch sind Erfolgsanalysen bezogen auf Produkte und Verkaufsaktionen unmittelbar möglich.

Extern auf die Zielgruppen ausgerichtet ist z. B. Btx, das allerdings gerade im privaten Bereich die Erwartungen keineswegs erfüllt hat und wenig Akzeptanz findet. Eine größere Wirkung für das Positioning eines Produktes hat z. B. der Videofilm im Rahmen des Direkt-Marketing am Point of Sale.

Übersättigung mit Produktinformationen

Die Verbraucher werden mit Werbung in verschiedenen Medien „überschüttet“. In der Konsequenz werden Werbebotschaften in immer geringerem Maße wahrgenommen und erreichen damit die anvisierte Zielgruppe nicht.

Die Werbeumsätze wuchsen in der Bundesrepublik in den vergangenen zehn Jahren jährlich im Durchschnitt um 7,6 % und damit rascher als das nominale Bruttoinlandsprodukt. Dabei ist eine Verschiebung zwischen den einzelnen Medien festzustellen: Die Hörfunk- und Zeitschriftenwerbung nahm jährlich um circa 10 % zu, die Fernsehwerbung nur um 5,6 % und damit unterdurchschnittlich. Der Grund ist u.a. darin zu sehen, daß im Fernsehen durch die starren Werbezeiten nur bestimmte Zielgruppen erreicht werden, außerdem sind die Werbezeiten auf rund 20 Minuten pro Tag festgeschrieben.

Diese Überflutung mit Werbebotschaften macht es für Unternehmen und Agenturen erforderlich, über die Effizienz der Werbung generell nachzudenken. Erfahrungssätze belegen, daß circa 10 % der Zeit, die für die Lektüre einer Zeitung bzw. einer Zeitschrift aufgewendet wird, zur Aufnahme von Produktinformationen dienen. Ein großer Teil der jeweiligen Zielgruppe kann also nicht einmal in dieser Hinsicht aktiviert werden. Es gilt demnach heute um so mehr der klassische Satz: „Die Hälfte der Werbeausgaben ist aus dem Fenster geschmissen, es ist nur nicht klar, welche Hälfte es ist.“

Bedeutung nonverbaler Kommunikation

Erkenntnisse der Hirnforschung belegen: Die linke Großhirnhälfte enthält analytische Fähigkeiten und verarbeitet damit verbale bzw. logische und rationale Informationen; die rechte Hemisphäre besitzt kreative Fähigkeiten; sie ist insbesondere auf nonverbales, bildhaftes Denken und räumliches Vorstellungsvermögen ausgerichtet und nimmt somit visuelle und emotionale

Informationen auf. Demzufolge konzentriert sich die Werbung – auf der Basis des S-O-R-Modells – zunehmend auch auf eine nonverbale und emotionale Kommunikation. Dies läuft im Ergebnis auf eine Erlebniswerbung hinaus, dadurch soll die „kritische Instanz" der linken Hirnhälfte umgangen und die Werbebotschaft mit einer individuellen Erlebnissituation gekoppelt und übermittelt werden.

Tendenz zur Erlebniswerbung

Definiert man das Produkt als Angebot zur Lösung von Kundenproblemen, dann besteht das Ziel der Visualisierung darin, direkt oder indirekt ein lebendiges Produktbild zu vermitteln, das den „Problemlösungsbeitrag" deutlich machen und Präferenzen schaffen soll. Gelingt dies, dann können in einem zweiten Schritt rationale Produktinformationen durch die Werbung kommuniziert werden. Eine erlebnisbetonende Produktpräsentation ist demnach auch bei technischen Produkten wichtig, da sie primär rationale Bedürfnisse befriedigen.

Auf die jeweilige Zielgruppe bezogen, lassen sich also – basierend auf der AIDA-Formel – zwei Arten von Werbebotschaften unterscheiden: Zum einen „Muß-Informationen", die zunächst durch einen auf die Erlebnissituation ausgerichteten Reiz den Betrachter aktivieren sollen, um ihm danach sachliche Produktinformationen anzubieten. Diese zweite Art von Werbebotschaften sind Detailinformationen als „Kann-Informationen", die von der Zielgruppe lediglich dann aufgenommen werden, wenn die erste Informationsphase positiv ablief. Nur wenn beide Phasen die gewünschte Wirkung erzielen, ist eine zusätzliche Aktivierung erreichbar, z. B. in Form einer schriftlichen oder telefonischen Nachfrage nach weiteren Produktinformationen.

Die Umsetzung einer derartigen Kommunikationsstrategie besitzt gerade auch für Direct-Mailing-Aktionen einen hohen

Stellenwert. Dadurch können „Verstärker" ausgebaut und „Filter" reduziert werden, was sich positiv auf die Rücklaufquote auswirkt.

Neben dieser Art, die Zielgruppe „aufzuschlüsseln", kann eine erlebnisbezogene Werbebotschaft den Anspruch auf eine soziale Gruppenzugehörigkeit erfüllen und mögliche kognitive Dissonanzen abbauen.

Globalisierung der Märkte

Heute ist eindeutig eine Tendenz zum Globalmarketing auszumachen. Voraussetzung für eine Globalisierung der Marketingaktivitäten und damit auch der Produkt- und Kommunikationsstrategien ist eine weitgehende Übereinstimmung der Zielgruppen. Bis zu einem gewissen Grad homogene Zielgruppen sind in den Industrieländern der Triade vorzufinden, also in Nordamerika, Europa und auch in Ostasien.

Einer einheitlichen Werbung für international vertriebene Produkte sind jedoch immer dann Grenzen gesetzt, wenn länder- und zielgruppenspezifische Besonderheiten in der Kommunikationsstrategie und dabei vor allem in der Werbebotschaft zu berücksichtigen sind. Aufgrund unterschiedlicher Ansprüche und Einstellungen der Zielgruppen ist so eine nationale Adaption von Werbekampagnen erforderlich, um die anvisierten Käufergruppen erfolgreich ansprechen zu können.

Zehn Punkte für ein erfolgreiches Positioning

Um eine erfolgreiche Positionierung des Produktes zu erreichen, ist es wichtig, die Bedeutung der einzelnen Phasen zu erkennen, die inhaltliche Abfolge konsequent einzuhalten und so eine schlagkräftige Strategie zu erarbeiten und umzusetzen. Dabei sind vor allem drei Eckpfeiler, nämlich die Zielgruppe, das eigene Unternehmen und die Wettbewerber, zu analysieren.

1. Strategisches Denken ist wichtig

Das Fundament für ein erfolgreiches Positioning ist die strategische Grundeinstellung. Sie ermöglicht erst, veränderte Anforderungen des Marktes zu erkennen und zu berücksichtigen, eine längerfristige eigene Strategie mit hohen Erfolgschancen zu formulieren und daraus abgeleitete kurzfristige Maßnahmen zielgerichtet zu gestalten. Um eine UCP zu sichern, ist eine eigenständige Konzeption erforderlich. Denn eine Imitation erfolgreicher Konkurrenzstrategien zahlt sich nur selten aus. Werbliche Gags haben lediglich begrenzte Wirkung und ersetzen keinesfalls eine klare Strategie. Wer nur auf einen fahrenden Zug aufspringt, kann die Richtung nicht bestimmten, und oftmals kennt er sie noch nicht einmal.

Strategisches Denken liefert die Antwort auf die Frage: Wo und wie kann ich in Zukunft erfolgreich agieren?

2. Erfolgsträchtige Zielgruppen finden

Positioning bedeutet vor allem auch eine klare Definition der anvisierten Zielgruppen. Hierzu gehört nicht nur die Analyse des Markt- und damit Nachfragepotentials, sondern auch der Einstellungen und Ansprüche. Denn das Anspruchsniveau wirkt sich sowohl auf die Anforderungen an das Produkt als auch auf die an die Kommunikation aus.

Die Zielgruppendefinition ist ein wesentlicher Eckpfeiler, sie liefert die Antwort auf die Frage: Was verlangt der Markt, bzw. was will der Kunde?

3. Eigene Stärken und Potentiale ermitteln

Bewußt wird hier mehr auf Stärken und Potentiale abgehoben und nicht so sehr auf Schwächen und Risiken. Abgesehen davon, daß letztere existenzgefährdend sind, bringt ein Abbau von Schwächen i. d. R. weniger als der Ausbau von Stärken und die Ausnutzung von Chancen.

Mit erkannten Schwächen kann man notfalls leben, aber ohne Stärken kaum erfolgreich sein. Diese auf das Innenleben des Unternehmens bezogene Analyse liefert die Antwort auf die Frage: Wo sind wir stark, und was können wir in Zukunft erreichen?

4. Stärken und Schwächen der Konkurrenz analysieren

Bezogen auf Konkurrenzunternehmen, sind also ihre positiven und negativen Seiten zu erkennen. Die Schwächen, vor allem auch in ihrer Produktpositionierung und Kommunikationsstrategie, liefern den Angriffs- und Ansatzpunkt, um offene Flanken oder nicht besetzte Felder zu finden. Dadurch wird es erst möglich, nicht nur den Ansprüchen der Zielgruppe zu genügen, sondern auch besser als die Konkurrenz zu sein und dies trotz des Verbots vergleichender Werbung herauszustellen.

Die Konkurrenzanalyse liefert die Antwort auf die Frage: Was können die Wettbewerber besser oder schlechter als wir?

5. Positionierungsnische definieren

Aufbauend auf den drei Eckpfeilern, können ein oder mehrere erfolgsträchtige Marktsegmente als Marktnischen abgegrenzt werden. Das Prinzip heißt: Man kann nicht alles an alle verkaufen. Das Ziel ist, Spezialist statt Alleskönner zu sein, damit die verfügbaren Kräfte konzentriert eingesetzt werden.

Dieser Analyseschritt definiert die Positionierungsnische und liefert die Antwort auf die Frage: Wo wollen und können wir uns erfolgreich im Markt positionieren?

6. Kommunikationsstrategie entwickeln

Im Sinne der UCP ist ein eindeutiges, also klares sowie eigenständiges und damit von der Konkurrenz unterscheidbares eigenes Profil zu entwickeln. Nur so kann die Marktleistung präzise auf die Zielgruppe positioniert werden. In der Konsequenz ist dann auch keine alle ansprechende Werbung möglich. Denn alle anzusprechen heißt, keinen speziell anzusprechen, damit nicht identifizierbar zu sein und hohe Streuverluste in Kauf zu nehmen. Das Produkt wäre sonst als „eierlegende Wollmilchsau" zu präsentieren.

Ausschließlich gezielte Botschaften führen zum Erfolg. Nur auf diese Weise lassen sich die Streuverluste minimieren, da Zielgruppe, Medium und Werbebotschaft stimmig sind. Entsprechend den ausgewählten Produkt-Markt-Kombinationen wird eine teilweise Differenzierung der Kommunikationsstrategie nach bisherigen oder neuen Kunden überlegenswert sein.

Insgesamt liefert die Kommunikationsstrategie die Antwort auf die Frage: Wie können wir den Kunden mit unserem Produktangebot erreichen und von dem Produktnutzen überzeugen?

7. Synergieeffekte nutzen

Synergie bedeutet: $2+2=5$!

In dieser Hinsicht sind also positive Ausstrahlungseffekte von allen anderen Marketing-Mix-Faktoren, von anderen Produkten und auch vom gesamten Unternehmen, z. B. durch den Außendienst oder das Unternehmensimage, für die Kommunikationsstrategie zu nutzen. Entsprechend sind auch alle operativen

Maßnahmen auf die generelle Kommunikationsstrategie abzustimmen.

Die Nutzung von Synergieeffekten gibt die Antwort auf die Frage: Wie ist zu erreichen, daß die Gesamtheit mehr ist als die Summe der Einzelteile?

8. Stammkunden pflegen

Wer aktives Marketing betreibt, kennt die Bedürfnisse seiner Stammkunden. Nicht nur die produktbezogenen, sondern auch die werblichen Maßnahmen sind darauf abzustellen. Bei den Stammkunden ist oftmals ebenfalls noch Marktpotential vorhanden. Um diese Bedürfnisse zu erkennen, ist vor allem die direkte Kommunikation mit den Stammkunden entscheidend. Sie ist Voraussetzung für Kundennähe. Denn gerade von ihnen kommen Impulse für Produktverbesserungen. Dabei gilt das Prinzip: Ein unbequemer Kunde ist ein wichtiger Kunde, da er das eigene Unternehmen in Richtung auf bessere Lösungen der Kundenprobleme herausfordert.

Durch die Pflege der Stammkunden erhalten wir die Antwort auf die Frage: Wie können wir unsere Kunden zufriedenstellen und auch in Zukunft ihre Probleme lösen, um damit insgesamt Kundentreue zu erreichen?

9. Neukunden gewinnen

Als erster Schritt ist noch vorhandenes Marktpotential auszuschöpfen. Der zweite Schritt zielt darauf ab, Konkurrenzkunden zu umwerben. Abgesehen von einem Preiswettbewerb ist dies z. B. durch eine bessere Produktqualität oder einen besseren Service möglich, die dann werblich herauszustellen sind. Das Ziel ist, aus Gelegenheitskäufern Stammkunden zu machen.

Neukunden gewinnen, heißt, eine Antwort auf die Frage geben: Wie kann ich zusätzliche Zielgruppen zum Kauf aktivieren?

10. Schwache Signale erkennen

Eine erfolgreiche Kommunikationsstrategie und ein erfolgreiches Positioning hören nicht bei der Werbeerfolgskontrolle auf. Vielmehr sind durch strategisches Denken schwache Signale zu analysieren, die auf in der Zukunft nachhaltige Marktveränderungen hindeuten. Sie können in der Struktur, den Einstellungen und Ansprüchen der Zielgruppe oder in Konkurrenzstrategien und -aktivitäten begründet sein. Durch das Erkennen schwacher Signale besteht genügend Zeit, um frühzeitig und nachhaltig agieren zu können. Anderenfalls ist es nur möglich, zu spät und dadurch kurzfristig und überstürzt auf Marketing-Störanfälle zu reagieren. Erfolgreiches Positioning muß nicht nur einmal erreicht, sondern laufend gesichert werden, d. h. immer wieder neu erworben und manchmal auch hart erkämpft werden.

Auf der Grundlage schwacher Signale agieren, heißt, Risikobereitschaft zeigen. Denn die Informationsbasis wird notgedrungen unvollständig sein. Jedes Unternehmen muß Risiken eingehen, um Markterfolge zu erreichen. Die einen kalkulieren sie ein, die anderen verkalkulieren sich. Wenn man allerdings mit einem Hang zum Perfektionismus wartet, bis auch die letzten Fakten vorliegen, werden nicht nur die Informationen veraltet sein, sondern es wird auch der Zeitpunkt überschritten sein, der ein rechtzeitiges und gegenüber der Konkurrenz nachhaltiges Handeln erlaubt. Diese Form eines Frühwarnsystems zu nutzen, gibt eine Antwort auf die Frage: Welche Diskontinuitäten in der Marktentwicklung sind erkennbar, auf die ich heute reagieren muß, um morgen noch erfolgreich zu sein?

Als Fazit läßt sich festhalten: Die Berücksichtigung dieser zehn Punkte hilft dabei, einen Flop des Produktes zu vermeiden.

Fundierte Marktforschung liefert die benötigten Informationen, nämlich in bezug auf die Ansprüche der Kunden an ein ideales Produkt, die Bewertung des eigenen Produktes anhand derselben Kriterien und auch im Vergleich dazu die Bewertung von Konkurrenzprodukten. Wird sie regelmäßig durchgeführt, dann lassen sich hieraus wichtige Veränderungen erkennen.

Erfolgreiches Positioning und wirksame Werbung sind keine Frage der Unternehmensgröße. Knappe Mittel lassen sich durch strategisches Denken und gute Ideen wettmachen. Wird durch die strategische Ausrichtung die Einheit von Unternehmen, Produkt und Werbebotschaft erreicht, wird dadurch ein unverwechselbares Profil nicht nur aufgebaut, sondern auch nachhaltig und stetig kommuniziert, und werden alle Aktivitäten des Unternehmens darauf ausgerichtet, mit den eigenen Produkten die Probleme der Kunden zu lösen, dann sind auch aus bescheidenen Budgets Erfolge erreichbar.

Erfolgreiches Positioning

Vergleicht man Webekampagnen in verschiedenen Ländern, dann zeigt sich, daß in der Bundesrepublik – vorsichtig ausgedrückt – die Werbung häufig eher schematisiert abläuft und nicht so kreativ und innovativ ist, wie z. B. in den USA, in Frankreich oder insbesondere auch in Großbritannien. Beispielhaft seien hier nur die Werbekampagnen der Teefirma Brooke Bond mit den Affen, von Schweppes, Benson & Hedges und Winston genannt.

Gerade bei der Fernsehwerbung ist nicht die begrenzte zur Verfügung stehende Zeit, sondern die Qualität der Werbespots, und zwar mehr die kreative als die technische, entscheidend. Die

Wirkung hängt davon ab, ob es gelingt, die Zielgruppe emotional gekonnt anzusprechen und eine ideenreiche, humorvoll-witzige, überzeichnete oder sogar verfremdete Präsentation des Produkts zu bieten. Nicht nur die Produktverwendung ist dadurch erlebnisorientiert dargestellt, sondern der Werbespot selbst wird zu einem unterhaltsamen Erlebnis. Das primäre Problem ist nicht, daß der Zuschauer und Konsument durch Werbung manipuliert, sondern daß er gelangweilt wird. Um wirklich erfolgreich zu sein, muß Werbung durch die Darstellung mit Geist und Witz den Betrachter überraschen, anstatt das Produkt und den Produktkauf für ihn zu einer existentiellen Frage zu machen.

Bezeichnenderweise wurden beim Werbefilm-Festival 1986 in Cannes nur drei von circa 140 Auszeichnungen an deutsche Werbespots verliehen: Die Audi-Quattro-Werbung, bei der das Auto eine Sprungschanze hochfährt, wurde als einziger deutscher Beitrag mit einem „Goldenen Löwen" ausgezeichnet.

Es bleibt zu hoffen, daß aufgrund des jüngsten Urteils des Bundesgerichtshofs im Streit zwischen Pepsi- und Coca-Cola um die Zuverlässigkeit des Pepsi-Tests durch die Ansätze vergleichender Werbung auch etwas mehr Bewegung und Farbe in die eintönige deutsche Werbelandschaft kommt.

Das Problem liegt also vor allem in der Austauschbarkeit der Werbung, also in der Wiedergabe von Stereotypen durch ähnliche Bildmotive und weitgehend übereinstimmende Werbebotschaften, die sich kaum von denen der Konkurrenzprodukte unterscheiden und damit kein klares Profil und auch kein Positioning des Produktes ermöglichen. Dies gilt vor allem für Me-Too-Produkte, die gegenüber der Konkurrenz keine hervorstechenden Eigenschaften aufweisen, sondern als Produkt schon generell austauschbar sind. Gefährlich wird es dann, wenn für ein solches Produkt auch eine Me-Too-Positionierung vorgenommen wird. Ein Flop ist so weitgehend vorprogrammiert. Mit einem Me-Too-Produkt kann man leben und auch Erfolg haben, mit einer Me-Too-Positionierung aber nicht.

Bei einem Flop stellt sich deshalb die Frage, ob das Produkt abgelehnt wird oder nicht eher die Kommunikation, also die schwache oder falsche Werbebotschaft. Heute ist es i. d. R. viel schwieriger geworden, eine eigenständige, von der Konkurrenz unterscheidbare Positionierung durch eine kreative und glaubhafte Kampagne zu erreichen, als ein gutes Produkt herzustellen. Deshalb gibt es eigentlich weniger Produkt-Flops und viel mehr Positionierungs-Flops. So reicht es beispielsweise auch nicht aus, ein gutes Imageprofil für das eigene Produkt im Konkurrenzvergleich zu haben. Entscheidend ist vielmehr, daß das eigene Produkt mit einem positiven Image sich zusätzlich in entscheidenden Positionierungspunkten von der Konkurrenz unterscheidet.

Ein gutes Imageprofil reicht demnach nicht allein, der Schlüssel zum Erfolg ist ein markantes Positionierungsprofil. Das Produkt stimmt dann in den wichtigen Bereichen mit den Erwartungen und Anforderungen der Verbraucher an ein ideales Produkt überein und kann diese Vorteile in der Kommunikationsstrategie auch klar und nachhaltig vermitteln.

Beispiele erfolgreicher Werbekampagnen

Auch auf deutschen Märkten gibt es eine Reihe von erfolgreichen Werbekonzeptionen für Produkte und Dienstleistungen. Beispiele für ein gutes Positioning sind: Porsche-Design, Erco-Leuchten, Wilkhahn-Möbel, Bosch, Braun, Milka, Guhl, Whiskas, Renault 5 oder Daimler-Benz.

Im folgenden wird auf einige weitere erfolgreiche Positioning-Beispiele von Produkten und Dienstleistungen in verschiedenen Branchen ausführlicher eingegangen. Dabei wird nicht lediglich die „Effi-Hitliste“ referiert, also die prämierten Kampagnen nach der Effizienz der Werbung. Die Beispiele wurden auch unter dem Aspekt ausgewählt, unterschiedliche Positionierungsziele zu erreichen, also beispielsweise die Erhaltung der Marktführerschaft, die Einführung eines neuen Produktes oder auch einen Produkt-Relaunch.

Als Leitfaden für die Darstellung wird folgendes Schema zugrunde gelegt:
- Markt-/Marketingausgangssituation
- Werbeziele
- Philosophie der Kommunikationsstrategie
- Umsetzung der kreativen Werbestrategie
- Ergebnisse/Erfolgskontrolle

Beiersdorf: Nivea

Markt-/Marketingausgangssituation
Nivea als 75 Jahre alte Marke ist Marktführer bei Allzweckcremes. Der Gesamtmarkt für Hautpflegeprodukte als größter Teil des Kosmetikmarktes weist in der Bundesrepublik seit Jahren konstante Zuwachsraten auf. Das Segment der Allzweckcremes zeigt dagegen langfristig stagnierende Tendenz. Dies ist vor allem auf die Abwanderung der Verwender zu Spezialpflegeprodukten zurückzuführen. Die Position von Nivea-Creme gerät zusätzlich unter Wettbewerbsdruck durch Neueinführungen und Relaunches großer Markenartikler und durch das gestiegene Angebot billiger No-Names und Handelsmarken.

Werbeziele
Die Marketingziele bestanden deshalb in der Sicherung und im Ausbau der Marktführerschaft, in der Erhaltung der bisherigen Kunden und in der Erschließung vor allem jüngerer Verwender-

schichten sowie insgesamt in der Erhaltung der Aktualität und Attraktivität dieser traditionellen Marke. Daraus abgeleitet hat die Werbung für Nivea-Creme die Ziele, die Glaubwürdigkeit und Kompetenz des Produktes gegenüber speziellen höherpreisigen Konkurrenten zu sichern, die Marke zu dynamisieren und zu verjüngen sowie das Vertrauen in die Marke zu pflegen.

Philosophie der Kommunikationsstrategie
Der Kampagne liegt die Idee zugrunde, das überlegene Leistungsspektrum des Produktes über eine leichte, illustrative Verfremdung der Nivea-Creme-Dose zu dramatisieren und immer wieder interessant herauszustellen. Diese Verfremdung leitet sich jeweils aus einem spezifischen Produktnutzen ab, der gezielt in einem Motiv betont wird. Durch die Konzentration auf emotionale Komponenten soll eine gefühlsmäßige Identifikation mit dem Produkt erreicht werden. Die verschiedenen Leistungsfacetten sollen einzeln und nacheinander präsentiert werden, um einen Synergieeffekt zu erzielen. Durch eine langfristige Verwendung gleichbleibender Stilmittel soll ein unverwechselbares Erscheinungsbild aufgebaut werden zur eindeutigen Abgrenzung gegenüber dem Wettbewerb.

Umsetzung der kreativen Werbestrategie
Seit 1973 wurde für das Produkt die „Leistungsfacetten-Kampagne“ entwickelt, die bis heute mit über 80 verschiedenen Motiven realisiert wurde.

Im Mittelpunkt des Layouts steht immer die Nivea-Creme-Dose. Jede Anzeige enthält eine visuelle und eine verbale Idee. Durch die Illustration und leicht saloppe Headlines bzw. Abwandlungen von Sprichwörtern, wie „Das geht unter die Haut, Baby“ bzw. „Die schmilzt nicht nur zur Sommerzeit“, wird „der Hauch der guten alten Zeit“ mit Frische verbunden. Die textlichen Aussagen wurden in sprachliche Gegensätze oder volkstümliche Redewendungen verpackt, um so ein schnelleres und leichteres Erfassen der Aussagen zu erreichen.

Die Mediastrategie zielt auf die größtmögliche Reichweite in allen Verbraucherschichten durch das Basismedium Print (Programmzeitschriften, Frauentitel) ab. Zusätzlich erfolgt eine zielgruppenspezifische Titelselektion insbesondere zur Ansprache der jüngeren Verwender. Angestrebt ist eine ganzjährige Präsenz und ein aktualisierender TV-Einsatz zu Aktions- und Verkaufsschwerpunkten.

Ergebnisse / Erfolgskontrolle
Die Höhe des Werbeetats liegt seit 1973 ziemlich konstant zwischen 3,5 und 4 Mio. DM, der überwiegende Teil (⅔) entfiel dabei auf die Printwerbung. Mit der Kampagne ist es gelungen, den Marktanteil gegenüber dem Wettbewerb nicht nur erfolgreich zu verteidigen, sondern auch zu steigern. Deutliche Zuwächse wurden in den Verbrauchsausgaben bei der Altersgruppe bis 29 Jahren erreicht. Wie eine Studie über Markenartikel aus 30 Produktbereichen belegt, wurde auch die angestrebte Aktualisierung der Marke Nivea-Creme erreicht: Sie nimmt Platz 2 unter den „bekanntesten“, Platz 3 unter den „attraktivsten“ und Platz 4 unter den „aktuellsten“ Markenartikeln ein.

Fiat Panda: Die tolle Kiste

Markt- / Marketingsausgangssituation
Seit Beginn der 70er Jahre hat sich die Situation für Fiat auf dem deutschen Markt verschlechtert, und dies, obwohl die Marke mit dem traditionellen Kleinwagen-Segment nach der ersten Ölkrise bessere Chancen hätte haben müssen. Fiat hatte dieser negativen Entwicklung keine Produktinnovationen entgegenzusetzen; die Marke hatte zudem mit Imageproblemen zu kämpfen wegen

der geringen Verarbeitungsqualität. Sie verlor erhebliche Marktanteile an japanische Automobilfirmen.

Werbeziele

Mit dem neuen Fiat Panda sollten zwei Marketingziele realisiert werden: Zum einen eine Marktanteilsausdehnung im Segment der Kleinwagen und zum anderen eine Verbesserung der Gesamtmarkt-Position für Fiat. Auf dieser Grundlage wurden als Werbeziele der Aufbau einer Produktpersönlichkeit des Fiat Panda, die Gewinnung von neuen Fiat-Fahrern und insgesamt eine Belebung des Verbraucherinteresses mit einer positiven Ausstrahlung auf die Gesamtmarke Fiat formuliert.

Philosophie der Kommunikationsstrategie

Aus dem Fiat Panda ließ sich keine USP für die Werbung formulieren, denn der Panda hatte keine technischen Wettbewerbsvorteile, er war nicht wesentlich wirtschaftlicher als vergleichbare Fahrzeuge, und der optische Unterschied im Design ließ sich als Positionierungsansatz allein nicht verwenden, da die ungewöhnliche Form eher auf Ablehnung stoßen könnte. Deshalb wurde nach einem psychologischen Positionierungsansatz gesucht. Die Analyse des Zielgruppenpotentials ergab, daß als Käuferschicht unkonventionelle, junge, umweltbewußte Autofahrer und -fahrerinnen in Frage kommen, die keinen Wert auf äußerliches Prestige legen, aber dennoch ein ausgeprägtes Selbstbewußtsein haben. Für diese Zielgruppe sollte der Fiat Panda das allen Ansprüchen genügende Fortbewegungsmittel und kostengünstigste Fahrzeug in seiner Klasse sein. Auch für diese Käuferschicht ist davon auszugehen, daß eine emotionale Beziehung zum Auto besteht. Anhand der bisher schablonenhaft verwendeten Kriterien Wirtschaftlichkeit, Raumangebot und Zuverlässigkeit ist eine fast vollständige Austauschbarkeit der Produkte gegeben. Die Philosophie der Kommunikationsstrategie mußte deshalb darauf abzielen, eine Produktpersönlichkeit aufzubauen, die nicht nur eindimensional ist, sondern Attribute wie intelligent, ehrlich, sparsam, leicht verrückt, ja sogar mit ein paar Macken versehen enthält.

Umsetzung der kreativen Werbestrategie

Dieser Ansatz führte zu der Headline-Technik „Die tolle Kiste" mit satirisch-ironischen Short-Stories. Verbunden mit dieser Textversion wurde ein Bildkonzept in Richtung „Amateurfotografien". Bisher umfaßt die Kampagne circa 100 verschiedene Motive. Die Anzeigen sind inzwischen konsumnäher gestaltet und spiegeln weniger Zeitgeist wider.

Es erfolgte eine Konzentration auf zielgruppenspezifische Publikumszeitschriften; die Frequenz pro Zeitschrift hatte eindeutige Priorität vor der Reichweite. Großflächenplakate wurden als flankierendes Medium eingesetzt.

Ergebnisse / Erfolgskontrolle

Der Etat betrug 4 Mio. DM. Der Fiat Panda hat die gesteckten Ziele erreicht und zum Teil sogar übertroffen. Seit 1981 stieg sein Anteil im Segment der kleinen Klasse. Eine Imagestudie bestätigte, daß die eigenständige Profilierung des Fiat Panda als Produktpersönlichkeit gelungen ist. Die Struktur der Fiat Panda-Besitzer weicht von der bisherigen Fiat-Kundschaft ab und bestätigt damit, daß neue Käuferschichten gewonnen werden. Der Erfolg des Panda trug zur Belebung der Marke Fiat in Deutschland bei und verhalf Fiat zur Position Nr. 1 unter den Import-Marken.

Campari: Campari. Was sonst.

Markt-/Marketingausgangssituation

Anfang der 80er Jahre entwickelte sich der Trend im Spirituosenmarkt immer mehr in Richtung Spezialitäten und „Niederprozentigen". Der Marke Campari kam dieser Trend mit ihren 25 % Alkoholgehalt sehr gelegen. Allerdings war Campari trotz eines hohen Bekanntheitsgrades und einer hohen Image-Profilierung nicht genügend im Bewußtsein der Konsumenten verankert.

Sein Image – Campari als sommerlicher Long-Drink oder Aperitif, der besonders von jüngeren Bevölkerungsschichten oder von Feinschmeckern geschätzt wird – hatte sich mehr durch zufällige Eindrücke – wie bei Urlaubern – als durch eine konsequente und kontinuierliche Markenpflege gebildet. In der Werbebotschaft spiegelte sich seit Jahren diese Urlaubswelt wider und entsprach in keiner Form der Qualität und der Persönlichkeit dieses Produktes.

Werbeziele

Die Reaktivierung der Marke Campari wurde angestrebt. Durch ein eindeutiges und unverwechselbares Profil sollte Campari in einer psychologischen Marktlücke positioniert werden. Campari ist mehr als der „Nur-Sommer-Drink", er kann zu allen Gelegenheiten getrunken werden, unabhängig von der Jahreszeit.

Durch eine Etablierung als „pur mit Eis" neben dem Longdrink bestand die Möglichkeit, Campari ein greifbares Image und eine eindeutige Persönlichkeit zu geben.

Philosophie der Kommunikationsstrategie

Zielgruppen der Marke Campari sind sowohl Frauen als auch Männer, unabhängig von ihrem Alter, die sich als selbstsichere

Persönlichkeiten von der Masse abheben, also „Großstadtmenschen", die sich in ihrer Lebensphilosophie und ihrem Lebensstil von anderen unterscheiden.

Für diese Zielgruppe wurde eine „Campari-Welt" geschaffen, die Intelligenz, Stil und Niveau reflektiert. Campari ist faszinierend, einmalig und unverwechselbar in Geschmack und Aussehen. Es gibt keine Alternative zu Campari. Für Campari existieren viele Verwendungsmöglichkeiten, besonders „Campari pur mit Eis" ist eine neue Trink-Idee.

Umsetzung der kreativen Werbestrategie

Campari soll faszinieren; daher mußte die Werbebotschaft gescheit und unverwechselbar sein, um somit der Einzigartigkeit des Produktes zu entsprechen und auch diesen Anspruch schnell zu transportieren.

Durch wenige, unverwechselbare Stilelemente wurde eine typische Campari-Welt (stilvoll, cool, mystisch und erotisch) geschaffen. Bei den Motiven beschränkte man sich auf zwei Personen, deren Wirkung elegant, aber unaufdringlich sein sollte. Die Bildatmosphäre war eher kühl, was gerade bei der Alkoholika-Werbung eher ungewöhnlich ist.

Die absolute Eigenständigkeit des Campari, die im Bild demonstriert wurde, fand ihre Entsprechung im knappen Text: „Campari. Was sonst."

Primär wurde diese Kampagne in zielgruppenspezifischen Printmedien gefahren, TV-Spots und Plakatflächen dienten zur Unterstützung.

Ergebnisse / Erfolgskontrolle

Trotz der negativen Entwicklung auf dem Spirituosenmarkt, bedingt durch mehrmalige Erhöhung der Brandweinsteuer, konnte Campari Umsatzsteigerungen zwischen 8 und 20% realisieren. Zudem stieg kontinuierlich der Marktanteil gerade auch in den Wintermonaten.

Der Marktführer Campari festigte seine Position als Ganzjahresgetränk. Der Marktanteil im Segment „Aperitifs auf Alkoholbasis" stieg von 58 % (1980) auf 71 % (1982).

Es wurde für Campari eine „brand identification" geschaffen, die unverwechselbar ist.

Minolta Spiegelreflexkamera

Markt-/Marketingausgangssituation
Der Markt für Spiegelreflexkameras ist seit Jahren rückläufig. Auf diesem Markt konkurrieren viele Hersteller mit Kameras, die einen annähernd gleichen Technologiestand aufweisen.

Minolta hatte 1985 hinter Canon die zweite Marktposition inne. Vom Image her verkörperte Minolta eher die typische „Mittelklasse" – solide, aber ohne faszinierende Elemente.

Werbeziele
Durch die Markteinführung einer neuen, technisch innovativen Kamera (Minolta 7000) wurde die Marktführerschaft im Spiegelreflexmarkt angestrebt. Die Minolta 7000 sollte als *die* Kamera einer völlig neuen Generation positioniert werden und damit den technologischen Führungsanspruch von Minolta vermitteln und begründen. Das übergreifende Ziel bestand in der Profilierung der Gesamtmarke als führender Kamerahersteller.

Philosophie der Kommunikationsstrategie
Der Kernzielgruppe, Besitzern von Spiegelreflexkameras (schwerpunktmäßig Männer zwischen 20 und 40 Jahren), wird besonders die perfekte Technik dieser Kamera vermittelt. Ob für Professionelle in Extremsituationen oder für ungeübte Fotografen, ihr sind keine Grenzen gesetzt, sie ist richtungsweisend in der Kameratechnologie.

Nicht nur das Produkt ist völlig neu, sondern auch das entsprechende Zubehör ist technisch ausgereift; kommuniziert wird also ein komplettes Kamerasystem.

Umsetzung der kreativen Werbestrategie
In der Kampagne steht allein das Produkt im Mittelpunkt (Gesamt- und Detailperspektive), ohne fremde Elemente. Der Technik-Appeal wird in Bild und Text hervorgehoben.

Es wurde zum einen ein reichweitenstarkes Media-Mix (Publikumszeitschriften, Zeitungen und Kino) eingesetzt, andererseits wurde aber auch zielgruppenspezifisch in den Fachzeitschriften geworben.

Ergebnisse / Erfolgskontrolle
Minolta wurde bereits im Jahr der Einführung Marktführer im Spiegelreflexmarkt. Der Marktanteil stieg von 17 % auf 22 %, das Absatzvolumen um 32 %.

Im Markt der Sucherkameras erzielte Minolta ein Absatzplus von 127 %, der Marktanteil stieg von 5 % auf 8 %. Die Werbekampagne wirkte sich also über das beworbene Produkt hinaus positiv auf die anderen Produktsegmente und somit auch auf die Gesamtmarke Minolta aus.

Touropa: Wir wollen, daß Sie zufrieden sind

Markt- / Marketingausgangssituation
Obwohl gerade der Touristikmarkt in der Vergangenheit ständig hohe Zuwachsraten verzeichnete und als sicherer Wachstumsmarkt galt, waren Anfang der 80er Jahre Einbrüche und rückläufige Tendenzen zu verzeichnen, was einen harten Preiskampf zwischen den einzelnen Anbietern bewirkte. Erst das Touristikjahr 1984/85 führte zu einer spürbaren Markterholung.

Werbeziele

Touropa als Anbieter von Pauschalreisen mit einem vielfältigen Programmangebot im oberen Qualitätssegment wollte bei Einhaltung seiner Qualitätsstrategie kontinuierlich seine Teilnehmerzahl ausweiten und sich von Wettbewerbern als das führende Touristikunternehmen abgrenzen, das alle relevanten Urlaubswünsche auf hohem Qualitätsniveau befriedigen kann.

Philosophie der Kommunikationsstrategie

Der Zielgruppe soll das Gefühl vermittelt werden, mit Touropa einen rundum zufriedenen Urlaub verleben zu können.

Dieses Versprechen wird durch die Erfahrungen der „Touropa-Urlaubsexperten" sowie durch Zufriedenheitstestate von Touropa-Urlaubern glaubhaft begründet.

Umsetzung der kreativen Werbestrategie

„Wir wollen, daß sie zufrieden sind" ist der Schlüsselsatz der Werbekampagne. Eine handgeschriebene Urlaubskarte mit typischen „Urlaubserlebnissituationen" ist das Schlüsselbild und dient als optischer Beweis. Die Headline „Mit sich und der Welt zufrieden" wirkt als Verstärker.

Neben dem Einsatz in Printmedien wurden die gleichen Motive am Point of Sale auf Katalogen oder als Deko-Mittel verwendet.

Ergebnisse / Erfolgskontrolle

Touropa konnte seine angestrebten Werbeziele erreichen, die Qualitätsstrategie wurde durchgesetzt und das Wachstum lag über dem Wettbewerbsdurchschnitt. Einem Marktwachstum (1980/81 bis 1984/85) von 9 % steht ein Touropa-Wachstum von 21 % gegenüber.

Deutsche Bundesbahn – Der rosarote Elefant

Markt-/Marketingausgangssituation

In nachfrageschwachen Zeiten werden ungenutzte Platzkapazitäten, die zu Normalpreisen nicht absetzbar sind, zu ermäßigten Preisen verkauft, um Kunden für die Bahn zurückzugewinnen. Diese Tarifangebote (Rosarote Wochen, Rosarotes Jahr usw.) wurden mit noch günstigeren Konditionen und einer speziellen Kinderkomponente als Jubiläumsangebot (1985: 150 Jahre Deutsche Eisenbahnen) fortgesetzt. Als Symbolfigur hatte der rosarote Elefant bereits in den Vorjahren bewirkt, daß er innerhalb der Bevölkerung starke Veränderungen in der Einstellung zur Bahn mit sich brachte, z. B. Imageverbesserungen, Erhöhung der Attraktivität des Verkehrsmittels Bahn im Vergleich zum Pkw und Profilierung der Bahn als familienfreundliches Verkehrsmittel. Der Elefant in Verbindung mit der Farbe Rosarot strahlt Optimismus und Unternehmungslust aus, vermittelt Freude und Ideenreichtum. Er ist die Symbolfigur für preiswertes Reisen mit der Bahn und ist bei der Bevölkerung zu über 70% bekannt.

Werbeziele

Im Jubiläumsjahr 1985 ging es darum, das Jubiläumsangebot „Rosarot wie noch nie" bekanntzumachen, die damit verbundenen Vorteile zu kommunizieren, neue Kunden zu gewinnen und Umsatzsteigerungen zu erzielen.

Philosophie der Kommunikationsstrategie

Die Gestaltung der Kampagne mußte dem neuen Bahnlook entsprechen. Der rosarote Elefant als Comicfigur sollte weiter zum Einsatz kommen und am Anfang ein dem Jubiläum entsprechendes Aussehen haben. Anschließend mußte der Elefant zielgruppen- und angebotsspezifisch umgesetzt werden, z. B. bezogen auf Singles, Paare, Familien und Kinder; ferner mußte er für die Kalenderanzeigen auf aktuelle Anlässe, wie Ostern, spezifisch ausgerichtet werden.

Umsetzung der kreativen Werbestrategie
Um das Jubiläumsangebot kurzfristig bekanntzumachen, wurde ein reichweitenstarkes Media-Mix aus TV-Spots, Plakaten, Zeitschriften und Zeitungen eingesetzt. Aktuelle Kalenderanzeigen, welche die unterschiedlichsten Sparzeiten ankündigten, wurden in Publikumszeitschriften und Zeitungen geschaltet.

Ergebnisse / Erfolgskontrolle
Diese Angebotsstrategie hat z. B. im Jahr 1984 der Bahn rund 22 % neue Kunden gebracht und bei 31 % Anstöße zum Bahnfahren gegeben; der erzielte Mehrverkehr betrug also 53 %. Die Kampagne „Rosarot wie noch nie" im Jahre 1985 hatte ein Media-Budget von 3 bis 5 Mio. DM. Über 20 % neue Kunden wurden gewonnen. Das Verkaufsziel wurde um 70 % überschritten.

Deutsche Bundespost – Schreib mal wieder

Markt- / Marketingausgangssituation
Das Briefaufkommen in der Bundesrepublik stagniert seit Jahren bei circa 13 Mrd. Briefen. Während das Beförderungsaufkommen im gewerblichen Bereich noch geringfügige Zuwächse erwarten läßt, ist das Aufkommen an Briefen und Postkarten der Privatkunden rückläufig. Es ist zu erwarten, daß sich dieser negative Trend in Zukunft eher noch verstärkt. Der Privatbrief ist der Substitution durch die zunehmende Fernsprechdichte der Privathaushalte ausgesetzt. Trotz dieser Entwicklung kann der Brief als eigenständiges Kommunikationsmittel bestehen. In den USA wird z. B. mehr geschrieben als bei uns. Als Folge die-

ses Negativtrends steigt die Kostenunterdeckung dieser Dienstleistung; denn die Deutsche Bundespost muß aufgrund ihrer gemeinwirtschaftlichen Verpflichtung jederzeit eine flächendekkende Versorgung bereitstellen, und der Briefdienst bietet mit seiner hohen Personalintensität nur geringe Rationalisierungsmöglichkeiten.

Eine umfangreiche Studie über das Schreiben privater Briefe brachte folgende Ergebnisse:

- Nur jeder 5. Bundesbürger schreibt gerne einen Brief.
- Zwei Drittel der Bevölkerung schreiben weniger als einen Brief bzw. eine Karte pro Monat.
- Obwohl der Brief nach wie vor einen relativ hohen Stellenwert hat, ist das Briefschreiben nicht sehr populär, da es relativ zeitintensiv ist.

Werbeziele

Die generellen Ziele bestanden demzufolge darin, die Wertschöpfung des Briefschreibens zu stabilisieren bzw. zu erhöhen und die psychologischen Barrieren abzubauen, die vom Briefeschreiben abhalten. Die konkreten Ziele liefen darauf hinaus, den Anteil derjenigen in der Gesamtbevölkerung (ab 14 Jahren) zu erhöhen, die gern einen Brief schreiben, und zwar mittelfristig um 10 Prozentpunkte. Außerdem sollte die Gruppe der „Wenigschreiber", also der Personen, die weniger als einen Brief bzw. eine Karte pro Monat schreiben, um 10 Prozentpunkte reduziert werden.

Philosophie der Kommunikationsstrategie

Der Brief soll als wertvolles, aktuelles Kommunikationsmittel angesehen werden. Er ist in seiner Individualität und Vielfalt dadurch anderen Kommunikationsmitteln überlegen. Die Zielgruppe soll davon überzeugt werden, daß es einfach ist, einen Brief zu schreiben, und man keinen besonderen Anlaß dazu braucht. Außerdem macht man mit einem Brief jemandem eine besondere Freude.

Umsetzung der kreativen Werbestrategie
Die Media-Strategie ist speziell auf die Zielgruppe der „Wenigschreiber“ ausgerichtet. Als Medien kommen letztlich nur Printmedien aufgrund der hohen funktionalen und assoziativen Affinität zur schriftlichen Kommunikation in Frage; dabei insbesondere Zeitschriften mit einer hohen Zielgruppenabdeckung bei entsprechender Preiswürdigkeit. Neben diesen quantitativen Kriterien für die Media-Selektion ist als qualitatives Kriterium zusätzlich wichtig, daß in den ausgewählten Printmedien die Werbebotschaft jeweils zielgruppenspezifisch gestaltet wird. In Frauenzeitschriften wird also z. B. in dem Brief auf ein Strickmuster oder auf Mode Bezug genommen, in Jugendzeitschriften transportiert der Brief poppige Accessoires. Die Kampagne wird immer motivspezifisch eingesetzt und auf eine individuelle Erlebnissituation bezogen. Der Slogan „Schreib mal wieder“ wird dabei ständig verwendet.

Ergebnisse / Erfolgskontrolle
Die Kampagne wurde national gefahren in Zeitschriften und auf Plakaten mit einem Media-Budget von 3–5 Mio. DM. Im Jahr 1984 lag die ungestützte Kampagnen-Erinnerung in der Gesamtbevölkerung bei 45 %, in der Kernzielgruppe bei 50 %. Die Slogankenntnis betrug – gestützt – in der Gesamtbevölkerung 74 %, in der Kernzielgruppe 85 %.

Die Beliebtheit des Briefeschreibens hat in der Gesamtbevölkerung von 1980 bis 1984 von 19 % auf 33 % zugenommen; dies entspricht einer Zielerfüllung von 140 %. In bezug auf die Schreibaktivitäten ist der Anteil der „Wenigschreiber“ von 1982 bis 1984 von 65 % auf 52 % zurückgegangen; dies entspricht einer Zielerfüllung von 130 %.

Fazit

Gut positioniert ist halb gewonnen. Denn entscheidend ist nicht nur, eine Marktlücke zu finden, sondern eine Positionierungslücke beim Kunden und gegenüber dem Wettbewerber. Dies setzt in noch stärkerem Maße als bisher strategisches Denken und Handeln voraus. Hinzukommen muß die erfolgreiche Umsetzung der Kommunikationsstrategie von der Zielgruppenansprache über die Werbebotschaft und Media-Selektion bis zum Design der Kampagne.

Der klassische Satz „Werbung ist nicht Absicht, sondern Wirkung“ ist deshalb zu erweitern in: „Erfolgreiches Positioning ist Absicht und Wirkung.“

Literaturverzeichnis

Bänsch, A.: Käuferverhalten, München 1983

Demuth, A. / Grüber, U.: Think „global", in: Marketing Journal, 18. Jg., 1985, Heft 6, S. 572–576

Grunert, K. / Stupending, E.: Werbung – Ihre gesellschaftliche und ökonomische Problematik, Frankfurt 1981

Haller, P.: Erst die Positionierung, dann das Produkt, in: Marketing Journal, 17. Jg., 1984, Heft 6, S. 526–532

Haller, P.: Produkt-Entwicklung ohne (!) Produkt, in: Marketing Journal, 19. Jg., 1986, Heft 1, S. 34–42

Hunsinger, H.: Das große Sterben, in: Manager Magazin, 15. Jg. 1985, Heft 10, S. 246–251

Koinecke, J. / Großklaus, R. (Hrsg.): Die besten Promotion Aktionen, Landsberg 1985

Koppelmann, U.: Produktwerbung, Stuttgart et al., 1981

Kroeber-Riel, W. / Meyer-Hentschel, G.: Werbung – Steuerung des Konsumentenverhaltens, Würzburg / Wien 1982

Kroeber-Riel, W.: Konsumentenverhalten, 3. Auflage, München 1984

o. V.: Macht der Gefühle, in: Wirtschaftswoche, 39. Jg., 1984, Heft 50, S. 96–101

o. V.: Werbung, die nicht wirken kann, in: Marketing Journal, 17. Jg., 1984, Heft 3, S. 258–266

o. V.: Elend der Einheit, in: Manager Magazin, 14. Jg., 1984, Heft 5, S. 150–156

o. V.–: Signale für das Kaufverhalten, in: Absatzwirtschaft, 29. Jg., 1986, Heft 1, S. 50–57

Lürzer's Archiv – Anzeigen, TV, Poster aus aller Welt

Meyer, H. / Däumer, U. / Rühler, H.: Werbepsychologie, Stuttgart 1982

Neumann, E. / Scheele, W. / Sprang, W. (Hrsg.): Jahrbuch der Werbung, Düsseldorf / Wien 1986

Ogilvy, D.: Ogilvy über Werbung, Düsseldorf / Wien 1984

o. V.: Kreative Trends in der Werbung, in: Absatzwirtschaft, 26. Jg., 1983, Heft 6, S. 32–42

o. V.: Werbung, die sich wirklich auszahlt, in: impulse, 1986, Heft 4, S. 112–125

Rademacher, P.: Die besten Werbekampagnen, Landsberg 1986

Richter von Proeck, M. u. a.: Direktmarketing leicht gemacht, Landsberg 1985

Rosenstiel, L. v.: Konsumverhalten und Kaufentscheidungen, Stuttgart et al. 1979

o. V.: Psychologie der absatzpolitischen Instrumente, Stuttgart et al. 1979

Salcher, E. F.: Psychologische Marktforschung, Berlin / New York 1978

Schönert, W.: Werbung, die ankommt, Düsseldorf 1986

Silberer, G. / Raffée, H. (Hrsg.): Warentest und Konsument, Frankfurt / New York 1984

Tietz, B. / Zentes, J.: Die Werbung der Unternehmung, Reinbek 1980

Töpfer, A.: Umwelt- und Benutzerfreundlichkeit von Produkten als strategische Unternehmensziele, in: Marketing ZFP, 7. Jg., 1985, Heft 4, S. 241–251

Wieselhuber, N. / Töpfer, A. (Hrsg.): Handbuch Strategisches Marketing, 2. Auflage, Landsberg 1986

w & v (werben und verkaufen) – Zeitung für Marketing und Kommunikation

ZV – Medium für Medien & Kommunikation

Kurzes Glossar weniger bekannter amerikanischer Marken

Advil	Schmerzmittel
Allegheny	regionale Fluglinie im Osten der USA (Pittsburgh)
Anacin	(Kopf-) Schmerzmittel auf Aspirinbasis
Arrid Extra Dry	Antitranspirant
Ballantine	amerikanische Biermarke
Ban	Deodorant
Band-Aid	Heftpflaster
Blue Nun	Weißwein deutscher Herkunft und geringer Qualität
Body All	Deodorant
Bold	Waschmittel
Bounty	Küchenpapier
Breck One	Haarpflegesystem
Budweiser	amerikanische Biermarke
Bufferin	gepuffertes Aspirin
Charmin	extra weiches Toilettenpapier
Cheer	Waschmittel
Colgate 100	Zahnpasta
Comet	Scheuerpulver
Crest	sehr verbreitete Zahnpasta
Dissolve	Schmerzmittel
Dr. Pepper	dunkelfarbiges, kohlensäurehaltiges Getränk mit Kirschgeschmack
Dristan	Erkältungsmittel mit Langzeitwirkung (ähnlich Contac)

Duncan Hines	Kuchenbackmischung
Excedrin	(Kopf-)Schmerzmittel
Formica	Beschichtung für Küchenmöbel (ähnlich Resopal)
Gainsburgers	hamburgerförmige Hundekuchen
Geritol Tonikum	Stärkungsmittel für ältere Leute
Gloria Vanderbilt	Kosmetik der oberen Preisklasse
JCPenney	Kaufhauskette der mittleren Klasse
Jell-O	Pulver zur Bereitung von Götterspeise
Joy	Geschirrspülmittel
Life Savers	als Rolle gepackte, ringförmige weiße Bonbons
Lite Beer	kalorienarmes Bier
Michelob	amerikanische Biermarke der gehobenen Preisklasse; wird nicht in der üblichen Dose, sondern in Flaschen abgefüllt
Milk Duds	erdnußgroße „Pillen“ aus Karamelschokolade
Mitchum	amerikanische Biermarke
Mr. Clean	Haushaltsreiniger („Meister Proper“)
Mr. Pibb	Konkurrenzprodukt zu Dr. Pepper, siehe dort
Nuprin	Schmerzmittel
Old Grand-Dad	Whiskymarke
Orville Redenbacher's Gourmet Popping Corn	Popcornmais, der besonders großes Popcorn liefert
Ozark	regionale Fluglinie im Südwesten der USA
Pabst	amerikanische Biermarke
People (magazine)	Illustrierte der Regenbogenpresse
Piedmont	regionale Fluglinie im Nordosten der USA
Piels	amerikanische Biermarke; ein Faßbier im Gegensatz zu den normalen amerikanischen Dosenbieren
Ralston (Shredded, Regular, Instant)	Getreideflocken (kernig, normal, löslich)
Right Guard	Deodorant
Rinso (White, Blue)	Waschmittel; die Variante „Blue“ enthält blaue Farbpartikel als Wäscheaufheller.
Sanka	sofortlöslicher Kaffee
ScotTissue	Toilettenpapier
ScotTowels	Papierküchentücher

Scotkins	Papierservietten
Scotties	Kosmetiktücher
Secret	Deodorant
Seven-Up	weiße Limonade
Shake'n Bake	Fertigpanade zur Bereitung von Backhähnchen
Soft & Dry	Deodorant
Sominex	Schlafmittel
Sure	Deodorant
Zenith	Radio- und Fernsehgeräte
Zippo	Einwegfeuerzeuge

Register